Katja Kulin

Marlene Dietrich

W0405158

Katja Kulin

Marlene Dietrich

Von Kopf bis Fuß auf Leben eingestellt

Romanbiografie

HERDER

FREIBURG · BASEL · WIEN

HERDER spektrum Band 6866

MIX
Papier aus verantwortungsvollen Quellen
FSC® C083411
www.fsc.org

Originalausgabe

© Verlag Herder GmbH, Freiburg im Breisgau 2016
Alle Rechte vorbehalten
www.herder.de

Satz: Arnold & Domnick, Leipzig
Herstellung: CPI books GmbH, Leck

Printed in Germany

ISBN 978-3-451-06866-9

Emma gewidmet

Inhalt

Vorbemerkung

Marlene Dietrich war einer der wenigen Filmstars von Weltformat, die Deutschland bislang hervorgebracht hat, und unter ihnen wahrscheinlich der größte und gleichzeitig kontroverseste. Noch heute wächst die Zahl ihrer Bewunderer, und das Interesse an ihrem schöpferischen Werk als Schauspielerin und Sängerin ist ebenso groß wie das an dem Menschen Marlene.

Als androgyne Künstlerin wurde Marlene Dietrich früh zur rätselhaften Diva stilisiert. Diesen Mythos versuchte sie ihr Leben lang aufrechtzuerhalten, nachdem sie einmal begriffen hatte, dass es sowieso kein Entkommen gab. Privat hingegen war sie voller Widersprüche. Den einen erschien sie als selbstlose Philanthropin und liebende Mutter, die stets um das Wohl anderer besorgt war und half, wo sie konnte, während sie sich selbst äußerste Disziplin auferlegte. Andere hatten von ihr den Eindruck einer selbstverliebten Egomanin, die noch dazu ein gebrochenes Männerherz nach dem anderen hinter sich ließ. Und manch einer sah in ihr den besten Freund und Kameraden, den man sich nur denken kann. Fakt ist, dass Marlene Dietrich das Leben liebte, es in all seinen Facetten genoss und weder ihre Zuneigung noch ihr Geld jemandem vorenthielt, wenn er etwas davon benötigte.

Die vorliegende Romanbiografie hat es sich zur Aufgabe gemacht, all diesen Aspekten Raum zu geben und sich dabei gleichzeitig auf die Zeitspanne zu konzentrieren, in dem sie am stärksten hervortraten. Der Zeitraum von 1928 bis 1945 beinhaltet die Jahre, in denen die Hoffnung auf eine große Karriere beim Film ebenso Wirklichkeit wird wie die harte Arbeit und das Aushalten von Niederlagen, die diese erfordert. Es sind die Jahre, in denen Marlene Dietrichs Tochter Maria fast immer an ihrer Seite ist und zu einer jungen Frau heranwächst. Auch den wichtigsten Männern ihres Lebens begegnet sie in diesen Jahren – auch ihrer großen Liebe Jean Gabin. Als Europa ab 1933 sein dunkelstes Kapitel aufschlägt, öffnet sie den Emigranten Heim, Herz und Scheckbuch, und in den Kriegsjahren tut sie das, was sie später als *das einzig Wichtige* in ihrem Leben bezeichnen wird: Sie unterstützt die amerikanischen Truppen in ihrem Kampf gegen die Nationalsozialisten.

Obwohl zu kaum einer anderen Berühmtheit so viel gesagt und geschrieben wurde wie zu Marlene Dietrich, gibt es doch zahlreiche Leerstellen und unzulänglich Belegtes in ihrem Leben. Manch ein Ereignis lässt sich nicht exakt zeitlich einordnen, zu vielen Begebenheiten existieren zahlreiche und widersprüchliche Versionen. Jeder Zeitzeuge schildert seine Begegnungen mit ihr aus seiner subjektiven Perspektive und legt das Gewicht auf ein anderes Detail. Marlene Dietrich selbst hat in ihren Memoiren bewusst vieles verschwiegen und dabei auch neue Wahrheiten erschaffen.

Marlene Dietrich. Von Kopf bis Fuß auf Leben eingestellt versucht sich als Romanbiografie an einer Synthese der verschiedenen Blickwinkel. Neben den bekannten Eckdaten zu Marlene Dietrichs Leben als Künstlerin und Privatmensch und der Auswertung von Sekundärliteratur flossen dabei Selbst- und Fremdzeugnisse aus Interviews, autobiografischen Texten und Briefen in das Buch ein. All dies fand Eingang auch in Form von Zitaten, die im Text durch Kursivsetzung gekennzeichnet sind. Um den Lesefluss zu bewahren, wurden Auslassungen nicht kenntlich gemacht und die Zitate in seltenen Fällen in Kasus und Numerus angepasst, ebenso fand die neue deutsche Rechtschreibung Anwendung. Im Anhang findet sich eine Liste der Bücher und sonstigen Medien, die als Quellen dienten und aus denen Textstellen übernommen wurden.

Verbliebene Leerstellen füllt dieses Buch mit lebendigen Szenen, mit Möglichem, in der Hoffnung, das filmreife Leben Marlene Dietrichs auf diese Weise ganz besonders nachfühlbar für die Leserinnen und Leser zu gestalten.

Was am Ende entsteht, ist das Kaleidoskop einer vielschichtigen und anspruchsvollen Frau, die nicht selten schwierig war und die trotzdem auch heute noch vielen von uns Vorbild sein könnte.

Katja Kulin

Ende und Anfang

1992

Nach Haus – Ein letztes Mal für immer

»*Marlene go home*«, so stand es 1960 auf sorgfältig gemalten Schildern, als sie für einige Auftritte wieder nach Deutschland kam. Berlin war nicht damit gemeint. Die Wut auf sie, die Vaterlandsverräterin, die der Heimat in den Dreißigerjahren den Rücken gekehrt hatte, ließ damals Speichel und Eier regnen. Vielleicht aber war es in Wahrheit gar keine Wut, die zu solchen Taten trieb, sondern nur die heimliche Scham darüber, sich nicht wie sie den Nazis widersetzt zu haben.

Heute, am sechzehnten Mai, kehrt Deutschlands verlorene Tochter Marlene Dietrich für immer heim, und der Empfang ist ein wesentlich anderer. »*Adieu Marlene, Dankeschön!*«, hängt es in weißer Schrift auf schwarzem Tuch von einem Balkon, und die Straßen sind von Hunderten von Verehrern und Schaulustigen gesäumt. Die Blumen, die sie werfen, landen auf keiner Bühne mehr, sie landen dumpf auf der Ladefläche des offenen schwarzen Cadillacs oder auf der Berlinflagge, die den Sarg, den er transportiert, bedeckt. Alle Wege führen heute zum Friedhof Stubenrauchstraße in Schöneberg. Denn Heimkehr, das bedeutet nicht die Rückkehr in ein Land, zu einer Nation; es bedeutet die Suche nach dem Frieden des Schoßes, aus dem man hervorgegangen ist. Die letzte Ruhe wird Marlene nur wenige Schritte entfernt vom Grab ihrer Mutter finden.

Die Stadt Berlin hat sich der alten Ressentiments wegen in letzter Sekunde doch noch um eine Gedenkveranstaltung gedrückt, sie wird noch eine Dekade bis zur offiziellen Entschuldigung dafür benötigen; die Menschen auf der Straße wissen es schon jetzt besser. Während der Bürgermeister am Eingang des Friedhofs ausgebuht wird, spricht ein Passant das Offensichtliche in das Mikrofon eines Reporters: »Marlene Dietrich war der

Inbegriff des Films, und sie hat nicht gegen das deutsche Volk gesprochen, sie hat das Regime kritisiert. Eine große Gala hätte sie verdient.«

Für Marlene spielt all das jetzt keine Rolle mehr, und tatsächlich hat es das nie. Um zu wissen, was sie wollte und für sie richtig war, hat sie nie eine andere Meinung als die eigene benötigt.

1922

Wer nicht wagt …

Der Enge der Elektrischen entkommen, hat Marlene in der Schumannstraße nichts als den warmen Maiwind im Rücken, mit sanftem Nachdruck schiebt er sie vorwärts, ihrem Ziel entgegen. Wenn das kein weiteres gutes Zeichen ist! Das erste kam schon mit der Einladung zum zweiten Vorsprechen. Gretchens Gebet aus dem *Faust* hat sie für heute vorbereiten sollen. Ihr Lieblingswerk – abgesehen von *Die Leiden des jungen Werthers*, aber das ist doch zu rührselig und steht darum nur heimlich an erster Stelle – von Goethe, den sie heiß verehrt. Ein gutes Zeichen, ja, und ganz sicher kein Zufall. In den letzten Tagen hat sie nichts als geübt.

Beim ersten Termin an Max Reinhardts *Schauspielschule des Deutschen Theaters in Berlin* hat sie eine Passage aus Hugo von Hofmannsthals *Der Tor und der Tod* interpretiert. Nachdem sie die Musikhochschule in Weimar verlassen musste, verliebte sie sich in diesen Autor. Zu der Zeit las sie viel, schließlich mussten Wege gefunden werden, die geplante Laufbahn als Konzertgeigerin zu vergessen – das Handgelenk wollte nicht mehr mitspielen. In die Lektüre vertieft ließ es sich außerdem auch der Frau Mutter und dem Echo ihres Nichtwahrhabenwollens von Marlenes Sehnenverletzung am besten entkommen. Gerade dieses Stück erkor sie aus, weil Reinhardt es bereits am *Deutschen Theater* inszeniert hatte. Sie rezitierte den Part des jungen Mädchens, der einstigen Geliebten, die dem Toren als Geist erscheint:

»Aus Untreu macht kein guter Wille Treu,
Und Tränen machen kein Erstorbnes wach.
Man stirbt auch nicht daran. Viel später erst,
Nach langem, ödem Elend durft ich mich

Hinlegen, um zu sterben. Und ich bat,
In deiner Todesstund bei dir zu sein.
Nicht grauenvoll, um dich zu quälen nicht,
Nur wie wenn einer einen Becher Wein
Austrinkt und flüchtig ihn der Duft gemahnt
An irgendwo vergeßne leise Lust …«

Atemlose Trauer hat sie in ihren Vortrag gelegt, doch weder das noch ihr schlichtes, großgeblümtes Kleid, das genau der Regieanweisung im Stück entsprach, hat die sie begutachtenden Schauspiellehrer davon abgehalten, sie nach ihrem Vortrag reichlich mit Kritik zu übergießen. Zu pompös war es dem einen, noch zu wenig ausdifferenziert dem anderen. Doch nicht unterkriegen lassen sollte sie sich davon, sondern es für das weitere Üben nutzen, denn vielleicht gäbe es ja die Gelegenheit, noch einmal wiederzukommen.

Das immerhin ist wahr geworden. Und heute ist es so weit. Marlene beschleunigt ihren Schritt, greift im Vorbeigehen nach den tief hängenden Zweigen einer Zierkirsche und pflückt ein paar Blüten ab. Ihr Duft verheißt den nahen Sommer. Sie ist bereit, nur um die letzte Biegung noch!

Der große Theatervorplatz ist wie leergefegt, nur zwei junge Frauen, den Blick fest auf ihren Text gerichtet, hat der imaginäre Besen übersehen. Beim letzten Mal herrschte furchtbares Getümmel, viele Anwärter hatten zur Unterstützung ihre Mütter, Väter, manche sogar ihre Geschwister oder Freunde mitgebracht. Welch komische Vorstellung, Marlene hätte ihre Mutter, ihren resoluten *guten General,* darum gebeten, sie zu begleiten! Schließlich ist diese gar nicht begeistert von ihrem Vorhaben, Schauspielerin zu werden. Damit wenigstens hat Lena, wie ihre Mutter sie nennt – natürlich akzeptiert sie den neuen Namen nicht, den ihr Kind sich vor ein paar Jahren selbst aus seinen Vornamen Marie und Magdalene gebastelt hat – sich durchgesetzt. Kein einfaches Unterfangen, denn die Mutter führt, seit sie früh ihren ersten und bald darauf auch ihren zweiten Ehemann verloren hat, ein strenges Regiment über sie und ihre ältere Schwester Elisabeth.

Vor ihr, vielleicht noch zwanzig Schritte entfernt, thronen aneinandergeschmiegt das *Deutsche Theater* und die *Kammerspiele*, in deren zweiter Etage die Schauspielschule untergebracht ist. Marlene ist früh dran, genug Zeit, den Text noch einmal durchzugehen. Sie hat ihn nicht auf Papier, sie hat ihn im Kopf. Mit zwanzig hat man schließlich ein gutes Gedächtnis. Die gusseiserne Kälte der Zwillingslaterne, an die sie sich lehnt, dringt durch ihren dünnen Mantel, das schlichte beige Kleid darunter und macht den Geist ganz wach. Der Text sitzt.

Als die beiden jungen Frauen bemerken, dass sie sich in Bewegung setzt, fällt auch ihnen plötzlich wieder ein, wo sie erwartet werden. Eilig laufen sie die Stufen hinauf und verschwinden noch vor ihr im Gebäude. Marlene lächelt. Den Schritt zu beschleunigen ist doch gar nicht nötig.

Drinnen im Foyer warten bereits ein weiteres Dutzend Anwärterinnen darauf, in ein schmuckloses Bürozimmer gerufen zu werden und ihre Rolle zu spielen. Erstaunt ist sie gewesen und ist es noch, dass die Vorsprechen nicht wenigstens auf einer Nebenbühne stattfinden. Wie soll denn so die rechte Atmosphäre aufkommen?

Aber die Herren in den tiefen Sesseln, die sie auch heute wieder mit strengen Blicken empfangen, als die Reihe an ihr ist, werden es schon wissen. Marlene tritt nach vorn und als Gretchen in die Mauerhöhle des Zwingers und vor das Andachtsbild der Mater Dolorosa. Sie denkt an die vorangegangene Begegnung mit Lieschen am Brunnen, die sich das Maul über ein von ihrem Liebhaber geschwängertes Mädchen zerrissen hat, lässt in der Stille die Sorge, nun selbst eine Sünderin zu sein, einen Moment lang wachsen und öffnet dann den Mund, um die ersten Verse zu sprechen:

»Ach neige,
Du Schmerzenreiche,
Dein Antlitz gnädig meiner Not!«

»Woll'n Sie sich nicht hinknien, junge Frau?«, fragt Maria, nein, fragt es aus einem der tiefen Sessel im Raum.

Die Mauerhöhle ist fort. In einem Zimmer wie diesem knien? Darauf ist sie nicht gekommen, es erscheint so unsinnig wie die Unterbrechung unhöflich. Dann kommt auch noch ein Kissen geflogen. Nun versteht Marlene die Welt erst recht nicht mehr. »*Warum tun Sie das?*«, entgleitet es ihr.

»Na, *damit Sie darauf knien können*«, tönt es aus Sesseluntiefen.

Es ist absurd, denn Gretchen hat doch ganz gewiss kein Kissen bei ihrem Gebet zur Verfügung gehabt, aber Marlene kniet nieder. Das Bild der Grotte mag sich nicht mehr einstellen, doch es hilft jetzt nichts. Noch einmal von vorn.

»Ach neige,
Du Schmerzenreiche,
Dein Antlitz gnädig meiner Not!
Das Schwert im Herzen,
Mit tausend Schmerzen
Blickst auf zu deines Sohnes Tod.
Zum Vater blickst du,
Und Seufzer schickst du
Hinauf um sein' und deine Not.
Wer fühlet,
Wie wühlet
Der Schmerz mir im Gebein?«

Marlene fühlt davon momentan rein gar nichts, die Weichheit des Kissens unter ihren Knien verhindert es geradezu, irgendetwas von Gretchens Verzweiflung zu spüren. Dafür wächst die eigene und geht mit jedem Wort mehr in ihren Vortrag ein, eine Träne rollt ihr gar über die Wange, und alle Ratschläge sind vergessen. Marlenes Gretchen hat nichts mit dem gemein, das kürzlich erst von Helene Thimig, der angehenden zweiten Ehefrau Max Reinhardts, schlicht und zurückgenommen am *Deutschen Theater* gegeben worden ist. Heute wird stattdessen mehr weniger sein.

Marlene ahnt es, als sie endet und in die Gesichter ihrer Richter blickt. Nach einer kurzen Beratung ergreift Dramaturg Arthur Kahane das Wort: »Mein Kind, Ansätze sind da, durchaus, durchaus. Schauen Sie, ich persönlich beobachte *den Schauspieler auf seinen Körper hin; und wenn ich sehe, dass er das, was er sagt, zuerst im Körper erlebt und dann erst in der Kehle, zuerst in der Geste und dann erst im Wort, beginne ich an sein Talent zu glauben.* Was wir heute hier gesehen haben, war jedoch leider vor allem das Wort, und das in einer Weise, die uns nicht davon überzeugen konnte, dass Sie unseren Rat vom letzten Mal haben umsetzen können. Und auch das ist ein wichtiger Teil unserer Entscheidungsfindung.«

Marlene öffnet den Mund, sich zu verteidigen, und schließt ihn gleich wieder. Wozu Erklärungen abliefern? Sie will nur noch hinaus.

Die luftige Weite des Vorplatzes lässt sie schnell wieder den Mut fassen, den sie nur nicht verlieren solle, wie ihr ein Lehrer noch nachgerufen hat. Na, das versteht sich doch von selbst! Schließlich ist das Leben voller Möglichkeiten. Sie weiß auch schon, was sie tun wird: einen kleinen Umweg nehmen, der dann doch zum gleichen Ziel führt. Ins Kabarett *Größenwahn* wird sie gehen, zu dessen Gründerin Rosa Valetti, und sie von sich überzeugen. Der Schauspielerin, Kabarettistin und Chansonnière werden gute Beziehungen zum *Deutschen Theater* nachgesagt, und Valettis Empfehlung wird ihr gewiss die Tür zu privatem Schauspielunterricht öffnen. Um sich zu finanzieren, wird sie eben weiterhin ihre Beine in *Guido Thielschers Girl-Kabarett* bei Vaudeville und Steptanz schwingen und ab und an für Strumpfreklame herzeigen.

Und so soll es sein. Schon bald wird sie gemeinsam mit Grete Mosheim von niemand Geringerem als dem Leiter der Reinhardt'schen *Theaterschule* Dr. Berthold Held unterrichtet werden und im September in ihrer ersten kleinen Rolle in den *Kammerspielen* auftreten, in Wedekinds *Die Büchse der Pandora*. Dass die Figur der Lulu in sieben Jahren das Vorbild für die Rolle sein wird, die ihr den großen Durchbruch verschafft, ahnt Marlene freilich nicht.

Eins

Blaue Engel fallen nicht vom Himmel

1928

Es liegt was in der Luft

In den Jahren nach ihrem ersten Vorsprechen ist Marlene ein fleißiger, unermüdlicher Lehrling. Allein in den ersten sechs Monaten ihrer Theaterkarriere spielt sie sieben verschiedene Rollen in mehr als neunzig Aufführungen. Zumeist sind es eher kleine Parts, und später, als Star, wird sie um viele dieser Rollen kein Aufhebens machen, sie am liebsten gar verschweigen wollen. Wer erzählt schon gern, dass, wie einmal geschehen, das Bühnenkostüm nur von hinten mit Strass und Perlen verziert war, weil das Aufsagen des einzigen Satzes mit dem Rücken zum Publikum geschah?

Dem Erlernen des Handwerks der Schauspielerei, das schließlich in nicht geringem Maße aus der Fähigkeit zur genauen Beobachtung besteht, sind die in Machart und Stil oft sehr unterschiedlichen Bühnenproduktionen jedoch keineswegs abträglich. Berlin ist in den Goldenen Zwanzigern zum Zentrum der künstlerischen Avantgarde geworden und Marlene mischt mit, wo sie kann, probiert sich aus und zeigt dabei auch erste frivole Facetten.

Während ihre Mutter immer noch nichts mit der neuen Leidenschaft der Tochter anzufangen weiß, kann Marlene wenigstens auf einen verwandten Geist in der Familie zählen: ihren Onkel Willi Felsing. Der Juwelier liebt die Film- und Theaterwelt, und mit seinen Anzeigen in den Programmheften hat er schon viele Schauspieler in sein Geschäft gelockt. Auch auf seinen Partys sind sie gerngesehene Gäste. Durch seine Vermittlung bekommt Marlene, die sich von den Möglichkeiten und Grenzen des Mediums Film gleichermaßen abgestoßen wie angezogen fühlt, nach einigen Umwegen eine winzige Rolle als Zofe in *So sind die Männer*. Als sie sich darin Tabletts herumtragen sieht, erschrickt sie. Sie sieht einer *Kartoffel mit Haaren* nicht unähnlich. Auch in ihrem dritten Film, *Tragödie der Liebe*, einem vierteiligen Drama mit Star-Besetzung, spielt sie nur eine Statistin in den Massenszenen. Emil Jannings, bereits international gefeiert und später ihr Partner in *Der blaue Engel*, bekommt sie während des Drehs nicht einmal zu Gesicht.

Dafür lernt sie beim Vorsprechen Ende 1922, bei dem sie zu ihren Pumps, dem Monokel und den grasgrünen Handschuhen nur ein Stück Stoff trägt, das einem Negligé sehr viel ähnlicher ist als einem Kleid, den Aufnahmeleiter Rudolf Sieber kennen und lieben. Er ist vier Jahre älter als sie und besitzt eine Form der Zuverlässigkeit und Ausgeglichenheit, die Marlene mit ihrem einerseits so disziplinierten und dennoch unsteten Wesen Sicherheit gibt.

Am siebzehnten Mai des nächsten Jahres nimmt Marlene im Alter von einundzwanzig Jahren, nachdem sie sich beruflich wieder mehr dem Theater widmet, ohne dabei das Filmen aufzugeben, eine ganz neue private Rolle an: Sie wird Rudolf Siebers Ehefrau. Und weil manche Rollen wie von selbst zur nächsten führen, folgt eineinhalb Jahre später eine, die es lebenslang zu spielen gilt. Marlene wird am dreizehnten Dezember 1924 Mutter der kleinen Maria Elisabeth und bleibt es beinahe ausschließlich knappe zwei Jahre lang. Dann beginnt wieder der endlose Reigen von Vorsprechen, Proben, Drehtagen und Aufführungen. Doch das erste Stück, das ihr selbst eine Erwähnung wert ist, soll sie erst 1928 spielen.

Als Marlene in die *Komödie* kommt, ein kleines Theater am Kurfürstendamm, ist die Bühne grell erleuchtet. Das ist ungewöhnlich für ein Vorsprechen, wo doch üblicherweise nur *eine einzige elektrische Birne die verschreckten Gesichter der Bewerberinnen beleuchtet.*

Robert Klein, der Direktor der *Komödie*, der Mischa Spolianskys und Marcellus Schiffers Musikrevue *Es liegt in der Luft* auf die Bühne bringen will, hat sie eingeladen. Ende 1927 hat er sie in Wien in dem Manhattan-Melodrama *Broadway* in der Rolle der ebenso kessen wie trinkfesten Ruby gesehen und sich wieder an sie erinnert, als ihm klar wurde, woran es bislang noch in dem Stück fehlte: Sex-Appeal. Auf die Frage hin, ob sie Fähigkeiten vorzuweisen habe, die sich für eine Revue eigneten, sagte Marlene: »Nun, ich hatte Gesangsunterricht, und für *Café Electric* habe ich gelernt, die singende Säge zu spielen. Verlernt man nicht wieder, wenn man's einmal kann.« Und nun ist sie hier, samt der Säge.

Es liegt in der Luft ist eine literarische Revue ganz neuen Stils, die in vierundzwanzig Szenen ebenso viele Geschichten aus einem Warenhaus erzählt, das nichts weiter ist als eine spöttische Metapher auf das Nach-Inflations-Berlin der Zwanzigerjahre: modern, bunt, übersättigt, dekadent.

Hinter der Bühne drückt jemand Marlene einen Zettel in die Hand. Es sind die Noten und der Text des Liedes, das sie singen soll. Es geht darin um eine Frau, die durch das Warenhaus irrt, besessen von dem Gedanken, ein Schnäppchen zu machen und alle heruntergesetzten Artikel aufzustöbern, egal, ob sie sie nun braucht oder nicht. Der Text ist leicht zu merken, er wird Marlene keine Schwierigkeiten bereiten. Nur das Singen macht sie etwas nervös. Doch es wird Zeit, der Pianist und fünf andere Musiker warten in ihrer provisorischen Nische im Zuschauerraum darauf, dass es losgehen kann.

Ein Ton wird ihr vorgegeben, viel zu hoch. Aus ihrem Mund kommt nichts als *eine zitternde Fistelstimme*. Der Regisseur, der ehemalige Kabarettist Robert Forster-Larrinaga, ruft schon die nächste Dame herein, aber diese hat kaum drei Schritte auf die Bühne gemacht, da mischt sich der Komponist Spoliansky ein: »Lassen Sie es uns eine Oktave tiefer versuchen.«

Rückzug bei der anderen, ein neuer Versuch bei Marlene.

Jetzt ist sie erst recht nervös, und es geht wieder daneben. Mehrere Male wechseln sie die Tonart, aber dann, ganz plötzlich, harmoniert es hervorragend.

Nun folgt noch die Kostprobe auf der singenden Säge. Marlene setzt sich auf den bereitgestellten Stuhl, schiebt das Kleid hoch und spreizt die Beine, um die Säge dazwischen zu klemmen. Elegant schwingt sie den Bogen und beginnt zu spielen. Als sie aufschaut, sieht sie Verzückung in den Augen ihrer Zuhörer. Die anderen Mädchen können gehen. Die Rolle gehört ihr.

Marlene will sich gerade bei dem Komponisten für seine Geduld bedanken, da richtet sich alle Aufmerksamkeit auf den Haupteingang. Margo Lion, die Hauptdarstellerin der Revue, kommt mit ihrem Ehemann Marcellus Schiffer, der den Text geschrieben hat, herein, steuert auf den Regisseur zu, blickt aber immer wieder zu Marlene.

Eine Woche später, die Proben laufen bereits, beordert Margo Marlene in ihre Garderobe und unterbreitet ihr den Vorschlag, der sie endgültig von der kleinen Statistin zu einer Berliner Berühmtheit machen wird. Marlene soll in der Revue mit Margo das Duett *Wenn die beste Freundin* singen.

»Es wird eine Parodie auf die Dolly Sisters«, erklärt Margo ihr. »Wir werden exakt das Gleiche tragen und wie siamesische Zwillinge über die Bühne laufen, um uns reizende Wäsche zu kaufen. Am Ende kommt dann noch unser Mann dazu.«

»Unser?«, lacht Marlene.

»Ja, genau.«

Die Revue mit kleiner Jazzband, nur fünf Schauspielern und einem fortschrittlich reduzierten Bühnenbild, wird der Renner des Frühsommers 1928. Insbesondere Marlenes Duett mit Margo Lion findet begeisterte Anhänger, wenngleich es für einen kleinen Skandal sorgt. Das mag auch am frivol-provokanten Inhalt gelegen haben, denn diverse Liedzeilen lassen auf ein lesbisches Verhältnis der beiden Freundinnen schließen, die sich zum Schluss auch noch liebenswürdig um einen Mann streiten, der im letzten Refrain dazukommt.

Später wird Marlene behaupten, von dieser Doppeldeutigkeit des Texts nichts gewusst zu haben. Ebenso wenig wie von der Tatsache, dass die Veilchensträuße, die sie sich und Margo an die Schultern heftet, um die schwarzen Kleider etwas aufzupeppen, seit Édouard Bourdets Stück *Die Gefangene* ein Symbol für die lesbische Liebe darstellen.

Das Lied wird schließlich auf Platte aufgenommen – es ist Marlenes erste – und zum größten Hit Berlins. Nichts allerdings währt ewig, und so werden die Revue und das Lied ab August von der *Dreigroschenoper* und *Mackie Messer* auf die Ränge verwiesen.

Für Marlene ist es so oder so ein Durchbruch. Sie bekommt gute Kritiken und wird zum *Berliner Girl par excellence*. Die Suche nach den schönsten Beinen der Stadt wird für beendet erklärt. Auch Marlenes nächster Film, *Prinzessin Olala*, führt zu zahlreichen positiven Besprechungen. Plötzlich kommen Vergleiche mit der Garbo auf.

Unbeirrt macht sie weiter, filmt und spielt Theater, aber schon bald folgt Gegenwind. Die Filmemacher fürchten, sie könne sich als Kassengift entpuppen, weil sie im Stummfilm nicht so gut rüberkommt wie auf der Bühne. In schwarz-weiß wirkt ihr rötlichblondes Haar oft sehr dunkel, die Nase breit und das Gesicht flächig, das weiß sie selbst.

Was ein sachkundiger Beleuchter alles aus einem Gesicht machen kann, das erfährt Marlene erst, als sie auf den Mann trifft, der nach anfänglicher Skepsis voll und ganz an sie glaubt: Josef von Sternberg.

1929

Nur Eine kann die Lola sein

Mit einem Krachen fällt die Tür hinter Marlene ins Schloss. Vorsichtig balanciert sie die Einkaufstüten die letzten Meter bis in die Küche. Ihre Tochter Maria steht dort wie bestellt und nicht abgeholt.

»Kater, wo ist Papi?« Sie stellt die Tüten auf dem Tisch ab. Die Antwort des Kindes muss sie gar nicht abwarten. Die sich hektisch hebende und senkende Brust verrät alles. Bis eben hat Maria dem Vater auf dem Dach bei den Tauben Gesellschaft geleistet, dann die Tür gehört und ist im Eiltempo nach unten gelaufen, um einer Strafpredigt der Mama zu entgehen. Denn die, überfürsorglich, mag es nicht, wenn sie bei den Tauben ist. Sie können Krankheiten übertragen.

»Oben, bei den Täubchen ist Papi«, kommt dann doch noch die obligatorische Antwort. Marlene nickt nur und lässt sich sonst nichts anmerken.

»Schau, was ich mitgebracht habe, meine Kleene.« Nach einem Kuss für das Kind werden erst einmal die Taschen ausgepackt. Zum Vorschein kommen Kartoffeln, Lauch, Petersilie, Zwiebeln, Sellerie, Weißkohl und Karotten. Zum Schluss folgen zweieinhalb Kilogramm Rindfleisch. »Die Mami macht heut Pot-au-feu, da können wir morgen und die nächsten Tage fein von essen. Das macht auch stark gegen die Bazillen, jetzt, wo's so langsam Herbst wird, weeßte?«

»Potofee«, sagt Maria und blickt neugierig über die Tischkante.

»Genau«, lacht Marlene und macht sich daran, das Gemüse zu putzen, nachdem sie Wasser in ihrem größten Topf aufgesetzt hat. Maria darf mit einem stumpfen Messer eine Karotte in Scheiben schneiden. »Aber schön aufpassen, ja?«

Als alles vor sich hin köchelt, kommt endlich auch Rudolf vom Dach herunter. Marlene schluckt die Bemerkung über die Tauben hinunter und fragt stattdessen: »Papi, warst du schon im *Kempinski* und hast das Abendessen für heute geholt?«

Gestern hat sie es nicht geschafft, für heute vorzukochen. Für die Hausarbeit hat sie ein Mädchen, für Maria stundenweise eine Kinderfrau, doch das Kochen lässt sie sich ungern nehmen. Aber schon seit Beginn des Jahres dreht sie praktisch ununterbrochen, was den Morgen und den Mittag verschlingt, und abends steht sie auf der Bühne, aktuell im *Berliner Theater* in dem Revuestück *Zwei Krawatten* von Georg Kaiser.

»Ja, Mutti, alles, was das Herz begehrt. Russisches Schwarzbrot, Räucherlachs, Hering, Würstchen, ein Stück Aal und noch ein Töpfchen Kartoffelsalat.«

Marlene schöpft ein wenig Schaum aus dem Topf. »Prima, dann können wir ja gleich essen. Kommt Tami später?«

»Ja, später.«

Tamara Matul war eine der zehn namenlosen Tänzerinnen in *Es liegt in der Luft*, und sie beide haben sich damals mit ihr angefreundet, Rudolf ein wenig mehr als Marlene. Mit ihrem Mann hat sie inzwischen ein rein freundschaftliches Verhältnis, jeder von ihnen hat seine Affären, aber es gibt keinen Streit deswegen. Tamara ist oft Gast bei ihnen und hilft außerdem, wo sie kann. Maria liebt sie.

Beim Essen lässt Marlene zwischen zwei Bissen die Bombe platzen: »Es geht das Gerücht, dass heute Abend ein ganz wichtiger Regisseur aus Amerika ins Theater kommt, Josef von Sternberg. Er will sich wohl Hans Albers ankucken, der eine kleine Rolle in dem Film spielen soll, den er mit Erich Pommer für die *UFA* drehen wird. Der Jannings kriegt natürlich die Hauptrolle. Ein Tonfilm, oho, wenn der's mal nicht wieder übertreibt! Sie verfilmen *Professor Unrat*. So eine Hafendirne braucht der Sternberg auch noch. Man hört, sie haben schon ganz Berlin nach einer Darstellerin abgesucht, aber nichts passendes gefunden.«

Rudolf nimmt noch etwas Kartoffelsalat nach. »Wer weiß, vielleicht wird er ja heute Abend fündig. Alle Damen im Stück werden versuchen, ihn zu beeindrucken, ich rate dir, dich ganz gleichgültig zu geben, dann stichst du heraus.«

»Da muss ich mich nicht anstrengen«, sagt Marlene und beginnt den Tisch abzuräumen. »Was soll ich auch schon wieder mit so einer kleinen Rolle. Manchmal denk ich ja, ich sollte vielleicht nur noch Theater spielen. Na, egal. Komm, Kater!«

Nachdem sie das Kind bettfertig gemacht hat, folgt der unangenehme Teil der Abendroutine. Maria hasst es, aber es muss sein. Ein Arzt hat festgestellt, dass sie O-Beine hat. Um sie wieder gerade zu bekommen, hat Marlene das Kind bereits zu Sabri Mahir gebracht, dem *schrecklichen Türken von Berlin*, bei dem sie selbst schon Boxunterricht nahm, um wieder in Form zu kommen. Allerdings kann auch Mahir keine Wunder bewirken, und so bedarf es zusätzlich noch einer drastischeren Maßnahme: Jeden Abend schraubt sie Kater schwere Beinschienen aus Stahl und Leder an und wieder ab, bevor sie morgens zum Dreh geht.

»Mamilein, wann sind die ollen Dinger endlich weg?«, fragt Maria. So, wie sie es jeden Abend tut.

Und Marlene spricht eine der vielen Lügen aus, die Mütter ihren Kindern aus Liebe erzählen müssen: »Bald, mein Schatz, ganz bald. Und nun decken wir dich zu, und wenn du fein einschläfst, dann ist es auch rasch wieder Morgen.«

»Sing mir noch was vor!«

»In Ordnung.« Marlene singt, aber kein Kinderlied, sondern einen ihrer amerikanischen Schlager, die sie so liebt. Als die Augen des Kindes zufallen, geht sie. Es ist Zeit.

»Holst du mich später mit Tami ab? Lass uns dann was trinken gehen«, ruft sie ihrem Mann noch zu, bevor sie die Tür ins Schloss zieht.

»Ja, machen wir!«, tönt es aus dem Wohnzimmer. »Und denk dran, schön zurückhalten!«

Als der gebürtige Österreicher Josef von Sternberg 1929 aus Amerika nach Berlin kommt, hat er bereits eine wechselhafte Karriere beim Film hinter sich. Seit 1927 ist er bei *Paramount*, und es geht aufwärts. Im Zuge der bewährten Tauschgeschäfte zwischen Berlin und Hollywood wird er nun in den Studios der *UFA* den ersten großen Tonfilm mit Emil Jannings produzieren. Jannings seinerseits hat schon in den USA gedreht und inzwischen als erster Darsteller überhaupt für die Filme *The Way of All Flesh* und *Sein letzter Befehl* einen Oscar erhalten. Nun wird er den Gymnasialprofessor aus Heinrich Manns *Professor Unrat oder Das Ende eines Tyrannen* verkörpern, sich in eine billige Kabarettsängerin verlieben und daran zugrunde gehen. Der Produzent des Films, Erich Pommer, hat bereits drei Männer für das Schreiben des Drehbuchs verpflichtet: die Dramatiker Dr. Karl Gustav Vollmoeller und Carl Zuckmayer sowie den Drehbuchautor Robert Liebmann. Von Sternberg hat erkannt, dass er die Buchvorlage variieren muss. Der Film darf nicht den Untergang des Professors als Hauptthema haben, zumal das für Jannings auch keine Herausforderung wäre. Vielmehr muss es um die Frau gehen, die dafür verantwortlich ist. Und es muss eine Frau sein, *die alles elektrisiert.* Aus diesem Grund wird es auch nötig, einen anderen Titel zu finden. Die Wahl fällt auf den Namen der Kaschemme, in der der Professor Rosa Fröhlich, die den Künstlernamen Lola Lola trägt, kennenlernt: *Der blaue Engel.*

Die Suche nach einer geeigneten Darstellerin war bislang erfolglos. Keine entsprach seiner Vision von Lola, die sich längst aufdringlich in seinem Kopf ausgebreitet hat. Noch dazu ist der Tonfilm sehr jung; er braucht Darsteller, die nicht nur spielen, sondern auch sprechen können. Außerdem müssen sie Englisch beherrschen, am besten amerikanisches Englisch, weil der Film in zwei Fassungen gedreht werden wird.

Der Name Marlene Dietrich ist gegenüber Sternberg schon öfter gefallen. Karl Vollmoeller, der sie in *Es liegt in der Luft* gesehen hat, bringt sie ebenso ins Spiel wie seine Geliebte Ruth Landshoff, die in Wien mit ihr zusammen auf der Bühne stand. Auch Gertrud Pommer, die Frau des Produzenten, hat sie vorgeschlagen. Doch als Sternberg beim Durchsehen der Schauspielerinnenalben ein Foto von ihr sieht, eingeordnet in der Kategorie *Naive*, scheint sie ihm wie alle anderen ebenfalls nicht die Richtige zu sein.

Dieweil Sternberg sich aufmacht, die Revue *Zwei Krawatten*, den größten Musical-Erfolg der neuen Saison, anzusehen, um einen Eindruck von Hans Albers zu bekommen, ist Lucie Mannheim schon in der engeren Auswahl. Sie hat bereits vorgesungen, und an den Aufnahmen ist nichts auszusetzen gewesen. Jannings bewundert außerdem ihr üppiges Hinterteil und spricht sich nachdrücklich für sie aus.

In *Zwei Krawatten* spielt Hans Albers die Hauptrolle, den Kellner Jean, der seine Krawatte mit einem Ballgast tauscht und nicht weiter fragt, als er noch dazu dessen Eintrittskarte und tausend Reichsmark in bar erhält. Marlene spielt Mabel, eine reiche Gesellschafterin und Jazz-Puppe aus den USA, die den Gewinner einer Reise nach Amerika auf einem Luxusdampfer verkündet. Jeans Eintrittskarte, auf der eine Losnummer steht, gewinnt.

Im Folgenden nimmt die Geschichte noch diverse dramatische Wendungen. Doch für Sternberg wendet sich das Darstellerinnenblatt schon in dem Moment, als Marlene alias Mabel, die gelangweilt und dadurch nur umso aufregender wirkt, auf die Bühne tritt und verkündet: »*Three …, three … and three! Three cheers for the gentleman who has drawn the first prize!*«

Zwar gibt er es gegenüber seinen Begleitern noch nicht zu und äußert sich stattdessen nur abfällig über die Revue, die er für eine *Albernheit* hält; er geht auch nicht hinter die Kulissen, um Marlene zu einem persönlichen Gespräch einzuladen, doch die Einladung wird Marlene am nächsten Tag erreichen. Dass Sternbergs Aufmerksamkeit während der Vorstellung allein ihr gegolten hat, davon bekommt Marlene aber noch am Abend der Aufführung eine Ahnung: Hinter der Bühne schimpft ein beleidigter Hans Albers, er hätte Sternberg gern auf den Kopf uriniert, doch leider habe er dafür nicht nah genug an den Rampenlichtern gesessen.

Marlene, die die Bedeutung der Rolle der Lola noch nicht kennen kann, kommt eigentlich nur aus Pflichtbewusstsein der Einladung in Sternbergs Büro nach. Warum sie sich dennoch so viele Gedanken über ihre Garderobe gemacht hat, weiß sie nicht recht. Sie hat sich gleich passend für den geplanten Film wie ein Animiermädchen kleiden wollen, doch das hat ihr Mann ihr ausgeredet. Sie müsse gerade wie das genaue Gegenteil wirken, hat er gesagt. Nun trägt sie also ihr bestes Kostüm, heliotropfarben, weiße Glacéhandschuhe an den Händen und zwei Silberfüchse um die Schultern. Sonst wird sie aber nichts tun, um Eindruck zu schinden.

Als Sternberg sie über ihre bisherigen Erfahrungen als Schauspielerin ausfragt, bietet sie ihm eine *Studie der Apathie*.

»Wissen Sie, ich habe nur drei Filme gemacht: *Ich küsse Ihre Hand, Madame, Schiff der verlorenen Menschen* und *Die Frau, nach der man sich sehnt*. Am Theater nur ein paar Statistenrollen.«

Sternberg weiß, dass das nicht stimmen kann, er hat von neun Filmen gehört. Tatsächlich hat sie bereits siebzehn Filme gemacht, und *Zwei Krawatten* ist ihre sechsundzwanzigste Bühnenproduktion. Doch Marlene zieht es vor, das meiste davon zu verschweigen, weil sie ahnt, dass ihr vieles nicht schmeicheln wird.

Sternberg beschließt, sie nicht auf ihre Untertreibung anzusprechen und stattdessen ein wenig zu provozieren.

»Sagen Sie, Frau Dietrich, wie kommt es denn, dass man so viel Abfälliges über Sie als Schauspielerin hört?«

Natürlich bringt diese Bemerkung Marlene nicht aus der Ruhe, vielmehr gibt er ihr damit eine Vorlage.

»Nun ja, ich lasse mich offenbar nicht gut fotografieren, und bislang ist noch jeder Kameramann an mir gescheitert. Meine Nase ist das größte Problem, sehen Sie, wie sie in die Höhe geht? Wie ein Entenpopo. Und was soll man gegen schlechte Kritiken machen? Wahrscheinlich war ich wirklich nicht gut.«

Ob verabredet oder zufällig, wie aufs Stichwort schneien nun Pommer und Jannings herein, um zu erfahren, wer denn noch die Rolle haben will.

»*Stehen Sie auf, gehen Sie auf und ab*!«, fordert Jannings Marlene auf und sie leistet dem widerwillig Folge. »Mein Gott, die läuft ja *wie ein Pferd*«, sagt er dann an Pommer gerichtet, aber laut genug, dass jeder im Raum es hören kann.

Marlene setzt sich wieder.

Als die beiden fort sind, entschuldigt Sternberg sich bei ihr. Sie sieht, wie unangenehm die Szene ihm ist.

»Na ja«, sagt sie lapidar, »die beiden bestätigen ja nur, was ich gerade gesagt habe.«

Sternberg schüttelt den Kopf. »Hören Sie, egal was Sie oder andere sagen, ich möchte Probeaufnahmen mit Ihnen machen.«

Marlene gibt ihm eine letzte Chance, es sich anders zu überlegen. »Herr von Sternberg, ich habe Ihre Filme gesehen, und mag, was Sie mit Männern tun, aber ich muss sagen, ich habe leise Zweifel, ob Sie eine Frau vor der Kamera führen können.«

Das ist nicht frech, sondern nahezu unverschämt, aber Sternberg bleibt ruhig. »Kommen Sie einfach zu den Probeaufnahmen und wir werden sehen.«

Marlene überlegt kurz, hat sich aber eigentlich schon entschieden, weil die Rolle doch mehr herzumachen scheint, als sie bisher angenommen hat. »Na gut, aber nur, wenn Sie sich vorher die drei Filme anschauen, die ich Ihnen genannt habe.«

Sie hat diese Filme mit Bedacht genannt, es sind keine kleinen Rollen, die sie darin gespielt hat, und gewiss auch nicht ihre schlechtesten. Durch das, was sie ihm vorhin beschrieben hat, wird er sich als Regisseur herausgefordert fühlen und, wenn er Fehler entdeckt, überlegen, wie er sie besser ins rechte Licht hätte rücken können.

Sternberg willigt in ihren Vorschlag ein, denn nun ist er noch mehr von ihr überzeugt als schon zuvor.

Am Tag der Probeaufnahmen kommt Marlene gänzlich unvorbereitet ins Studio. Ihr Haar sieht aus, *als hätte eine Katze es gerade abgeleckt*, sie hat kein passendes Kleid, keine Noten und erst recht keinen eigenen Pianisten dabei. Lucie Mannheim hingegen hat vor Tagen Friedrich Hollaender mitgebracht, der schon als Jugendlicher Klavier in den Stummfilmkinos spielte. Inzwischen ist er als Kabarettgründer, Komponist und Texter längst eine feste Größe in der Berliner Kulturszene. Sternberg hat, als er ihn spielen hörte, gleich gewusst, dass er ihn für die Lieder im *blauen Engel* haben muss.

Was die Lola angeht, hat er sich im Geiste längst auf die Eine festgelegt und so bleibt er geduldig, als Marlene, scheinbar unbekümmert, vor ihm steht.

»Nun, Frau Dietrich, dann lassen Sie sich jetzt von der Maskenbildnerin die Haare in Ordnung bringen und ich sorge in der Zwischenzeit für einen Studiopianisten und ein passendes Kleid.«

»Wie Sie wünschen, Herr von Sternberg«, antwortet sie und wendet sich betont langsam zum Gehen.

Ganz so gleichgültig, wie sie tut, ist Marlene freilich nicht. Seit ihrem Besuch in Sternbergs Büro weiß sie, dass es hier nicht um eine winzige Nebenrolle geht, sondern um etwas Größeres, und ihr Ehrgeiz ist geweckt. Doch sie hat bemerkt, dass ihr apathisches Auftreten den Regisseur beeindruckt hat, also gibt sie ihm heute mehr davon.

Als Sternberg schließlich in die Garderobe kommt, um das Ergebnis seiner Anweisungen zu begutachten, ist die Luft noch voller Rauch von der Brennschere, mit der die Maskenbildnerin verzweifelt Marlenes widerspenstiges kinnlanges Haar samt Pony bearbeitet hat. Das Endprodukt kann sich sehen lassen. Der viel zu weite Paillettenfummel allerdings hängt wie ein Sack an ihr herunter.

»Na, so geht das aber nicht«, sagt Sternberg und greift zum Stecknadelkissen. »Heben Sie mal die Arme.«

Marlene tut, ein wenig verwundert, wie ihr geheißen. »Oh, selbst ist der Mann!«

»Das führt noch am sichersten zum gewünschten Ergebnis.« Konzentriert beginnt Sternberg, das Kleid abzustecken. »Was wollen Sie eigentlich gleich singen, wenn Sie schon keine Noten dabeihaben?«

Möglicherweise ist dies wieder ein Moment, um ein wenig zu provozieren. »Ach, *ich mag amerikanische Lieder. You're The Cream In My Coffee* zum Beispiel.«

Wieder ist Sternberg einverstanden, vielleicht, weil er so gleich ihre Englischkenntnisse und ihre Aussprache prüfen kann. Der Pianist allerdings hat ein Problem: Er kennt das Lied nicht. Marlene erklärt es, summt es ihm vor. Weil das nicht reicht, sucht sie sich im Kopf die Melodie zusammen, um ihm auch noch die Harmonien vorzuspielen. Als er übernimmt, überwiegen die Misstöne.

»Himmel noch mal, ich hab nicht ewig Zeit!«, fährt sie den Mann an, nur um sich gleich darauf zu entschuldigen.

Aber Sternberg hat aufgemerkt. »Das ist gut, *das ist genau die Szene, die ich will.* Hören Sie zu!«

Und das tut Marlene. Jetzt wird sich zeigen, ob dieser Regisseur eine Frau tatsächlich führen kann.

Als alles besprochen ist, rollt sie ihren einen Strumpf bis zum

Knöchel herunter und nimmt die Position neben dem Klavier ein. Die Arme legt sie so darauf ab, als wollte sie ihr Kinn auf die Hände stützen, eine brennende Zigarette zwischen den Fingern. Während die Beleuchtung eingestellt wird – auch hier legt Sternberg persönlich Hand an – überlegt sie, auf welche Weise sie das Lied vortragen wird. Die Lola Lola ist eine Tingel-Tangel-Sängerin, ein Animiermädchen, das Lied aber keine Spur vulgär. Deshalb wird sie es singen *wie eine billige Soubrette*, geziert und überzogen.

Die ersten beiden Aufnahmen werden früh wegen technischer Probleme abgebrochen. Als ihr zum dritten Mal die kleine Tafel vor das Gesicht gehalten wird – »*Film siebenhunderteins, Sternberg, Frau Dietrich, einhundertfünfundneunzig, Aufnahme drei*«, liest der Assistent vor –, muss sie sich noch einmal sammeln. Auf Sternbergs »*So, langsam, jetzt*« tut sie, was er ihr erklärt hat und improvisiert den Rest.

Zunächst nimmt sie mit schon leicht genervtem Blick auf den Pianisten die Zigarette zwischen Daumen und Zeigefinger, zieht daran und bläst den Rauch durch den Mundwinkel wieder aus. Dann legt sie die Zigarette auf dem Rand des Klaviers ab, entfernt einen Tabakkrümel von der Zunge und dreht den Kopf einmal nach links und dann nach rechts, vielleicht nur, um die Halsmuskulatur zu dehnen, vielleicht aber auch, um Sternberg die Gelegenheit zu geben, selbst zu sehen, wie ihre Entenpoponase im Film in der Seitenansicht wirkt. Auf ihr Zeichen hin beginnt der Pianist zu spielen. Marlene singt das Lied mit klimpernden Wimpern in der flotten Version des *Jack Hylton Orchestras*, und so dichtet auch sie wie Hylton die erste Zeile leicht um.

»*You're the cream of my coffee,*
You're the salt in my stew;
You will always be my necessity
I'd be lost without you.«

Bei der Wiederholung der Strophe, diesmal mit dem korrekten *in* statt des *of*, werden die Misstöne immer deutlicher. Der Klavierspieler bricht ab, und Marlene, die jetzt ganz Lola ist, fährt ihn mit bebenden Nasenflügeln an: »*Soll Musik sein, ja?*« Sie nimmt die Zigarette, ascht auf die Tasten – Marlenes eigene Idee –, legt sie zurück und räuspert sich. »*No' mal.*«

Wieder kommt sie nicht weit. Ein vernichtender Blick fällt auf den Pianisten, bis sie schließlich die Faust ballt und knurrt: »*Mensch, was fällt dir eigentlich ein? Soll das Klavierspielen sein, zu dem Dreck soll ich singen? Gehört zum Waschtrog, aber nicht hierher, verstehste? Dussel!*« Wieder regnet es Asche, dann braucht Lola einen tiefen Zug, um sich wieder zu beruhigen. »*Noch mal.*«

Beim dritten Versuch kommt sie ein wenig weiter, aber nicht weit genug. Lolas flache Hand kracht auf das Klavier. »*Himmelherrgott!*« Sie beugt sich zum Pianisten hinunter, bis ihr Gesicht ganz dicht an seinem ist. »*Das geht doch so nicht, verstehste das nich?*« Lola geht hinten um ihn herum und wischt ihm dabei einmal ruppig mit der Hand über den Kopf. »*An dir is auch'n Genie verloren jegangen. Jetz muss ich wieder den ollen Quatsch singen, nich, den kannste!*«

Über die Sitzbank steigt sie auf das Klavier und zieht beiläufig den heruntergerollten Strumpf hoch. Zeit, Bein zu zeigen. »*Wenn du jetzt wieder falsch spielst, verstehste, dann jibt's 'n Tritt!*«

Doch die Melodie zu *Wer wird denn weinen, wenn man auseinander geht* ertönt fehlerfrei. Und so singt Lola kokett, die Beine übereinandergeschlagen und den Oberkörper hin und her wiegend, ihr Lied über die Freude, ein lästiges Verhältnis los und frei für ein neues zu sein.

Dann ist die Szene im Kasten, Marlene wird wieder sie selbst und stellt heimlich fest, dass Sternberg es wohl doch vermag, eine Frau zu führen. Sternberg wiederum stellt ebenso heimlich fest, dass er seine Lola Lola gefunden hat. Und darüber hinaus eine Schauspielerin mit genügend Potenzial, daraus etwas Einzigartiges zu formen.

Marlene bekommt die Rolle. Bis es so weit ist, muss Sternberg sich allerdings noch mächtig ins Zeug legen, denn Pommer und vor allem Jannings, der immer noch Lucie Mannheim will, sind von den Probeaufnahmen nicht überzeugt. Am Ende jedoch hat Sternberg Erfolg; die Drohung, ansonsten umgehend nach Amerika zurückzugehen, wird nicht unschuldig daran gewesen sein.

Friedrich Hollaender ist überrascht, als er erfährt, für wen er nun tatsächlich die Songs schreiben wird, und Marlene ist es ebenfalls, angesichts der Tatsache, dass sie es ist, die diese überhaupt nicht unbedeutende Rolle bekommt, reagiert aber angemessen. Wasserfälle aus Champagner ergießen sich in der Transvestitenbar *Le Silhouette* über sie und ihre Freunde, auch wenn sie mit zwanzigtausend Reichsmark plus fünftausend für die englische Fassung nur ein Zehntel der Gage Emil Jannings erhalten wird.

Während das Drehbuch längst nicht fertig ist, beginnen die Kostümproben. Marlene ist bestrebt, es Sternberg, der inzwischen ihre volle Bewunderung hat, stets recht zu machen und dabei doch mit der eigenen Meinung nicht hinterm Berg zu halten. Als sie ihre Garderobe für nicht passend für das Animiermädchen einer billigen Spelunke befindet, schafft sie es, dass er ihr vertraut und sie machen lässt. Und gut will sie es machen, also spannt sie ihre ganze Familie ein, in den Tiefen aller verfügbaren Schränke und Truhen zu wühlen, Flohmärkte unsicher zu machen und Kneipen abzugrasen. Die Kostüme werden mit Strassgürteln, Zylindern oder Arbeitermützen aufgepeppt, *Schmuck durch Bänder, Quasten und Borten* ersetzt.

Am vierten November schließlich beginnen die Dreharbeiten, obwohl das Skript immer noch nicht fertiggestellt ist. Der Börsenkrach Ende September hat auch die *UFA* nicht verschont, und so macht der Medienunternehmer Alfred Hugenberg allmählich Druck.

Die Arbeit erfordert ein Höchstmaß an Konzentration von allen Beteiligten. Die noch in den Kinderschuhen steckende Tontechnik kennt weder Mischung noch eine eigene Tonspur, weswegen es erforderlich ist, dass vier Kameras gleichzeitig eine Szene aufnehmen. Der Set auf dem *UFA*-Gelände in Neu Babelsberg ist von Beginn an Anziehungspunkt für prominente Beobachter. So statten etwa Buster Keaton, George Bancroft und George Grosz der Crew einen Besuch ab. Auch Leni Riefenstahl, die ebenfalls eine Anwärterin für die Rolle der Lola Lola gewesen ist, schaut vorbei und wundert sich darüber, wie gewagt Marlene sich zeigt und wie sehr sie in ihrer Rolle aufgeht. So sehr, dass es selbst Sternberg manchmal zu viel wird, wie Riefenstahl seinem Rüffel »*Marlene, benimm dich nicht wie ein Schwein!*« entnimmt.

Sternberg kennt während des Drehs mit seinen Schauspielern keine Gnade. Und Marlene, die er unübersehbar als Frau begehrt, nimmt er trotzdem oder gerade deswegen besonders in die Mangel. Er lässt sie Szenen bis zur Erschöpfung wiederholen und glaubt ganz offenbar, ihre Leistung nur durch verbale Demütigung steigern zu können. Mit seiner Reitgerte, die ihm am Set den Gehstock ersetzt, verleiht er jedem seiner Worte noch eindrucksvoller Nachdruck. Marlene setzt dem ihren lockeren Humor und ihre spielerische Art entgegen, die sie bei den Kollegen – außer dem einem – so beliebt macht. Nur in der Garderobe oder zu Hause fließen oftmals die Tränen. Es ist die Enttäuschung, seinen Ansprüchen nicht zu genügen, denn das will sie unbedingt. Doch solange die Kameras an sind, ist das offenbar unmöglich.

Jannings, der Star des Films, hat die passenden Allüren mit an den Set gebracht. Ständig müssen alle auf ihn warten, weil er in der Garderobe noch mit Vorbereitungen beschäftigt ist. Dabei steigt in ihm die Wut auf die Marlene-Lola, die er immer noch bloß für laut und unbegabt hält. Spätestens seit der Sequenz auf dem Fass, in der Lola in Rüschenunterhose, Strapsen und mit einem weißen Zylinder auf dem Kopf *Ich bin von Kopf bis Fuß auf Liebe eingestellt* für die Zuhörer, besonders aber für den Professor singt und ihre Beine zeigt, wird ihm klar, dass seine Felle langsam, aber sicher davonschwimmen. Die Gesangsnummern, bei denen die Lieder live aufgenommen und in durchgehenden Takes gefilmt werden, sind Marlenes Metier. Sie weiß genau, was sie tut, Sternberg muss nichts weiter erledigen als Licht und Kameras auszurichten. Hier, wo Bild und Ton, Bewegung und Gesang, Körper und Charakter zusammenspielen, wird deutlich, dass Jannings als der Professor nur eine blasse Figur neben Marlenes Lola abgeben kann.

Und irgendwann macht sich die Wut, die rotglühend zeitgleich in Professor Unrat und in Jannings anschwillt, Luft.

Marlene hat ein flaues Gefühl im Magen. Gleich werden sie die Szene drehen, in der der Professor Lola zu erwürgen versucht. Gestern hat sie dabei zugesehen, wie die Sequenz abgefilmt wurde, bei der er, dessen Niedergang mit der Heirat von Lola unwiderruflich begonnen hat und nun bald ein Ende nimmt, endgültig verrückt wird. Nicht nur hat er seinen Beruf und seine Moralvorstellungen für sie aufgegeben, nun muss er in der Bühnenshow auch noch den Clown geben, Eier auf seinem Kopf zerschlagen lassen, während er gleichzeitig sieht, dass Lola sich von einem Artisten küssen lässt. Zunächst widersteht er der Aufforderung, wie ein Hahn zu krähen, doch dann bricht etwas in dem Professor, und ein irres *»Kikeriki«* erschallt und will nicht mehr enden. Das hat Jannings, das muss sie zugeben, hervorragend gespielt. Die wahnsinnigen Laute haben ihr eine Gänsehaut über den Rücken gejagt.

Im weiteren Verlauf verfolgt Unrat Lola und den Artisten in ihr Zimmer, bricht, immer noch krähend, die Tür auf und versucht, seine Ehefrau, die ihm nicht dankt, was er für sie getan hat, zu erwürgen. Das wird Jannings gefallen, denkt Marlene. Sie weiß, dass er sie hasst. Es ist nicht lange her, da hat er ihr gesagt, sie würde es nie zu etwas bringen, erst recht nicht, wenn sie sich nur auf Sternberg verließe. *»Scheren Sie sich fort«*, hat sie darauf nur erwidert. Alles Weitere wäre sowieso vergebliche Liebesmüh gewesen.

Und nun lässt Jannings sich wieder einmal Zeit. Die Szene ist längst ausgeleuchtet, und Marlene steht auf ihrer Position am Klavier. Sternberg redet ihm in der Garderobe noch einmal gut zu. Was man während dieser Wartezeit alles machen könnte!

Da endlich kommt er schnaufend an, offenbar hat er sich schon in Stimmung gebracht.

Sternberg nickt ihr zu. »So, es geht los. Alle auf Position, Konzentration, und Kamera ab.«

Marlene wird zu Lola und drückt sich ängstlich an das Klavier, als wieder das markerschütternde Krähen ertönt. *»Fass mich nicht an, ich hab nichts getan!«*, versucht sie zu beschwichtigen.

Doch Unrat stürzt sich auf sie, packt sie am Hals und schleudert sie erst vor das Klavier, dann gegen die Kommode, die rechts davon an der Wand steht. Wie geplant fallen alle Flaschen, die darauf stehen, klirrend zu Boden. Dann wirft er Lola aufs Bett, um sie dort weiter zu würgen. Nun erwacht der Artist, gespielt von Hans Albers, der bislang untätig in einer Ecke des Zimmers gestanden hat, aus seiner Starre und greift ein, zerrt den Professor von Lola weg.

So ist es geplant.

Aber Unrat, Jannings, lässt nicht los. Lola hat noch schreien können, aber Marlenes Kehle wird jetzt so fest zugedrückt, dass kein Laut mehr aus ihr entkommen kann. Was tut er denn da? Ist es nicht Unrat, sondern Jannings, der wahnsinnig geworden ist?

»Schnitt!«, ruft Sternberg, und in diesem Moment stürzen er und die Assistenten auf Jannings los, schreien und zerren, und endlich lässt er von ihr ab. Luft! Marlene würde den Psychopathen gern anschreien, aber alles, was sie in diesem Moment tun kann, ist atmen und würgen und spucken.

Um sie herum stehen alle wie betäubt.

Jannings verzieht verächtlich den Mund. »Was guckt ihr denn alle wie begossene Pudel, wollt ihr nun eine realistische Darstellung oder nicht?«

»Ist doch eine Unverschämtheit, so was muss ich mir nicht bieten lassen«, krächzt Marlene jetzt und steht auf, um in ihrer Garderobe ein Glas Wasser zu trinken.

Unglaublicherweise fällt Sternberg ihr auch noch in den Rücken. »Nun spielen Sie hier mal nicht die *feine Dame! Sie sind eine Schlampe*, vergessen Sie das nicht, *meine verehrte Weimarer Mädchenpensionatsabsolventin*! Sie müssen das abkönnen, verstanden? Bleiben Sie hier, wir drehen die Szene noch einmal.«

Tränen wollen in Marlenes Augen anfangen zu brennen, doch sie zwingt sie vorerst zurück und lässt stattdessen Wut aus ihnen blitzen, als sie kehrtmacht. »Na bitte, von mir aus! Wenn ich den Rest des Film keine Stimme mehr habe, ist es jedenfalls nicht meine Schuld!«

Der Neudreh muss dann aber doch noch nach hinten verschoben werden. Ein Assistent macht Sternberg auf die Quetschungen an Marlenes Hals aufmerksam.

»Gehen Sie erst noch einmal in die Maske, Frau Dietrich!«

1930

Beginn eines Mythos

Ende Januar enden die Dreharbeiten für *Der blaue Engel* mit zwei Wochen Verspätung, was für die *UFA* Verzugszahlungen an die *Paramount* bedeutet. Da der Börsenkrach immer noch große Nachwirkungen zeigt, wird Sternberg nun möglichst rasch nach Amerika zurückgeschickt.

Er fährt, mit dem Buch *Amy Jolly, die Frau aus Marrakesch* im Gepäck, aber für ihn ist klar, dass er Marlene nachholen, sie mit nach Hollywood nehmen will, um weitere Filme mit ihr zu machen und den Star endgültig aus seiner provinziellen Pelle herauszuschälen. Nach dem Betrachten der Probeaufnahmen und einer Begutachtung vor Ort ist die Produktionsfirma einverstanden, doch der Unterzeichnung eines Vertrags stehen noch zwei Dinge im Weg.

Marlene hadert damit, ihre Familie, vor allem ihre Tochter, zu verlassen. Natürlich war sie schon oft für längere Zeit fort, aber Wien ist nicht so aus der Welt wie Amerika. Doch Rudolf redet ihr gut zu. Bei ihm, der Kinderfrau Becky und Tami sei Maria doch bestens aufgehoben. Nebenbei könne sie eine Menge Geld für sie alle verdienen. Das leuchtet Marlene ein, doch das erste Angebot der *Paramount* ist für sie so oder so nicht akzeptabel. Gleich für sieben Filme will sie sich nicht verpflichten. Wenn überhaupt, möchte sie die Chance haben, nach ersten Erfahrungen zu entscheiden, ob sie bleiben und ihre Familie nachholen oder doch lieber zurückgehen will.

Das zweite Hindernis dagegen ist schon schwieriger zu überwinden. Marlene hat bei der *UFA* einen Vertrag unterschrieben, der dem Unternehmen eine Option auf weitere Filme zugesteht. Ob diese Klausel in Kraft tritt, wird allerdings erst entschieden, wenn die Verantwortlichen *Der blaue Engel* gesehen haben. Als es schließlich so weit ist, ist deren Bestürzung über die *uneindeutige Moral* so groß, dass die für den Februar geplante Premiere zunächst abgesetzt und der Starttermin nach hinten verschoben wird. Außerdem trifft man die Entscheidung, die Option auf weitere Filme mit Marlene fallenzulassen.

Trotz allem erleichtert, unterzeichnet Marlene nun doch einen Vertrag über zunächst zwei Filme in Amerika. Ihre Gage beträgt 1750 Dollar pro Woche. Dummerweise hat sie vergessen oder verdrängt, dass sie auch noch anderweitig gebunden ist: Mit Robert Klein, dem Produzenten von *Zwei Krawatten*, hat sie einen Drei-Jahres-Bühnenvertrag geschlossen. Aufgebracht bittet Marlene Karl Vollmoeller um Hilfe, und so gibt sich Klein schließlich mit einer Abfindung von zwanzigtausend Reichsmark zufrieden.

Nun kann Marlene anfangen, ihre Koffer zu packen. Vorher allerdings steht ein bedeutsames Ereignis noch aus: Nachdem Sternberg einige der gewünschten Entschärfungen umgesetzt und vor allem das Ende des Films eindeutiger gestaltet hat, findet die Premiere von *Der blaue Engel* mit zwei Monaten Verspätung doch noch statt.

Der Fahrer wartet unten schon, ihr Mann und Willi Forst, mit dem Marlene nach einer kurzen Affäre während des Drehs von *Café Elektric*, ihrer ersten Hauptrolle, gut befreundet ist, warten im Flur, beide schick gemacht mit Frack und Seidenschal. Marlene ist zwar fertig, das weiße Chiffonkleid und die Frisur sitzen perfekt, aber sie kann sich nicht von Maria losreißen.

»Was musst du auch ausgerechnet jetzt eine Mandelentzündung haben, meine Kleene?«, sagt Marlene und drückt ihrer Tochter einen Kuss aufs Haar. Heute, am ersten April, ist nicht nur der Tag der Premiere im *Gloria-Palast* am Kurfürstendamm, nein, es ist auch der Tag ihrer Abreise nach Amerika. Gleich nach der Vorstellung wird sie mit dem Zug nach Bremerhaven fahren. Von dort aus wird die *Bremen* sie nach New York bringen.

»Die Mama wird dir ganz oft schreiben, hörst du? Schon vom Schiff. Und bis dahin passt Becky ganz wunderbar auf dich auf.«

Die Kleine nickt und streckt ihre Ärmchen aus. Eine letzte Umarmung.

»*Vergiss mich nicht*«, flüstert Marlene noch, dann geht sie, zieht den Hermelin über und folgt Rudis Ruf.

»Komm schon, Mutti, wir müssen los! Als Hauptperson solltest du schon im Saal sein, bevor es dunkel wird.«

Auf dem roten Teppich vor dem *Gloria-Palast* ist alles noch wie erwartet: Marlene wird wahrgenommen, sie wird fotografiert, aber es ist Emil Jannings, der von der Presse überfallen und mit unzähligen Fragen bestürmt wird.

Während der Vorstellung kann Marlene sich kaum auf den Film konzentrieren. »Pst«, stößt sie Rudi an. »Ich ruf mal eben zu Hause an.«

»Aber du kannst doch nicht …« Rudi versucht sie noch am Arm zu halten, lässt aber los, als er sieht, dass es ihr ernst ist.

Gebückt läuft Marlene aus dem Saal. Im Foyer ist ein Telefon.

»Becky, wie geht's dem Kind, schläft sie? Ist das Fieber gestiegen?«

»Allet jut, Frau Dietrich, Temperatur is gleech jeblieben, und se schläft wien Stein, wa?« Die Ruhe in Beckys Stimme hört sich überzeugend an.

»Na gut, danke. Passen Sie gut auf sie auf. Wiedersehen.« Marlene legt auf.

Während sie noch auf dem Weg zurück ist, wird im Saal ein Mythos geboren. Wenn es der Stummfilm auch nicht vermochte, die Aura Marlenes zu transportieren, so verkehrt sich das im Tonfilm ins Gegenteil. Sie ist überwältigend. Und das, obwohl sie im Grunde nur genau das gespielt hat, was sie selbst ist: eine sinnliche, sich ihrer Wirkung bewusste, singende Bühnendarstellerin.

Nach dem Ende des Films geht zuerst Jannings auf die Bühne, sonnt sich im donnernden Applaus und nimmt ein gewaltiges Bukett entgegen.

Dann ist Marlene dran. Fast stolpert sie auf den Stufen, der gewaltige Applaus bringt sie ins Wanken. Was ist hier los?

Auf der Bühne blickt sie in lachende Gesichter, sieht ein Meer aus wogenden Händen. Sie verbeugt sich, doch der Applaus brandet wieder auf. Die ersten erheben sich, immer mehr folgen. Noch einmal verbeugt sie sich, nimmt einen Rosenstrauß entgegen. Der Film hat doch tatsächlich funktioniert, *sie* hat doch tatsächlich funktioniert. Auch Jannings weiß es, sie sieht es in seiner mühsam bewahrten Fassung.

Doch statt nun einen ganzen Abend lang in diesem Erfolg zu baden, muss sie los. Es gilt, einen Zug zu erwischen.

Zwei

Ein Star namens Marlene

1930/1931

Stars werden nicht geboren, sondern gemacht

Wegen des stürmischen Seegangs dauert die Überfahrt nicht fünf, sondern sechs Tage. Vierundzwanzig weitere Stunden, in denen Marlene als kleine Jolle auf den wechselhaften Wellen ihres ganz persönlichen inneren Seegangs hin- und hergeworfen wird.

In Sorge um ihr Kind und von den Schuldgefühlen einer jeden Mutter geplagt, die es wagt, ihre Karriere zu verfolgen, kabelt sie täglich sehnsüchtige Telegramme nach Hause. Ihre Muttergefühle kann sie ein wenig an Resi ausleben, ihrer Garderobiere aus *Der blaue Engel*, die als ihre persönliche Zofe mit nach Amerika kommt. Schon am zweiten Tag nämlich geht dieser, von Seekrankheit geplagt, ihr Gebiss über Bord. Voll Scham wagt sie sich für den Rest der Reise nicht mehr an Deck, und Marlene bereitet ihr in der Kabine Suppe und Brei, damit sie überhaupt etwas essen kann.

Die Kritiken, die ihr per Telegraf übermittelt werden, liest sie immer wieder, denn sie vermögen es, ihre Stimmung für kurze Zeit in schwindelnde Höhen zu heben. Es heißt, sie sei *faszinierend wie noch nie eine Frau im Film. Das stumme, narkotisierende Spiel des Gesichts und der Glieder, die dunkle, aufreizende Stimme lässt – von der Projektionswand herab – förmlich Körperwärme spüren.* Andere bescheinigen ihr, *ein Ereignis* zu sein und feiern den Film als *das erste Kunstwerk des Tonfilms.* Was für eine Ironie: In dem Moment, in dem sie sich von Deutschland abgewandt hat, wendet es sich ihr endlich zu.

Ein wenig bang jedoch machen Marlene die Gedanken an das, was vor ihr liegt: ständig Englisch sprechen zu müssen und einen Film zu drehen, dessen Inhalt sie für *schwache Limonade* hält. *Morocco* wird er heißen, nach der Geschichte von *Amy Jolly,* dem Buch, das sie Sternberg vor seiner Rückkehr nach Amerika zum Zeitvertreib mitgegeben hat. Es handelt von einer Nachtclubsängerin, die nach Marokko reist, dort ein Engagement erhält und bei einem ihrer Auftritte den Fremdenlegionär Tom kennen- und liebenlernt. Als er sie verlässt, gibt sie enttäuscht dem Werben eines reichen Geschäftsmanns nach und willigt ein, diesen zu heiraten. Doch dann erfährt sie, dass Tom sehr wahrscheinlich verletzt wurde, also verlässt sie überstürzt ihre Verlobungsfeier und sucht am Truppenstandort nach ihm. Nach einigen Irrungen und Wirrungen folgt Amy Tom schließlich in die Wüste, als die Legion weiterzieht.

Marlene ist sich nicht sicher, ob dieser Stoff einen Film tragen wird, und Sternberg, den sie inzwischen Jo nennt, ist gekränkt angesichts ihrer mangelnden Begeisterung. Erst ein Telegramm, nur bestehend aus den Worten *Du weißt, dass ich dich verehre*, stimmt ihn wieder milde.

Nervös macht sie außerdem, welche riesige Vermarktungsmaschinerie *Paramount* bereits angeworfen hat, um sie als *aufgehenden Stern* in der ganzen Welt bekannt zu machen. Den Druck, dem entworfenen Bild zu genügen, spürt sie jetzt schon.

Möglichkeiten, die Gedanken von all dem abzulenken, gibt es an Bord des Luxusdampfers genug. Mehrere Restaurants und zahlreiche Läden warten darauf, dass ihnen ein Besuch abgestattet wird, doch so recht hat Marlene keine Lust darauf. Sie schließt stattdessen einige Bekanntschaften und versucht sich im Tischtennisspiel, denn für Hollywood muss sie sowieso abnehmen. Die Amerikaner mögen das Dralle nicht, das den Deutschen so gut gefällt.

Dann endlich ist Land in Sicht. Als die Menschen an Deck um halb zehn Uhr morgens unter strahlendem Sonnenschein anfangen, der Freiheitsstatue zu winken, geht Marlene in ihre Kabine, um sich etwas Passendes anzuziehen. Dass passend sich von Land zu Land ganz unterschiedlich definieren kann, erfährt sie schon kurz darauf.

Nun ist es also so weit. Marlene zieht ihr Reisekostüm an, in Schnitt und seiner grauen Farbe unauffällig und zurückhaltend. Ihre Nervosität steigt minütlich. Geistesabwesend rafft sie noch die restliche Kleidung und ihre Toilettenutensilien zusammen und packt sie in den kleinen Koffer, der für die Tage an Bord ausgereicht hat. Resi ist noch immer sowohl von Übelkeit als auch von Scham geplagt. In New York muss sie sich gleich nach einem guten Zahnarzt für sie erkundigen.

Noch ein prüfender Blick in den Spiegel, dann verlässt Marlene die Kabine und geht an Deck, nur um dort dem Blick des Abgesandten der *Paramount*, einem Mr Blumenthal, nicht zu genügen.

»Miss Dietrich, es tut mir wirklich leid, dieses Kleid ist sehr hübsch, aber so können Sie nicht von Bord gehen.«

Damit hat sie nicht gerechnet. »Ach ja? Warum denn nicht?«

»Nun ja, es ist ihr erster großer Auftritt. Es sollte etwas Glamouröseres sein.« Blumenthal räuspert sich. »Etwas sehr viel Glamouröseres. Ein Kleid in Schwarz, und dazu einen Nerz. Wenn Sie einen haben.«

Sie hat. Gekauft von den fünftausend Reichsmark, die ihr Lohn für die englische Fassung des Films waren, der sie hierhergebracht hat. Doch er ist in einem ihrer Überseekoffer, die noch im Frachtraum verstaut sind. Was tun? Eigentlich hat Marlene nicht vor, sich außerhalb ihrer Filme Kleidervorschriften machen zu lassen. Doch heute ist es vielleicht etwas anderes.

»Also gut.«

Sie ruft einen Steward zu Hilfe, will zunächst, dass er sie nach unten führt, doch dann hat Blumenthal die grandiose Idee, dass man Marlene bei der Gelegenheit auch gleich mit ihren Koffern fotografieren könnte, also werden sie an Deck geholt.

»Liebe Güte, was für ein Aufwand, vielen Dank.«

Ein paar Zehn-Dollar-Noten wandern in die Hände der hilfreichen Stewards, dann macht sie sich auf die Suche nach dem richtigen Koffer. Sie hat Glück, gleich der zweite ist der richtige.

»Gut, dann gehe ich mich noch einmal umziehen.«

Blumenthal nickt nur und macht sich sofort daran, die Gepäckstücke so anzuordnen, dass gleich ein eindrucksvolles Foto entstehen kann.

Als sie wiederkommt, sich lächerlich findend in so einem Aufzug, am frühen Morgen und bei strahlendem Wetter, ist alles bereit.

»Miss Dietrich, wunderbar, viel besser. Sie sehen hinreißend aus!« Blumenthal hält ihr eine Hand hin. »Und nun klettern Sie bitte einmal nach oben und setzen sich mitten hinein.«

Er hat ihre Schrankkoffer aufgetürmt und die beiden Geigenkästen – in einem davon wartet ihre singende Säge auf den nächsten Einsatz – und den Grammophonkoffer so dazwischen drapiert, dass sie gut zur Geltung kommen.

Marlene ergreift Blumenthals Hand und tut, wie ihr geheißen. »Was Sie sich alles ausdenken …«

Kurze Zeit später betritt sie amerikanischen Boden und damit den Schmelztiegel, in dem sie neu erfunden und geformt werden soll.

Die zahlreichen Pressemitteilungen über Marlene gipfelten bereits am sechsundzwanzigsten Februar in einer Falschmeldung der *Los Angeles Times*: *Malena Dietrich* sei bereits in Hollywood. Nun, zwei Monate später, ist sie tatsächlich beinahe da – und wird noch in New York vollends vereinnahmt. Man bringt sie ins *Ritz*, wo sie auf einer Pressekonferenz, auf der im Wesentlichen nur Jessy Lasky, Mitbegründer der *Paramount*, redet, den hiesigen Journalisten vorgestellt wird. Nichts soll dem Zufall überlassen werden. Der Grund: *MGM* hat die Garbo. Es ist an der Zeit, zu kontern und, besser noch, zu übertrumpfen. Um das zu erreichen, wird man neben dem Bisherigen bald auch noch etwas völlig Neues versuchen und Sternberg beauftragen, einen Trailer mit dem Titel *Introducing Marlene Dietrich* für die internationalen Vertreter der *Paramount* zu produzieren.

Nach der Konferenz geht es aber zunächst einmal weiter zu dem Fotografen Irving Chidnoff, obwohl Sternberg, der nicht vor Ort ist, sich vertraglich hat zusichern lassen, dass Marlene nur unter seiner Beaufsichtigung fotografiert werden darf.

Insgesamt soll Marlene vier Tage in New York bleiben, wozu auch ein Treffen mit Walter Wanger, dem Produktionschef, gehört. Der Frauenheld kommt nicht wie angekündigt mit seiner Gattin, sondern allein und bringt Marlene nach dem Essen in eine Flüsterkneipe mit verbotenem Alkoholausschank. Als er wie selbstverständlich immer zudringlicher wird, flüchtet Marlene und ruft Sternberg an. Er weiß, was zu tun ist: »*Komm mit dem nächsten Zug hierher*«, dringt es nachdrücklich an ihr Ohr. »*Sprich mit niemandem! Reise sofort ab. Alles andere erledige ich.*«

Also steigt sie mit Resi, die inzwischen ein neues Gebiss hat, in den Zug nach Chicago und fährt von dort aus nach Hollywood weiter. In Albuquerque steigt Sternberg zu. Er weiß, wie es läuft: Um der großen Pressemeute zu entgehen, steigen sie eine Station vor Los Angeles aus. In Pasadena warten – neben Blumen und einem grünen Rolls-Royce – nur einige ausgesuchte Journalisten, die sich Artikel und Fotos, die zudem retuschiert werden, vor der Veröffentlichung von der Publicity-Abteilung der *Paramount* genehmigen lassen.

Außerdem hat Sternberg für Marlene bereits ein Bankkonto eingerichtet und ein kleines Haus in Beverly Hills angemietet, zwei Dienstmädchen inbegriffen.

Die Arbeit an den Kostümen für *Morocco* beginnt bald, und Marlene arbeitet enthusiastisch mit dem Kostümbildner Travis Banton daran, Sternbergs Visionen des Films zu erfüllen. Für eine davon kann sie sogar ihren eigenen, aus Berlin mitgebrachten Frack verwenden. Amy Jolly trägt ihn bei ihrem ersten Auftritt in Marokko und empört damit die anwesenden Fremdenlegionäre und Geschäftsleute zutiefst.

Auch für die Amerikaner wird ihr männlicher Habitus später beim Betrachten des Films eine Herausforderung darstellen. Was für Marlene und viele andere Girls bereits Anfang der Zwanziger im in allen Farben schillernden Berlin eine Selbstverständlichkeit gewesen ist, ist hier etwas noch nie Dagewesenes. Und schon in der gleichen Sequenz folgt die nächste Provokation.

Am Ende des Liedes *Quand L'Amour Meurt*, das die Zuschauer endlich auf Amys Seite bringt, bietet ein Mann ihr ein Glas Champagner an. Sie trinkt es aus, wendet sich dann aber der weiblichen Person am Tisch zu und betrachtet sie eindeutig zweideutig. Schließlich fragt sie, ob sie die Blume haben dürfe, die diese hinter dem Ohr trägt. Nachdem die junge Frau sie der Künstlerin überreicht hat, küsst Amy sie auf den Mund und wirft die Blume dann dem Legionär Tom alias Gary Cooper zu, der zu Beginn der Vorstellung die Buh-Rufer zur Ruhe gebracht hat.

Marlene wird im Film überwiegend Schwarz tragen, denn trotz Diät und den Massagen in verschiedenen Schönheitssalons fühlt sie sich noch zu dick. Um von ihren Polstern abzulenken, trägt sie, wenn die Kostüme knapp sind, riesige Federboas.

Doch während für Marlene das Figurproblem das vordringlichste ist, ist es für Sternberg ein anderes: ihr Akzent. Ihre harte Aussprache, die an Cockney-Englisch erinnert, passte gut zu Lola Lola, für Amy Jolly jedoch, die vor allem geheimnisvoll wirken soll, ist sie zu grobschlächtig. Er weigert sich daher, Deutsch mit ihr zu sprechen, engagiert einen Stimmbildner und mietet ein Apartment für sie gegenüber der Wohnung, die er mit seiner Ehefrau Riza Royce bewohnt, damit sie jederzeit üben oder auch das Drehbuch besprechen können. Riza, schon während der Dreharbeiten in Deutschland frühzeitig von ihrem Mann nach Hause geschickt, ist eifersüchtig – und das mit Recht. Sternberg verehrt und begehrt Marlene, seit er sie das erste Mal gesehen hat. Ersteres empfindet sie auch für ihn, Intimitäten jedoch lässt sie nur ihm zum Gefallen zu. Lieber bekocht sie ihn; eine Tradition, die schon beim *blauen Engel* mit Lunchpaketen in der Garderobe ihren Anfang genommen hat.

Als im Juli die Dreharbeiten beginnen, weicht Sternbergs Verehrung, wie zu erwarten, einer Gnadenlosigkeit, die kein Erbarmen kennt. Trotz allen Übens ist es ein englisches Wort, das Marlene am ersten Drehtag im Studio der *Paramount* zur Verzweiflung bringt. In der Szene steuert Amy Jollys Schiff gerade im Nebel auf den Hafen zu, und während sie mit dem Koffer zur Reling geht, öffnet er sich und der Inhalt fällt heraus. Ein vornehmer Gentleman namens La Bessiere alias Adolphe Menjou hilft ihr. Zwischen beiden entspinnt sich ein kurzes Gespräch, beim dem er ihr, die zum ersten Mal in Marokko ist, seine Hilfe anbietet. Das letzte Wort ihrer Antwort – »*I won't need any help*« – klingt wie ein Peitschenknall. Einige weitere Fehlschläge später macht der Tontechniker den Vorschlag, den Laut einfach übertönen zu lassen, etwa von einem Nebelhorn. Doch Sternberg will, dass sie es hinbekommt. Marlenes unbedingter Wille macht es jedoch nur noch schlimmer. Erst als er ihr mehrere Dutzend Takes später sagt, sie solle dieses eine Wort einfach wie ein deutsches aussprechen, gelingt es.

Nach Drehschluss sitzt Marlene erschöpft und zitternd in ihrer Garderobe, den kleinen Wilden, eine Negerpuppe mit Baströckchen, die sie als Glücksbringer aus der Requisite des *blauen Engel* behalten hat, im Arm. Eine Assistentin bringt eine Karte. Es ist ein zerknirschtes Friedensangebot von Sternberg, in dem er ihr erklärt, dass gerade diese Szene die allerwichtigste im ganzen Film sei; die erste, in der das Publikum die Dietrich, auf die es monatelang vorbereitet wurde, wirklich erleben könne. *Der blaue Engel* wird – auch ein Teil der Marketingstrategie – erst nach *Morocco* in den amerikanischen Verleih kommen. Darum müsse der Anfang perfekt sein. Unterschrieben hat er mit *Der Schuft*.

Sofort ist Marlene bereit, ihm zu verzeihen. Er hat wie immer recht. Aber ein Schuft wird er beim Dreh noch viele Male sein.

Die Wüstensonne New Mexicos brennt trotz des starken Windes unerträglich heiß. Seit fünf Uhr morgens drehen sie die Schlusssequenz, exakt ab dem Moment, in dem das Tageslicht ausreichte. Marlenes Kostüm, eine luftige Bluse und ein langer Rock, beides in hellgrau, dazu ein graues Tuch mit weißen Punkten, hat sie schon zweimal gegen ein identisches austauschen müssen, weil es völlig durchgeschwitzt war. Zum Glück hat der Kostümbildner mitgedacht.

Die Verabschiedung von Tom, Amy Jollys verzweifeltes Hadern, ob sie ihn, der sie zuvor nur von sich gestoßen hat, weil er glaubte, sie hätte es bei dem reichen Gentleman besser, wirklich gehen lassen kann, der Moment, in dem sie sich von La Bessiere verabschiedet, der sie sogar bei ihrer Suche begleitet hat, in dem sie sich losreißt, das alles ist schon im Kasten.

Es fehlt die allerletzte Szene, in der sie den Legionären, die bereits einen nicht geringen Vorsprung haben, hinterherläuft. Sie schließt sich dann den Frauen und Huren der Männer an, die hinter ihnen gehen und Beutel mit Kleidung und Verpflegung tragen sowie ein Maultier und einige störrische Ziegen hinter sich her zerren.

Marlene ist schon längst erschöpft, aber dennoch kann sie es dieses eine Mal nicht lassen, gegen Sternbergs Regieanweisung zu rebellieren.

»Im Sand kann man mit den Stöckelschuhen nicht laufen, das ergibt doch überhaupt keinen Sinn! Warum sollte die kluge, rätselhafte Amy Jolly so eine Dummheit begehen? Sie muss noch auf der Straße die Schuhe ausziehen!«

Sternberg lässt sich jedoch, natürlich, nicht von seiner Vorstellung abbringen. »Marlene, mit Dummheit hat das rein gar nichts zu tun, zerbrich du dir nicht meinen Kopf!«

Aus irgendeinem Grund insistiert sie weiter, und plötzlich

reicht es ihm. Er beendet die Diskussion unmissverständlich. »Ich bin der Regisseur und für die Kunst zuständig, basta! Verstanden, Madame?«

Also gibt sie wieder seine kleine Marionette. Macht bis ins kleinste Detail, was er ihr zuvor aufgetragen hat: Amy Jolly läuft los, stapft beschwerlich in den Stöckelschuhen und mit den Armen rudernd eine Düne hinauf, deren Kamm die Legionäre schon passiert haben und nun beim Hinabsteigen langsam verschwinden. Schließlich streift sie die Schuhe ab, wirft sie achtlos fort. Marlene muss sich bemühen, nicht aufzuschreien. Der Sand ist so heiß! Aber sie darf sich nichts anmerken lassen, denn Amys Schritte müssen immer schneller und energischer werden, je weiter sie kommt. Sie schließt zur letzten Frau der Gruppe auf, während Marlenes Sicht gleichzeitig unscharf wird. Die Ziege, die die Frau führt, weigert sich schon seit einiger Zeit, weiterzugehen, aber nun greift Amy das Tier von der anderen Seite beim Horn. Marlenes Welt dreht sich, aber Amy geht weiter, sodass sie als Dreiergespann schließlich sogar eine der anderen Frauen überholen, bevor auch sie alle hinter der Düne verschwinden.

»Schnitt!«, ruft Sternberg, und Marlene wird schwarz vor Augen.

Eine der anderen Frauen läuft zurück und winkt dem Team. »Hilfe, Miss Dietrich ist ohnmächtig geworden!«

Als Marlenes Bewusstsein zurückkehrt, findet sie sich auf einer Liege in dem großen Zelt wieder, das die Crew aufgebaut hat. Sternberg sitzt neben ihr. Bienen summen in ihrem Kopf, sie fühlt sich fiebrig. Was ist geschehen? Egal. Es gibt dringendere Fragen.

»Do we need a close-up, too?«, fragt sie Sternberg.

»Es heißt kləʊsˈʌp«, korrigiert er sie, dass sie die gepaukte Lautschrift praktisch vor sich sieht. »Aber für heute sind wir fertig mit dem Dreh.«

»*Ist er nicht wunderbar?*«, denkt Marlene sich. »*Er korrigiert mein Englisch sogar noch, wenn ich aus einer Ohnmacht erwache.«* Ob sie das ironisch meint, vermag sie in ihrem jetzigen Zustand nun wirklich nicht zu sagen.

Der Plan geht auf. *Morocco* bricht im New Yorker *Rivoli* alle Kassenrekorde, und zum ersten Mal überhaupt bekommt *Paramount* Sid Graumans *Chinese Theatre* in Hollywood für eine Aufführung mitsamt Bühnenshow. Trotz der Depression finden sich lange Schlangen an den Kinokassen, die das Unternehmen vor dem drohenden Ruin bewahren.

Als erste Schauspielerin aus dem Ausland erreicht Marlene in Amerika scheinbar über Nacht Starruhm. Ein Erfolg, den sie freilich in acht Jahren harter Arbeit in Deutschland vorbereitet hat. Sie erntet Lob für ihre *sparsam eingesetzte Ausdruckskraft* und eine Oscar-Nominierung als beste Hauptdarstellerin. Der Film ist außerdem in drei weiteren Kategorien nominiert.

Weil die Maschinerie nicht zum Stillstand kommen darf, beginnt die Produktion des zweiten Films, zu dem Marlene vertraglich verpflichtet ist, bereits Anfang Oktober und wird Ende November mit einer letzten Kraftanstrengung, einer Achtzehn-Stunden-Schicht, fertiggestellt. Das Werk, das Sternberg gern *X-27* genannt hätte, dann aber unter dem Titel *Dishonored*, zu Deutsch *Entehrt*, herauskommt, handelt von einer furchtlosen Wiener Offizierswitwe und Prostituierten, die vom österreichischen Geheimdienst auf Männer aus den eigenen Reihen angesetzt wird, die man des Verrats verdächtigt. Weil sie sich in eins ihrer Opfer verliebt, wird sie schließlich hingerichtet.

An den Erfolg von *Morocco* kann *Dishonored* nicht anknüpfen, doch für Marlene gibt es keinen Grund, sich zu grämen. Längst hat *Paramount* ihr einen neuen Vertrag unterbreitet, mit dem sie sich für weitere Streifen verpflichtet hat. Pro Film wird Marlene von nun an 125.000 Dollar verdienen, sodass sie jährlich eine Viertelmillion einnehmen wird. Ein Angebot, das man kaum ausschlagen kann.

Das Wichtigste für sie ist es jetzt aber, ihre Familie wiederzusehen, endlich ihr Kind in den Armen zu halten. Fast jeden Tag hat sie in den letzten Monaten zu Hause angerufen. Um die Kosten schert sie sich nicht, wenn sie nur Maria dabei zuhören kann, wie sie von dem Hündchen erzählt, das Papi ihr zum Trost gekauft hat, oder sie mit Fragen über die Indianer Löcher in den Bauch fragt. Sie hat ihre Stimme gar auf Zelluloidplatten bannen lassen, um dem Kind so ein paar sehnsüchtige Botschaften zu übermitteln.

Nun, Anfang Dezember, macht Marlene sich endlich auf die Heimreise, glücklich, rechtzeitig zum sechsten Geburtstag ihrer Kleinen am dreizehnten wieder in Berlin zu sein. Der überschwängliche Empfang am Bahnhof Zoo, wo nicht nur Rudolf Sieber und ihre Mutter Josephine auf sie warten, sondern eine ganze Pressemeute; das Blitzlichtgewitter, das Marlene verfolgt, wohin sie auch geht, ist der erste und gleichzeitig letzte große Triumph, den sie in ihrer Heimatstadt feiern wird. Schon jetzt gibt es, vor allem aus der Ecke der Nationalsozialisten, kritische Stimmen, die ihr vorwerfen, im Ausland gutes Geld zu verdienen, während die Menschen in ihrer Heimat in zunehmendem Elend leben. Warum sie immer Prostituierte spielen müsse, warum als Deutsche eine Französin oder Österreicherin, fragt sich die rechts gefärbte Presse ebenso.

Doch Marlene meidet den Trubel sowieso, genießt viel lieber das Spielen zu Hause mit dem Kind, das Sitzen in geselliger Runde und das Essen, natürlich das Essen! Ihre Diät wirft sie für Kohlrouladen, Würstchen, Schwarzbrot und Kartoffelsalat nur zu gern über den Haufen. Und das Weihnachtsfest wird mit einem Baum gefeiert, so groß und dicht bestückt mit roten Kerzen, dass die von ihm ausgehende Wärme die Zeit der Trennung vergessen macht.

Marlene bleibt für einige Monate in Deutschland. Während

dieser Zeit wird ihr klar, dass sie Maria nicht wieder verlassen will. Das Kind soll mitkommen nach Amerika, das wird doch sicherlich das Beste für alle sein. Rudi ist einverstanden, und so wird Sternberg beauftragt, ein größeres Haus zu suchen, eines mit großem Garten und Swimmingpool.

Am sechzehnten April geht um kurz nach Mitternacht der Zug. Mutter und Kind, Resi und Becky werden gebührend verabschiedet. Unzählige Fans, Freunde und Journalisten verstopfen den Bahnsteig, und zu all dem Getümmel spielt auch noch eine kleine Blaskapelle auf. Marlene weint beim Abschied, doch es ist ein süßer Schmerz, der bereits Vorfreude auf ihr neues Leben in Beverly Hills beinhaltet.

Bei der Ankunft allerdings wartet erst einmal eine böse Überraschung auf sie.

Die Überfahrt war kein Zuckerschlecken für Maria, Marlene hat ihr wegen Seekrankheit oft den Kopf beim Erbrechen halten müssen. Welche Erleichterung, sie jetzt lächelnd in Richtung der Freiheitstatue zeigen zu sehen und ihre Worte zu hören.

»Guck mal, Mami. Die große liebe Frau wartet schon auf uns.«

Marlene drückt sie an sich. »Aber ja doch, das tut sie, und gleich sind wir bei ihr.«

Doch zuerst müssen sie sich noch einmal trennen, als es an das Verlassen des Schiffs geht. Die unvermeidliche Journaille wartet, aber Maria, Resi und Becky sollen davon verschont bleiben. Ein Herr von der *Paramount* geht mit ihnen vor, ein weiterer bleibt bei ihr.

Noch einmal atmet Marlene tief durch, dann ist auch sie bereit für die Blitzlichter und betritt die Gangway. Es wird fotografiert, aber etwas ist anders als sonst. Unten wartet jemand auf sie, dessen Haltung und Kleidung sie das Wort »Behörde« denken lassen.

»Sie wünschen?«, fragt sie irritiert.

»Eine Vorladung für Sie, Miss. Bitte unterschreiben Sie hier.«

»Wie bitte?« Marlene versteht die Welt nicht mehr, bekommt aber auch keine Erklärung.

»Ihre Unterschrift, Miss.«

Schnell unterschreibt sie und eilt weiter. Als sie die Presse endlich hinter sich gelassen hat, liest sie das Schreiben.

»Das gibt's doch nicht! Dieses Biest!«

Riza Royce, Sternbergs Ehefrau, will ihr zwei Verfahren anhängen, eines wegen *Entfremdung ehelicher Zuneigung*, eines wegen Verleumdung. Für das erste will sie 500.000 Dollar, für das zweite 100.000. Es geht dabei um Marlenes nun in den USA zitierte Aussage aus einem Interview vom letzten Jahr, Riza sei nicht wegen ihr noch während der Dreharbeiten zum *blauen Engel* überhastet nach Amerika zurückgekehrt, sondern Sternberg habe sie sowieso schon längst loswerden wollen. Inzwischen geht das Ehepaar bereits getrennte Wege. Jo hat sie schon im Mai wegen ihrer andauernden Eifersucht aus dem gemeinsamen Apartment geworfen, angeblich *unter Gewaltanwendung*. Einen Monat später hat Riza die Scheidung eingereicht.

Der Schock lässt bei Marlene kalten Schweiß ausbrechen. Jo hat ihr erzählt, dass er Riza die Unterhaltszahlungen, zu denen er eigentlich rechtlich verpflichtet ist, verweigert. Soll das nun also ihre Rache sein? Oh, sie muss telefonieren.

»Nun bringen Sie mich endlich zu meiner Familie«, herrscht sie den *Paramount*-Angestellten an.

»Hier lang, Miss Dietrich.«

Endlich sieht Marlene ihre Tochter, deren irritiertes Gesicht umgehend zum Spiegel ihrer eigenen Gefühlslage wird.

»Mami, warum bist du denn so weiß?«

Die Journalisten haben etwas gerochen. Sie werden sie einkreisen wie ein Rudel Wölfe, wenn sie noch länger hier stehenbleiben. Sie packt Maria beim Handgelenk.

»Schon gut, alles gut. Komm jetzt.«

Der Mann von *Paramount* lotst sie alle zu einem bereits wartenden Wagen. Es geht zum Hotel *Ambassador*, wo sie die Zeit bis zur Weiterfahrt nach Chicago verbringen werden.

In der Suite angekommen, stürzt Marlene sofort zum Telefon. Wen soll sie zuerst anrufen? Natürlich. Den Schuldigen.

»Was fällt deiner Frau eigentlich ein?«, fällt sie ohne Begrüßung über Sternberg her. »Und was fällt dir überhaupt ein, dass du ihr den Unterhalt nicht zahlst, damit sie auf die Idee kommt, mich zu verklagen?« Sie lässt ihm eine Sekunde zum Antworten, die er, perplex, nicht nutzt. »Weißt du was? Ich packe am besten gar nicht erst aus, sondern schnappe mir mein Kind und fahre umgehend nach Berlin zurück!«

Der Hörer knallt auf die Gabel. Marlene steckt sich eine Zigarette an, während alle anderen nicht zu atmen wagen. Nach ein paar tiefen Zügen beantragt sie ein Transatlantikgespräch und erzählt Rudi alle Einzelheiten.

»Diese Kuh denkt, ich hätte ihr ihren werten Gatten gestohlen, dabei war ihre Ehe doch schon lange tot«, endet Marlene. »Sie hatten sogar schon vor Berlin eine mexikanische Scheidung hinter sich, hab ich das erzählt? Und dann revidiert, pah! Papi, pass auf, wir kommen wieder nach Hause!«

Marlene vergräbt das Gesicht in den Händen, als plötzlich mehrere Telefone in den verschiedenen Zimmern der Suite gleichzeitig zu läuten beginnen.

»Resi, geh drüben ran, und Becky, du hier«, sagt Marlene und eilt schon ein Zimmer weiter. »Sagt einfach nur *wait, please*!«

Es folgt ein Chaos, das sich erst nach Stunden langsam lichtet. Etliche Gespräche mit Sternberg, den Direktoren und diversen Rechtsanwälten der *Paramount* später gibt es einen Plan. Marlene wird behaupten, von dem Wiener Journalisten falsch zitiert worden zu sein. Man hat ihn schon ausfindig gemacht, und er wird ihre Aussage bestätigen.

»Der Rest der Vorwürfe wird sich eh in Luft auflösen, aus Mangel an Beweisen«, erzählt Marlene Resi, die bestätigend nickt.

»Fahren wir wirklich gleich wieder zurück nach Berlin, Mami?«, ertönt plötzlich Marias Stimme. Die Kleine muss ganz verwirrt sein angesichts der Ereignisse.

Marlene öffnet ihre Arme. »Komm her, mein Engel.« Maria kommt, sich müde die Augen reibend, und lässt sich umarmen. »Nein, es wird alles gut, wir bleiben hier. So einen blöden ersten Tag hier solltest du nun wirklich nicht erleben. Aber ich verspreche dir, ich mache es wieder gut.«

Nach der ersten Aufregung glätten sich die Wogen rasch und es kehrt doch tatsächlich so etwas wie Alltag in Marlenes neues Haus ein. Maria lebt sich ein, gewöhnt sich an die exotischen Pflanzen, die die Straßen säumen und rund ums Haus wachsen. Sie liebt den Garten und vor allem den Pool.

Marlene fühlt sich nicht so rasch zu Haus, und um das Gefühl der Leere loszuwerden, beginnt sie ein Verhältnis mit Maurice Chevalier, dem französischen Schauspieler und Sänger, der auch für *Paramount* dreht, aber hauptsächlich unter dem Regisseur Ernst Lubitsch arbeitet. Er ist oft zu Gast im Haus, doch als beinahe dauerhaft eingezogen muss man einen anderen betrachten: Josef von Sternberg. Ein wenig scheint er die Rolle des Familienoberhaupts einnehmen zu wollen.

Abends sitzen sie gemeinsam im Salon, Marlene über eine Stickerei und Sternberg über einen Stapel Drehbücher gebeugt. Tags tut er, was Marlene schleifen lässt: Er bringt Maria Englisch bei. Außerdem schenkt er ihr ein ersehntes Haustier – wenn es auch kein Hund ist, sondern ein ziemlich bissiger und äußerst nervtötender Papagei.

Marlenes nächster Film wird *Shanghai Express* sein. Die Handlung ist in der Zeit des chinesischen Bürgerkriegs angesiedelt und spielt überwiegend in dem titelgebenden Zug, der Peking und Schanghai verbindet. Shanghai Lily, Marlenes Rolle, ist eine Kurtisane. Neben anderen Passagieren ist auch einer ihrer ehemaligen Liebhaber mit an Bord. Zwischen den Reisenden entwickelt sich eine Dynamik, die schließlich im großen Showdown mündet, nach dem Shanghai Lily und Harvey wieder zueinanderfinden.

Für diesen Film will Marlene eigentlich noch schlanker sein als in *Morocco*, allerdings hat sie sich während ihrer Zeit in Deutschland wieder einige Pfunde angegessen. Und so beginnt sie kurz vor knapp eine Hungerkur, die diesen Namen auch mehr als verdient hat, unterstützt von abführendem Bittersalz, das bald Marlenes ständiger Begleiter werden wird. Dennoch ahnt sie, dass es nicht genügen und Schwarz wieder die Farbe der Wahl sein wird. Also muss sie sich gemeinsam mit dem für die Kostüme zuständigen Designer, Travis Banton, etwas einfallen lassen, das auf der Leinwand und auf den Werbefotos gut aussieht und gleichzeitig kaschiert.

Die Lösung heißt: schwarze Federn. Bald darauf landet das Kleid eines jeden schwarzen Vogels, den man sich nur denken kann, im Studio. Marlene durchforstet die Schätze ebenso beeindruckt wie Maria, die immer dabei ist. Für die besten Stücke fällt schließlich die Wahl auf die Federn von Kampfhähnen, bei denen ein grüner Schillerton über das Schwarz gestäubt ist. Darüber hinaus entstehen nach Bantons und ihren gemeinsam entwickelten Entwürfen schwarze Schleier, Oberteile aus schwarzen Reiherfedern, Negligés aus schwarzem Chiffon und Kleider aus Marabuseide.

Noch bevor der Dreh beginnt, kommt Rudi Frau und Kind besuchen, was von *Paramount* mit einer Serie von idyllischen Fotos begleitet wird. Haben die PR-Zuständigen sich zuvor noch arg gesträubt, das Publikum überhaupt wissen zu lassen, dass Marlene bereits Mutter ist, haben sie angesichts der Vorwürfe von Riza Royce den Eindruck gewonnen, es könne sehr hilfreich sein, Marlenes Image der Femme fatale ein wenig abzuschwächen. Rudi findet das eine gute Idee. Nach getaner Arbeit schenkt er Maria einen kleinen Terrier und fährt rasch wieder zurück zu Tami, die inzwischen seine feste, aber vor der Öffentlichkeit verheimlichte Partnerin ist.

Ende September beginnen die Dreharbeiten. Maria ist am Set mit höchstem Eifer dabei. Travis Banton schneidert ihr sogar eine Uniform, auf die *Helferin von Miss Marlene Dietrich* eingestickt ist. Sie erhält die Aufgabe, sich am Rand des Sets mit dem Handspiegel aufzustellen und zu warten, bis unter all den Anweisungen, die in einem Filmstudio gerufen werden können, die richtige kommt: »Make-up!« Dann reicht sie ihrer Mutter den Spiegel, während die Maskenbildnerin das gleiche mit den Schminkutensilien tut, denn die Feinheiten übernimmt Marlene gern selbst.

Zum Ende der Dreharbeiten ist Weihnachten schon nicht mehr weit, und alle haben sich ein wenig Freizeit verdient. Marlene fährt mit Maria zum einzigen großen Warenhaus in Hollywood, *Bullocks Wilshire*. Die Attraktion dort ist ein riesiger, mit künstlichem Schnee bedeckter Weihnachtbaum. Maria, die nicht versteht, warum es draußen im Dezember so warm ist, steht verzückt davor und kann sich kaum losreißen. Ganz in Blau ist der Baum geschmückt, selbst die Glühbirnen, die ihn statt Wachskerzen beleuchten, sind blau. Marlene sieht die Freude des Kindes und schmiedet einen Plan.

An Heiligabend erlebt Maria die allerschönste Weihnachtsüberraschung. Ihre Mutter hat dem Kaufhaus den ganzen sieben Meter hohen Weihnachtsbaum samt Schmuck und Beleuchtung abgekauft und in ihr nun schönstes Zuhause der Welt gebracht.

Drei

Erste Schatten fallen

1932/1933

Die dunkle Seite des Ruhms

Als *Shanghai Express* in die Kinos kommt, wird er ein nicht unbedingt erwarteter Erfolg. Das Publikum liebt ihn, die *New York Times* hält ihn für den besten Film Sternbergs, und von den drei Oscars, für die er nominiert wird, soll er den für die beste Kamera auch tatsächlich erhalten.

In Deutschland läuft im Januar *Dishonored*, zu Deutsch *Entehrt*, an und von dort hört man unschöne Nachrichten. Die Braunhemden der SA haben es sich zur Gewohnheit gemacht, die Vorführung von Filmen, die sie für die deutschen Wertvorstellungen als nicht genügend erachten, zu boykottieren. In diesem Fall bedeutet das, dass sie Dutzende weiße Mäuse im Kino freiließen.

Marlene hat derweil nicht den Kopf frei, sich darum zu sorgen. Sie probiert sich zum ersten Mal im Schreiben eines Drehbuchs und verfasst enthusiastisch den Entwurf für einen Film, den sie ihr *Mutterliebe-Projekt* nennt. Zur Zeit der Wirtschaftskrise laufen derartige Rührstücke meist gut, dennoch findet die Idee bei *Paramount* keinen Anklang. Das Problem: Die herzensgute Mutter und aufopfernde Ehegattin im Skript ist gleichzeitig eine Nachtklubsängerin mit der Attitüde eines Straßenmädchens, die zudem ihrem Mann fremdgeht – wenn auch nur ein einziges Mal. Die Handlung *lässt Ehebruch, Prostitution und Kindesentführung als lässliche Sünden* erscheinen. Die Zensoren vom *Hays Office* wissen gar nicht, was sie zuerst beanstanden sollen.

Weil Marlene und auch Sternberg sich weigern, das Projekt ad acta zu legen, wird das Drehbuch schließlich um alle irgendwie anstößigen Stellen bereinigt. Was übrig bleibt, ergibt keinerlei Sinn mehr, und so verweigert Sternberg die Verfilmung, obwohl *Paramount* ihm ein Ultimatum stellt. Schließlich wird er suspendiert und auf 100.000 Dollar Schadenersatz verklagt.

Als das Drehbuch daraufhin dem Regisseur Richard Wallace anvertraut wird, weigert Marlene sich, mit ihm zu arbeiten. Sie kann sich auf ihren Vertrag berufen: Sternberg und Dietrich sind eine unwiderruflich zusammengehörende Einheit.

Am neunundzwanzigsten April wird auch Marlene zeitweilig suspendiert, die Verfilmung auf Eis gelegt. Doch sie wird weder panisch noch ängstlich angesichts der Möglichkeit, ihr Einkommen zu verlieren. Ganz im Gegenteil, sie genießt die Zeit zu Hause, kocht und backt, spielt mit dem Kind, geht mit ihm an den Strand oder inkognito ins Kino.

Außerdem geht sie weiter mit Chevalier aus und lässt sich prompt, Wange an Wange mit ihm tanzend, in einem Tanzlokal von Fotografen erwischen. Es ist ihr eigenes Studio, das die Fotos veröffentlicht, denn schließlich sind sie beide die Stars der *Paramount.*

Sternberg kocht vor Eifersucht. Marlene hat nie ein Geheimnis daraus gemacht, dass es für sie auch andere Männer gibt, doch sie wirklich im Arm eines anderen Mannes zu sehen, ist zu viel. Zornig beschimpft er Marlene und holt in der Nacht die Negative der Bilder aus dem Archiv, um sie zu verbrennen. Später, reuig, schreibt er ihr wieder eine seiner Entschuldigungen: *Irgendwie komme ich manchmal vom rechten Weg ab, verirre mich und kann den Weg zu mir zurück nicht finden. Ich habe nichts getan, was deinen Respekt verdient und wenig, was ihn erhalten könnte. Man kann Worte nicht auslöschen, und man muss die Strafe für jedes hässliche Wort bezahlen. Das tue ich.*

Es gibt so viel Schlimmeres, weiß Marlene und denkt an die Schlagzeilen der letzten Wochen zurück. Am ersten März ist das Baby von Charles und Anne Lindbergh aus dem Haus der Eltern entführt worden. Die Entführer forderten 50.000 Dollar Lösegeld, sonst würde das Kind sterben. Atemlos und bang allein schon bei dem Gedanken, dieses Kind könnte Maria sein, hat

Marlene – wie das ganze Land – die Nachrichten verfolgt und auf ein gutes Ende gehofft. Doch es sollte nicht sein. Trotz Lösegeldübergabe ist Lindberghs Sohn nicht wieder aufgetaucht und erst über zwei Monate später, am zwölften Mai, tot aufgefunden worden.

Als Marlene am Morgen des fünfzehnten Mai in ihrem Briefkasten eine aus Zeitungsbuchstaben zusammengesetzte Nachricht findet, wird ihr sofort klar, was das Allerschlimmste ist.

Angst legt sich mit eiskaltem Griff um Marlenes Herz. Wo ist das Kind, wo ist Maria? Sie läuft zum Haus zurück, wird schneller, immer schneller. Aber Maria ist, wo sie immer ist: am Pool, die Beine im Wasser baumelnd und ein Buch in den Händen.

»Komm zu Mami, mein Kater, komm zu mir!«

Der Ton in der Stimme ihrer Mutter macht, dass Maria sofort die Füße aus dem Wasser zieht und aufsteht. Noch bevor sie einen Schritt tun kann, ist Marlene schon bei ihr und drückt sie an sich. »Rasch, kommt mit rein!«

Drinnen ruft sie alle Angestellten zusammen, flüstert ihnen das Ungeheuerliche zu und weist sie an, zusammen mit der verwunderten Maria in der Küche zu warten, bis sie wiederkommt. Marlene läuft an ihren Arbeitsplatz in der Bibliothek und starrt, einen Moment lang handlungsunfähig, das Telefon an. Wen soll sie nur zuerst anrufen? Jo? Maurice? Aber nein, es ist doch vollkommen klar: Rudi natürlich. Er wird wissen, was zu tun ist.

Während sie auf die Verbindung wartet, liest sie erneut, was auf dem Zettel, den sie immer noch in der Hand hält, steht: *WIR WOLLEN 10.000 DOLLAR UM 23 UHR AM 16. MAI. PARKEN SIE IHREN WAGEN DIREKT VOR IHREM HAUS. LEGEN SIE DIE NOTENBÜNDEL ETWA 15 ZENTIMETER VON DER STRASSE ENTFERNT AUF DIE HINTERE STOSSSTANGE. RUFEN SIE NICHT DIE POLIZEI. NUR FÜNF- UND ZEHNDOLLARNOTEN ERWÜNSCHT. RASCHE BEDIENUNG: LINDBERGH-ANGELEGENHEIT. SCHWEIGEN SIE. SEIEN SIE NICHT VERRÜCKT.*

Kaum dass Rudi sich gemeldet hat, berichtet sie ihm alles atemlos.

»Mutti, sprich langsam, ich verstehe nur die Hälfte, so beruhige dich doch!«

Als er endlich verstanden hat, worum es geht, sagt er: »Natürlich rufst du die Polizei. Und zwar sofort, das ist das einzig Richtige.«

»Nein!«, faucht Marlene in den Hörer. »Ich werde doch nicht das Leben meines Kindes aufs Spiel setzen! Du musst herkommen, sofort!«

»Natürlich komme ich, Mutti. Aber ich werde mindestens zehn Tage brauchen.« Rudi lebt mittlerweile in Paris und synchronisiert Filme für *Paramount*. Dort, unbeobachtet von der Presse, ist ein weiteres Versteckspiel wegen Tami nicht nötig. »Hol dir deine Männer ins Haus und lass Maria nicht aus den Augen.«

Kaum ist die Verbindung unterbrochen, ruft Marlene Sternberg und Chevalier an, die sich inzwischen miteinander arrangiert haben. Sie kommen, so schnell es irgend geht, Karabiner und Pistolen, vom Studio organisiert, im Schlepptau. Sternberg sieht sofort, dass sie keinen klaren Gedanken fassen kann, und übernimmt die Regie.

»Natürlich musst du die Polizei rufen, Marlene. Alles andere hat keinen Sinn. Hat das Bezahlen des Lösegelds etwa dem Lindbergh-Baby geholfen? Wirklich sicher ist Maria nur, wenn diese Ganoven geschnappt werden.«

Marlene sieht ein, dass er recht hat. Bald ist das Haus ein Ameisenhaufen aus Polizei- und FBI-Beamten, mit der Presse wird ein Schweigeabkommen ausgehandelt.

Maria will wissen, warum ihre Mutter sie überhaupt nicht mehr loslässt, also wird sie schließlich vorsichtig eingeweiht. Erstaunlich gelassen nimmt sie die Nachricht auf und findet es sehr spannend, im Mittelpunkt zu stehen. Aufmerksam hört sie sich an, was ihr der Beamte erklärt: »In den Garten darfst du vorerst leider nicht mehr. Du darfst auch in keinen Raum gehen, der eine Tür hat, die nach draußen führt, hörst du? Und wenn deine Mami sagt, du sollst in deinem Zimmer bleiben, dann musst du so gut auf sie hören wie dein kleines Hündchen.«

Der Beamte kann nicht wissen, dass Teddy, den ihr Vater ihr geschenkt hat, überhaupt nicht gut erzogen ist. Maria, kluges Kind einer klugen Mutter, versteht auch so, was er ihr sagen will.

Das Zimmer eines Mädchens im hinteren Teil des Hauses wird für sicher erklärt, also zieht Maria nun dort ein, während rund ums Haus Polizisten, versteckt in Büschen und Sträuchern, ihre Wachposten einnehmen.

In der Nacht läuft Marlene schlaflos herum. Seit dem Fund des Erpresserbriefs findet sie keine Ruhe mehr. Vorsichtig öffnet sie die Tür des provisorischen Zimmers ihrer Tochter und lugt hinein. Da liegt der Engel, selig schlafend und von allem gänzlich unberührt, wie es scheint. Der Anblick, der sich neben dem Bett bietet, würde Marlene unter anderen Umständen zum Lächeln bringen. Sternberg liegt auf dem Boden, halb auf der Seite, tief schlafend und dennoch einsatzbereit mit der Pistole in der einen und einer Taschenlampe in der anderen Hand.

Leise schließt Marlene die Tür und geht in die Küche, um frischen Kaffee für die in den Büschen ausharrenden Männer zu kochen und in Thermoskannen abzufüllen. Wie lange wird das noch so weitergehen? Die Polizei hat ihr davon abgeraten, sofort das Lösegeld zu zahlen. Sie wollen Zeit schinden, die Erpresser vielleicht auf einem Beobachtungsposten schnappen oder zu einem Fehler verleiten.

Aber den machen sie nicht. Stattdessen kommen weitere Forderungen, und der Ton wird schärfer. Am fünfundzwanzigsten Mai heißt es: *MAMA, HÖR ZU. SEI KEINE NÄRRIN. DIE ANDEREN HABEN BEZAHLT, UND DU WIRST AUCH BEZAHLEN.*

Marlene wird zum *hypersensiblen Wrack*, obwohl Maria sicherer ist als in Fort Knox. Sternberg ahnt, was sie braucht, um sich daran festzuhalten und aus den Gefühlstiefen herauszuklettern: die für einen Drehtag erforderliche Disziplin. Also willigt er nun doch noch ein, Marlenes *Mutterliebe-Projekt*, das *Blonde Venus* heißen soll, zu machen, sodass Ende Mai die Dreharbeiten beginnen können. Marlene ist nicht begeistert, und der Tag vor Drehbeginn ist für niemanden ein Zuckerschlecken.

»Becky, Resi, schwört mir, dass ihr Maria nicht eine Sekunde aus den Augen lasst! Und du, Kater, du wirst schön im Haus bleiben, keine Dummheiten, ja? Officer, Sie sehen müde aus. Sie werden doch nicht etwa im Dienst einschlafen?«

Einmal am Set angekommen, wo niemand außer *Paramounts* Chefproduzent B.P. Schulberg etwas weiß, lässt sie sich jedoch nichts von ihren privaten Problemen anmerken.

Am dreißigsten Mai sieht es so aus, als wären die Ganoven kurz davor, wirklich ernst zu machen: *DU KANNST SELBST ENTSCHEIDEN. DEIN GELD ODER DAS TODESURTEIL. WIE SIEHT ES AUS? LINDBERGH-ANGELEGENHEIT!*

Jetzt will Marlene sich das Bezahlen nicht mehr ausreden lassen. Die Polizei ist einverstanden, aber die Geldtaschen sollen präpariert werden, und natürlich werden sich Beamte auf dem Grundstück auf die Lauer legen.

»In jedem Geldbündel werden nur die oberste und die unterste echte Fünfdollarnoten sein«, erklärt ihr ein Beamter. »Der Rest besteht aus zurechtgeschnittenem Zeitungspapier. In den Tüten wird ein Sender versteckt. Die kriegen wir.«

Doch niemand kommt, um das wie gewünscht auf der Stoßstange deponierte Geld abzuholen, weitere Lösegeldforderungen bleiben auch aus. Entspannen kann Marlene deshalb noch lange nicht. Umso erleichterter fällt sie Rudi in die Arme, als er endlich ankommt.

»Du glaubst nicht, was wir durchgestanden haben! Und vielleicht sind diese Verbrecher jetzt wütend, vielleicht wollen sie uns nur in Sicherheit wiegen und schnappen mir dann aus einem Hinterhalt mein kleines Mädchen weg!«

Rudi sieht die tiefen Ringe unter ihren Augen und fasst sie bei den Schultern. »Mutti, ich werde das jetzt in die Hand nehmen. Du gehst nach oben und schläfst dich aus.«

Aus seinem Mund kann Marlene eine solche Anweisung befolgen. Sie geht und fällt, noch bevor ihr Kopf das Kissen berührt, in einen zwölfstündigen Tiefschlaf.

In der Zwischenzeit bedankt Rudi sich bei allen, die in den letzten Tagen geholfen haben und trinkt ein bis etliche Gläschen mit Sternberg und Chevalier, während sie Pläne schmieden, wie auf lange Sicht für die Sicherheit der wertvollen Bewohner des Hauses gesorgt werden kann.

Am nächsten Tag stellt er zwölf Leibwächter ein, die jeweils zu viert in drei Schichten ihren Dienst schieben werden. Das Grundstück bekommt ein elektrisches Tor und wird noch dazu von einem abgerichteten deutschen Schäferhund bewacht. Die Fenster des Hauses werden mit Gittern gesichert, der Eingang ebenfalls mit einem Tor.

Niemand kommt mehr hinein. Und niemand hinaus.

Die Dreharbeiten für *Blonde Venus* dauern bis Ende August. Ein schlecht zurechtgestutztes Drehbuch, kombiniert mit Widerwillen aller maßgeblich daran Beteiligten, diesen Film überhaupt zu drehen, kann nichts Gutes hervorbringen. Für Marlene ist das einzig Erwähnenswerte bei dieser Produktion der junge, noch unbekannte Cary Grant, der ihren Liebhaber spielt. Ihrem Mann schreibt sie davon in einem Brief: *Um extra Geld zu verdienen, verkauft er auf dem Set Hemden, und er ist so charmant, dass die Leute vom ganzen Studiogelände herbeiströmen, nur um bei ihm einzukaufen!*

Die Angst vor einer Entführung Marias weicht langsam. Aus vier Leibwächtern werden zwei, und irgendwann nimmt Marlene sie auch wieder mit an den Set. Dort sieht Maria ihre Mutter endlich wieder herzhaft lachen. Den Anlass wird sie nie vergessen: Die Schauspielerin Mae West, die ebenfalls für *Paramount* dreht und ihre Garderobe nebenan hat, spaziert herein, um ein Kleid Marlenes zu begutachten, die sich beschwert, schon wieder so viel Bein zeigen zu müssen.

»Na ja, *du gibst es ihnen unten und ich oben*«, sagt Mae West fröhlich und unterstreicht ihre Worte damit, eine Brust aus ihrem Korsett zu heben und nachdrücklich zu schütteln.

Gleich nach Fertigstellung kommt *Blonde Venus* ohne offizielle Premiere in die Kinos. Wenig überraschend fällt der Film auch beim Publikum und der Kritik beinahe komplett durch. Das Urteil lautet: *langweilig und schwerfällig, konventionell und banal.* Vom wahrscheinlich schlechtesten Sternberg-Film ist gar die Rede, die Musiknummern das einzige Highlight.

Marlene interessiert das herzlich wenig, sie hat andere Sorgen. Sie will im Oktober auf einen Besuch nach Deutschland fahren. Viel hat sie von Freunden und Kollegen über die Zuspitzung der politischen Situation gehört und will sich nun selbst ein Bild machen. Vor allem aber möchte sie ihre Schwester und besonders ihre Mutter, die bislang hartnäckig standhaft blieb, überreden, doch endlich zu ihr zu ziehen. Mitte September jedoch schreibt Rudi ihr ein besorgtes Telegramm: *Du solltest nicht nach Deutschland kommen STOP Politische Lage jetzt gefährlich STOP Neue Wahlen haben Gefahr eines Bürgerkrieges heraufbeschworen STOP Millionen Küsse.*

Nach längerem Überlegen beschließt Marlene, vernünftig zu sein und lässt die Buchung für die *Bremen* stornieren, fährt aber für eine Weile mit dem Kind nach New York, um dem Gefängnis zu entkommen, zu dem ihr Zuhause geworden ist. Während ihrer Abwesenheit soll die Sekretärin für sie ein Haus am Meer finden, und das tut sie auch.

Nach ihrer Rückkehr bezieht Marlene mit ihrer Tochter ein Strandhaus in Santa Monica auf dem Anwesen von William Randolph Hearst, der es einst für seine Geliebte Marion Davies hat bauen lassen. Nicht nur der Eingang im Stil des Parthenon sorgt dafür, dass sich Besucher nach Athen versetzt fühlen. Besonders schön für Maria: der Swimmingpool, der die gesamte Fläche dessen einnimmt, was der Garten hätte sein können. Besonders angenehm für die Wachleute: die hohe weiße Mauer, die das ganze Haus umgibt. Und besonders aufregend für Marlene: Ein neues Techtelmechtel bahnt sich an.

Sie muss unbedingt fort von diesem leeren Geschwätz. Auf Partys wie dieser trifft man auf *die allgemeine Beschränktheit Hollywoods* in enervierend geballter Form. Doch wenn Irving Thalberg, Filmproduzent von *MGM*, einlädt, folgt man eben. Aber dagegen, sich zwischendurch zum Atemholen wegzuschleichen, spricht ja nichts.

Auf diese Idee kommt jedoch nicht nur sie. Denn als Marlene eintritt, findet sie die Küche schon besetzt. Am Tisch sitzt ein schmaler Knabe mit rabenschwarzem Haar, das Gesicht schluchzend auf die Tischplatte gelegt und in der Armkuhle vergraben. Sie legt ihm eine Hand auf die Schulter.

»Na, aber, was ist denn los, mein Kleiner?«

Der Knabe schaut auf und ist plötzlich keiner mehr. Marlene kennt das blasse Gesicht mit den kräftigen Brauen und den schwarzen Augen. Neu sind nur die eingefallenen, ausgezehrten Wangen und die Schwellung der Lider vom Weinen. Das Nervenbündel ist Mercedes de Acosta, Roman- und außerdem Drehbuchautorin bei *MGM*. Vor allem aber bringt man ihren Namen mit der Göttlichen in Verbindung: Greta Garbo. Die beiden sollen eine Affäre haben, geht das Gerücht. Schon länger wird gemunkelt, die Garbo sei lesbisch.

»Ach, mein Leben ist sinnlos. Warum springe ich nicht einfach von einer Brücke?« Kraftlos fällt der Kopf wieder auf die Arme zurück.

Marlene setzt sich neben sie. »Warum? Weil der Bestatter dann nichts mehr hätte, was er schminken könnte.«

Der Kopf ruckt wieder hoch. »Hm?«

Die Zigarette in Marlenes Mundwinkel wippt, als sie lacht. »Na, wenn man von einer Brücke springt, sieht man hinterher nicht fürchterlich aus, man sieht nach gar nichts mehr aus.«

Mercedes scheint zu überlegen, ob sie sie ernst nehmen oder für verrückt halten soll. Sie beschließt, das noch einmal zu überdenken. »Kann ich eine Zigarette haben?«

»Natürlich.«

Eine Zigarettenlänge später sind die beiden zu Freundinnen geworden, die sich, wie es sich gehört, alles anvertrauen.

»Sie macht mir das Leben einfach zur Hölle mit ihrem Kontrollwahn!« Wütend drückt Mercedes den Stummel im Aschenbecher aus. »Mal tut sie so, als könnte sie nicht ohne mich leben, und dann wieder bin ich der letzte Dreck.«

Die letzten Worte gehen erneut in Schluchzen unter. Marlene öffnet ihre Arme und Mercedes fällt hinein. Ihr kurzes Haar ist samtweich, und das Kribbeln, das von Marlenes Fingerspitzen aus ihren ganzen Körper durchfährt, sagt ihr, dass sie beide sich nach dem heutigen Abend schon sehr bald wiedersehen werden.

Bereits am nächsten Tag steht Marlene vor Mercedes de Acostas Tür, in Hosen und mit einem riesigen Strauß Tuberosen im Arm.

»Vergeben Sie mir. *Ich habe mich einfach erkundigt, wo Sie wohnen, und da bin ich nun.*«

Mercedes bittet sie herein, und nachdem sich das Gespräch eine Zeitlang um Nichtigkeiten gedreht hat, rückt Marlene mit der Sprache heraus.

»Gestern taten Sie mir so furchtbar leid, sie waren so traurig, so unglücklich. Und auch heute noch sehen Sie aus, als würde etwas an Ihnen nagen und Sie innerlich aufzehren. So blass.« Marlene hebt die Hand und berührt sacht Mercedes' Wange. Mercedes schaut sie nur stumm an. »Ich fühle mich zu Ihnen hingezogen, wissen Sie? Wir sind beide einsam. Lassen Sie mich für Sie sorgen. Ich werde nahrhafte Gerichte für Sie kochen und dafür sorgen, dass Sie wieder zu Kräften kommen.«

Das ist ein Angebot, das Mercedes nicht ausschlagen kann, zumal es mehr andeutet als nur mütterliche Fürsorge.

So entspinnt sich in den folgenden Wochen eine neue Affäre, aber keine, die zu ungewöhnlich für Marlene ist. Lesbische Erfahrungen hat sie bereits früher gemacht. Im Berlin der Zwanzigerjahre gehörte es ja praktisch zum guten Ton. Es ist nichts, das Marlene je in Frage stellt, denn warum sollte Zuneigung und erotisches Empfinden vom Geschlecht des Gegenübers abhängen?

Während Marlene Acostas Wohnung regelmäßig mit Blumen überflutet, erreichen sie umgekehrt fast täglich romantische Liebesbriefe, unterschrieben mit den verschiedensten Pseudonymen. Es schmeichelt, zu lesen: *Ach, Du Wunderbare, heute ist es eine Woche her, dass Deine wunderbare »ungezogene« Hand eine weiße Rose öffnete. Die letzte Nacht war noch schöner, und jedes Mal, wenn ich Dich sehe, wird es wunderbarer und aufregender. Dein Raphael.*

Allerdings wird sie nun doch ein bisschen sehr anhänglich, denkt Marlene nach nicht allzu langer Zeit. So geht es ihr oft mit Liebschaften. Nachdem man es geschafft hat, sie zu kriegen, muss man sie auch bald wieder loswerden.

Loswerden will auch die *Paramount* jemanden, und zwar Josef von Sternberg. Dieser kündigt ebenfalls an, vorausschauend oder zufällig, neue Wege gehen zu wollen. Sein Vertrag läuft im Dezember 1932 aus, Marlenes erst im Februar 1933. Ihren letzten vertraglich vereinbarten Film, *The Song of Songs*, soll sie also unter anderer Regie drehen. Die Entscheidung fällt auf Rouben Mamoulian, doch Marlene lehnt ab, ohne dabei vertraglichen Rückhalt zu haben. Der Presse gegenüber teilt sie mit: *Ich werde mit niemand anderem in Amerika einen Film drehen als mit Mr von Sternberg.*

Anstatt also einen neuen Film zu machen, packt sie mit Rudi, der über Weihnachten und Neujahr zu Besuch ist, Geschenke ein. Schließlich reicht es der praktisch bankrotten *Paramount*, die Marlene viertausend Dollar wöchentlich fürs Nichtstun zahlt. Eine einstweilige Verfügung wird erwirkt, die es Marlene verbietet, woanders ein Engagement einzugehen. Außerdem folgt eine Klage auf Schadensersatz für Bilanzverluste in Höhe von fast 183.000 Dollar.

Marlene berät sich mit Anwälten, aber es ist Jo, der sie schließlich zum Einlenken bringt. Er meint, es sei für sie beide an der Zeit, neue Wege einzuschlagen. In der Presse hat er angekündigt, mit gerade mal achtunddreißig Jahren in den Ruhestand gehen zu wollen, in Wahrheit aber fährt er für Verhandlungen über weitere Filme für einige Zeit nach Berlin. Marlene weiß, wann sie auf ihn hören muss, und so geht *The Song of Songs* nun doch in Produktion. Neben Marlene als Lily, einem Mädchen vom Land, und Brian Aherne, der den Bildhauer Richard Waldo verkörpert, spielt die lebensgroße Skulptur, die er von der nackten Lily fertigt, die Hauptrolle. Richard verliebt sich in sein Modell, wagt es aber nicht, um sie zu kämpfen und überlässt sie schließlich einem reichen Adligen, bei dem sie es besser haben wird. Nach einigen Wendungen finden Lily und Richard doch noch zueinander, aber auf dem Weg dahin muss Lily sich auch von ihrem Abbild, der Statue, befreien und zerstört sie.

Es ist ein Film, in dem es neben der Bildhauerei und der Musik auch um Poesie geht, und eigentlich hätte Marlene sich glücklich schätzen können, ihre geliebten Goethe-Texte in einer

Vertonung von Schubert singen zu dürfen. Doch sie findet das Drehbuch schlecht und kann es auch nicht lassen, weiterhin dagegen zu protestieren, dass man ihr Sternberg weggenommen hat. Nach jedem abgedrehten Take wird sie ins Mikrofon hauchen: »*Jo, warum hast du mich verlassen?*« Die Direktoren, die sich die Muster ansehen, sollen es wieder und wieder hören.

Mit Mamoulian, der bei den Vorbesprechungen zugibt, das Drehbuch ebenfalls nicht allzu berauschend zu finden, versteht Marlene sich jedoch überraschend gut. Ebenso mit Brian Aherne. Gut genug jedenfalls für ein kleines Bettgeflüster, das die Arbeitsatmosphäre entspannt.

»Was? Nein, Becky, das kannst du mir, das kannst du uns doch nicht antun!«

Noch während die Vorbereitungen für den Dreh von *Song of Songs* laufen, passiert etwas Unerhörtes im Hause Dietrich. Jemand hat sich verliebt, und zwar so ernsthaft, dass er heiraten will! Dass es dabei ausgerechnet und jemals ihre Kinderfrau treffen könnte, die sich kaum in Amerika hat eingewöhnen können, damit hat Marlene im Traum nicht gerechnet.

Becky schluchzt: »Aber wenn ick ihn doch liebe? Ick kann doch nüscht dafür!«

Marlene schüttelt den Kopf, dass die Wirbel knacken. »Oh nein, meine Liebe, natürlich kann man da was für! Wer ist es?«

»Der Metzger«, kommt es erstickt zwischen vor den Mund gepressten Händen hervor.

»Der Metzger!« Marlene läuft durch den Salon wie ein wütender General. »Becky, du kannst doch nicht weggehen, nicht einfach kündigen. Soll das etwa Dankbarkeit sein? Ich brauche dich für das Kind!« Sie weiß, wie ungerecht sie gerade ist, aber gefühlstaub vom ersten Schock kann sie sich nicht zurückhalten. »Wir reden morgen noch einmal darüber.«

Doch dieses Morgen gibt es nicht. Am nächsten Tag ist Becky verschwunden, nur einen Brief hat sie dagelassen. Aus Angst vor weiteren Diskussionen hat sie sich in der Nacht davongestohlen.

Marlene muss es Maria sagen. Das Kind bricht umgehend in bittere Tränen aus und Marlene weint ein paar mit. Die einen aus Trauer, einen lieb gewonnenen Menschen zu verlieren, die anderen zu etwa gleichen Teilen aus Selbstmitleid und Ärger über sich selbst, dass sie einen solchen plötzlichen Abgang provoziert hat. Es dauert nicht lange, da weiß Marlene, wie sie das Kind und sich selbst aufheitern kann. Sie ruft Rudi an.

»Du musst unbedingt kommen! Ich brauche jemanden für Maria!«

Und Rudi kommt, sicher nicht nur aus reiner Liebe und Hilfsbereitschaft. Das Leben, das Tami und er in Paris führen, wird zum großen Teil von Marlene finanziert. Diesmal soll er seine Geliebte mitbringen, denn das wird Maria, die ihre gute Freundin aus Kleinkindertagen so sehr vermisst, besonders schnell aufheitern. Bis sie da sind, muss allerdings noch etwas Zeit überbrückt werden.

»Boys«, ruft Marlene die Leibwächter zu sich, »ab sofort habt ihr Acht, nicht nur, dass kein Fremder meiner Kleinen etwas antut, sondern auch, dass sie sich selbst nicht in Gefahr bringt. Verstanden?«

Ab und an übernimmt auch Mercedes diese Aufgabe, die von der neuen Affäre ihrer Geliebten noch nichts mitbekommen hat und sich freut, wenn sie überhaupt kommen darf. Marlene ist in letzter Zeit nämlich häufig unpässlich. Besonders dann, wenn Aherne zu Besuch ist.

Als Rudi und Tami endlich da sind, kommt es wie geplant. Maria ist überglücklich und vergisst, dass es Becky je gegeben hat, und Marlene kann sich ungestört ihrer Arbeit widmen. Dafür, dass das Kind nichts von der Beziehung zwischen Tami und Rudi erfährt, sorgt sie natürlich auch. Tami wird im Zimmer neben Marlene einquartiert, Rudi gegenüber.

Am Set hat sie jetzt sowieso ganz andere Probleme. Man verlangt tatsächlich von ihr, dass sie höchstselbst für die Statue Modell steht. Als Krönung sollen Kopien ihres nackten Ebenbilds später auch noch in den Kinos ausgestellt werden.

Hat sie sich denn nicht schon genug prostituiert?

Ohne Sternberg zu drehen, den Schöpfer des Stars Marlene, kunstvoll modelliert aus Licht und Schatten, ist, als würde die helfende Hand, die es braucht, um über einen schmalen Steg zu balancieren, plötzlich fehlen. Oft genug hinkte bei Sternberg das Drehbuch den Dreharbeiten hinterher oder diente bestenfalls als grober Leitfaden. Vor jeder Szene erklärte er ihr stattdessen genau, was sie wie zu sagen hatte, wie sie sich bewegen sollte, und sie folgte, fügte nur noch die feinen Modulationen hinzu.

Jetzt sitzt sie jeden Morgen in der Maske unter der Trockenhaube und lernt stumm ihren Text für die anstehende Szene, indem sie ihn wieder und wieder liest. Am Set selbst kommen von Mamoulian keine Anweisungen, wie sie ihre Sätze interpretieren soll.

Neu ist aber auch etwas anderes: Sternberg hat nie geduldet, dass ein anderes Crewmitglied außer ihm mit Marlene sprach. Gab es etwas zu sagen, ging es zuerst an ihn. Jetzt plötzlich ist sie ansprechbar, etwa wenn der Toningenieur bittet: »*Kann ich auf dem letzten Satz mehr Stimme haben? Ein bisschen mehr Ton?*« Das gefällt Marlene, aber es gibt auch Dinge, die ihr mehr als sauer aufstoßen.

In der Mittagspause des ersten Drehtags folgt ihr der PR-Mann bis in die Garderobe. »Miss Dietrich, ich habe mir erlaubt, soeben einen Anruf von Louella Parsons auf Ihrer privaten Leitung durchstellen zu lassen.«

In diesem Moment klingelt es schon und er geht ran, plaudert ein wenig und hält ihr dann den Hörer hin. Marlene ist wütend, so überrumpelt zu werden, aber jetzt beißt sie in den sauren Apfel und nimmt den Hörer. Louella Parsons ist Hollywoods einflussreichste Klatschkolumnistin.

»Aber ja, es ist ein sehr angenehmer erster Drehtag«, beginnt sie, die üblichen Standardfragen mit Plattitüden zu beantworten. »Natürlich, ich freue mich darauf, mit Brian Aherne zu arbeiten. Ja, Mr Mamoulian ist wunderbar, ein sehr talentierter Regisseur. Aber hören Sie, meine Schminke muss erneuert werden, und die Pause ist bald vorbei, deshalb können wir leider nicht weiterplaudern.«

Sie legt auf, doch bevor sie fragen kann, was das sollte, redet der PR-Mann schon weiter: »Um fünf Uhr haben Sie ein Interview mit *Photoplay*. Es werden Bilder für die Fan-Zeitschrift gemacht. Ziehen Sie einen seidenen Morgenrock an *und zeigen Sie ein bisschen Bein*!«

Jetzt kann sie sich kaum noch zurückhalten. »Hat Mr Mamoulian seine Zustimmung dazu gegeben?«

»Oh ja, aber natürlich!«

Marlene holt Luft und lehnt sich in ihrem Stuhl nach vorn, die Finger um die Armstützen gekrallt. »In Zukunft werden Sie es unterlassen, so etwas ohne meine Einwilligung zu arrangieren. Ich werde informiert, *bevor* ein Termin angesetzt wird. *Photoplay* können Sie ausrichten, dass Miss Dietrich nicht vor sechs Uhr und nur eine halbe Stunde Zeit finden wird, und dass sie nur über den aktuellen Film und nicht etwa über Herrn von Sternberg reden wird. Das Privatleben bleibt außen vor. Und Ihnen sage ich, dass ich selbst entscheide, was ich anziehe. Haben Sie das verstanden?«

Oh ja. Er hat.

Damit gibt es nur noch ein weiteres Problem zu lösen: die richtige Beleuchtung. Sie hat sich die Muster angeschaut, sie sieht gut aus, hübsch, aber nicht schön, sondern wie jedes x-beliebige Filmsternchen, von einer geheimnisvollen Aura ganz zu schweigen. Per Telegramm klagt sie Sternberg ihr Leid, und er kabelt zurück: *Zeig deinem Kameramann unsere alten Filme, sie können ihm für die Beleuchtung hilfreich sein. Dennoch wird dich niemand jemals so darstellen, wie ich es getan habe, weil dich niemand so sehr liebt wie ich.*

Marlene weiß, dass ein solches Verhalten an Respektlosigkeit grenzen und nicht gut ankommen würde, also macht sie es anders. Sie mietet einen der Vorführräume des Studios und schaut sich, gemeinsam mit Maria, selbst die Filme an. Immer wieder.

Als sie am nächsten Tag um acht auf den Set kommt, hat sie etwas vor, das womöglich ebenfalls als Affront angesehen werden wird, aber etwas muss sie nun einmal tun.

Zuerst schaut sie in ihren mannshohen beleuchteten Spiegel, der schon auf der heutigen Positionsmarkierung steht. Er ist ein Relikt aus Sternberg-Zeiten, mit dem sie sich genau so sehen kann, wie die Kamera sie aufnimmt. Kurz denkt sie darüber nach, welche Lichtquellen und welche Positionen angemessen sein könnten, dann schreitet sie zur Tat.

»*Mit ihrer Erlaubnis, meine Herren*«, sagt sie nach einem Rundumblick auf das Team, schaut nach oben zu den Männern, die für das Richten der Scheinwerfer verantwortlich sind, und gibt ihre Anweisungen. Zuerst lässt sie die Männer die großen Scheinwerfer ausrichten, dann sind die schwächeren, an diversen Ständern hängenden Lampen an der Reihe, und schließlich folgt das i-Tüpfelchen des Beleuchtens: die Punktscheinwerfer. Endlich gibt es an ihrem Spiegelbild nichts mehr auszusetzen. Das Team hat ihr die ganze Zeit gebannt zugesehen, und jetzt sucht Mamoulian den Blick durch die Kamera.

»Perfekt, Marlene! Wunderbar.«

Sie weiß es längst und schaut nach oben, in die Schatten hinter den Lichtern. »*Ich danke Ihnen, meine Herren*!«

Der Applaus, der nun aufbrandet, belegt, dass aus einem Wagnis durchaus ein voller Erfolg werden kann.

Nachdem der Knoten einmal geplatzt ist, sind die restlichen Dreharbeiten ein langer, ruhiger Fluss, der nur einmal böse aufgewühlt wird, als ein Erdbeben der Stufe 6,3 Los Angeles erschüttert. Es ist das erste Beben für Marlene. Als es losgeht, ist ihr dringlichster Gedanke, ein Telefon zu erreichen, um zu erfahren, wie es Maria geht. Doch alles geht glimpflich aus. Während Long Beach praktisch dem Erdboden gleich gemacht wird, halten sich die Schäden in Santa Monica in Grenzen.

Nach dem Spektakel des Teamabschiedsfests nach Drehende beginnen in Marlene wieder die Gedanken um eine Reise nach Deutschland zu kreisen. Rudi gibt ihr aber deutlich zu verstehen, dass sie sich nur mit einem neuen Vertrag in der Tasche auf die Reise machen soll, denn nur dann sei sicher, dass sie niemand daran hindern könne, Deutschland wieder zu verlassen.

Marlene ist nicht glücklich darüber, versteht aber einmal mehr, dass ihr Mann sicher recht hat. Also unterschreibt sie möglichst rasch den Vertrag, den ihr Agent mit *Paramount* ausgehandelt hat. Ihr Honorar steigert sich noch einmal, doch das Wichtigste ist ihr, ein Veto gegen das Drehbuch und den vom Studio gewählten Regisseur einlegen zu können – und das gewährt man ihr.

Aus der Reise nach Deutschland wird dennoch nichts, denn es geht Furchtbares vor. Rudi telegrafiert: *Lage in Berlin schrecklich, jeder rät davon ab, dass du kommst STOP Die meisten Bars und Theater sind geschlossen STOP Juden von Paramount Berlin sind über Wien, Prag nach Paris geschafft worden STOP Erwarte dich in Cherbourg.*

Marlene ist einverstanden. Zwar hätte sie liebend gern Mutter und Schwester besucht, aber alle sonst bedeutsamen Leute scheinen bereits aus Deutschland vertrieben worden zu sein.

Nun gut, dann werden sie die *Europa* eben eine Station vor Bremerhaven verlassen und in Frankreich an Land gehen.

Als Marlene und Rudi am neunzehnten April 1933 mit Maria in Paris am Gare Saint-Lazare ankommen, ist die Stadt bereits zum Sammelbecken zahlreicher Flüchtlinge aus Deutschland geworden. Im Januar hat Reichspräsident Paul von Hindenburg Adolf Hitler zum Reichskanzler ernannt, und dieser hat sogleich im Stechschritt den Weg fort vom demokratischen Rechtsstaat hin zur Diktatur eingeschlagen. Seit dem Reichstagsbrand und einer ihm folgenden Verordnung sind die Bürgerrechte außer Kraft gesetzt, Beschränkungen der persönlichen und der Pressefreiheit legal geworden. Kurz nach der Reichstagswahl Anfang März, die die NSDAP und die DNVP an die Macht gebracht hat, ist das Ermächtigungsgesetz beschlossen worden. Damit ist die Weimarer Verfassung nicht mehr bindend und die Abschaffung der Republik beschlossene Sache.

Der erste April, ausgerufen zum Tag des nationalen Judenboykotts, ist nicht der Anfang des Feldzugs mit dem Ziel der Arisierung, aber der Beginn der systematischen Säuberung. Schon zuvor haben viele Juden ihre Stellung verloren; doch von nun an kommen öffentliche Demütigung, Berufsverbot und Entzug der Staatsbürgerschaft hinzu.

Kunst und Kultur werden nicht nur beschnitten, sondern regelrecht amputiert. Bücher und Filme, darunter auch Marlenes, werden für entartet erklärt, verboten und ihre Vernichtung geplant. Von vielen, sogar von Sternberg, der zur Zeit des Reichstagsbrands für Verhandlungen in Berlin ist, wird der Ernst der Lage dennoch unterschätzt.

In Paris erfährt Marlene aus erster Hand von den Vorkommnissen. Als sie nun einmal wirklich begriffen hat, öffnet sie den Flüchtlingen sogleich ihr Herz und ihr Scheckbuch.

Der erste, mit dem sie in Kontakt kommt, ist Max Colpet, ein Texter aus Berlin. Marlene soll für eine deutsche Schallplattenfirma sechs Lieder aufnehmen, zwei davon auf Französisch. Rudi hat den Vertrag ausgehandelt; wie er die Einwilligung dazu bekommen hat, die Aufnahmen in Frankreich zu machen, vermag er selbst nicht mehr zu sagen. Max Colpet zeichnet für den Text eines Lieds verantwortlich, das ein Berliner Journalist Marlene vor einiger Zeit nach Hollywood geschickt hat. Der Brief ist jedoch verloren gegangen, und Marlene erinnert sich nur an den Verfasser, will das Lied, das den Berliner Weltschmerz und die Einsamkeit in der Großstadt so wunderbar einfängt, aber unbedingt aufnehmen. Rudi ist es nun gelungen, Colpet ausfindig zu machen. Er wohnt mit anderen Exilanten im Hotel *Ansonia*, eine der ersten Adressen für Flüchtige, da man hier mit mehr als nur einem Auge wegsieht, was Pässe und sonstige Papiere angeht. Auch Erich Maria Remarque findet hier Unterschlupf und wird dem Hotel später in seinem Roman *Arc de Triomphe* ein Denkmal setzen.

Mehrmals ruft Rudi Colpet an, um ihn zum Hotel *Trianon* in Versailles zu bestellen, wo er mit Frau, Kind und Tami eine prunkvolle Suite bezogen hat, doch Colpet hängt stets den Hörer auf, weil er sich verulkt glaubt. Schließlich lässt Marlene ihren Cadillac, gegen den sie inzwischen ihren Rolls Royce eingetauscht hat, in der Rue de Saigon vorfahren. Ihr Chauffeur überzeugt Colpet endlich und bringt ihn zu Marlene.

Rauchend steht Marlene auf der Treppe des Hoteleingangs und wartet. Der Frühlingswind umspielt ihr Chiffonkleid, sie muss aufpassen, dass es ihr nicht um den Kopf geweht wird. So unpraktisch, aber ein Zugeständnis an die Franzosen und Paris. Transvestitismus ist selbst hier noch strafbar, und die Männerkleidung, in der sie ankam, hat schon für Unmut gesorgt. Da endlich kommt ihr Cadillac. Ein Max Colpet, der offenbar noch nicht ganz begriffen hat, wie ihm geschieht, steigt aus.

»Mein Lieber«, begrüßt sie ihn, »wie schön, dass es doch noch geklappt hat!«

»Frau Dietrich, ich muss mich vielmals entschuldigen, das Auflegen, nun, ich habe nicht wirklich damit gerechnet, dass …«

Marlene lacht. »Bei mir sollten Sie lieber mit allem rechnen. Na los, kommen Sie mit!«

Im Garten des Hotels hat Rudi einen *Glaspavillon mit einem Versailler Ballsaal en miniature* gemietet, in dessen Mitte schon ein Stutzflügel wartet. Die Akustik ist großartig, sie hat es längst getestet.

Auf dem Weg erklärt sie dem immer noch ratlosen Colpet: »Ich möchte hier ein Lied von Ihnen aufnehmen, es heißt *Allein in einer großen Stadt.* Aber ich habe die Noten verloren und hoffe, Sie können mir da weiterhelfen? Ich würde Sie gern anstellen, damit Sie mich unterstützen.«

Colpet kann eine Anstellung gut gebrauchen, doch es gibt ein Problem. »Es tut mir furchtbar leid, Frau Dietrich, aber ich kann mich an den Text leider nicht erinnern. Vor Ort habe ich ihn auch nicht, ich habe beinahe alles zurückgelassen.«

»Oh, der Text ist kein Problem, den kann ich so gut wie auswendig: Man lebt in einer großen Stadt und ist doch so allein. Der Mann, nach dem man Sehnsucht hat, scheint noch nicht da zu sein. Man kennt ihn nicht – und kennt ihn doch genau. Und man hat Angst, dass er vorübergeht …«

Sie diktiert den ganzen Text, singt ihn mit der ungefähren Melodie vor. Colpets Gedächtnis wird mit jedem Wort ein wenig aufgefrischt, sodass er schon beim Schreiben kleine Korrekturen vornimmt und gleichzeitig Ideen zur Verbesserung Gestalt annehmen.

Als er fertig ist, schaut er fragend auf: »Aber was wollen Sie ohne die Noten machen?«

Marlene zuckt mit den Schultern, nimmt eine Zigarette aus dem Etui und bietet Colpet ebenfalls eine an. »Ohne die geht nichts, mein Dirigent Peter Kreuder braucht sie natürlich. Der geplante Aufnahmetermin ist der neunzehnte Juli. Bis dahin müssen wir Franz Wachsmann, den Komponisten, unbedingt gefunden haben. Bisher aber keine Spur von ihm.«

»Wachsmann?«, spuckt Colpet den tief inhalierten Qualm mit einem Mal wieder aus. »Der wohnt bei mir im Hotel!«

Marlene bricht in erleichtertes Gelächter aus und schlägt sich völlig undamenhaft auf die chiffonbedeckten Schenkel. »Nein, das ist ja köstlich!«

Eine Stunde später ist ihr Chauffeur zum zweiten Mal an diesem Tag in der Rue de Saigon vorgefahren. Wachsmann sitzt im Ballsaal am Klavier. Er spielt, Marlene singt, und alles ist perfekt.

Danach bestellt sie ein üppiges Mahl in den Speiseraum ihrer Suite, lädt die beiden zum Essen ein und lauscht zusammen mit Rudi, Tami und Maria den Geschichten ihrer Erlebnisse. Das fassungslose Taubheitsgefühl, das sich zuerst in Marlene breitmacht, weicht bald dem Aktionismus eines Muttertiers.

»Hören Sie, uns geht es hier mehr als gut, ich möchte, dass Sie allen Emigranten, die Sie kennen, sagen, sie können jederzeit herkommen. Wir helfen aus, wo es nötig ist, sagen Sie ihnen auch das.«

Und so geschieht es. In den kommenden Monaten versorgt sie die Emigranten nicht nur mit Bergen von Essen, ihrem Allheilmittel für kleine und große Sorgen – dabei ersetzen bald jüdische Spezialitäten wie *Bagels, Hühnerleber und geräucherter Weißfisch* die französische Küche, was den Hotelchef zur Verzweiflung treibt –, sondern auch mit Zuspruch, Trost und Geld. Sie trifft viele alte Freunde wieder, darunter Mischa Spoliansky und Friedrich Hollaender. Wo es geht, hilft sie bei der Beschaffung eines Jobs oder Arzts oder auch der Organisation der Überfahrt nach Amerika. Sie setzt ihre Kontakte ein und bürgt für jeden, der es nötig hat. Zu irgendetwas muss die Berühmtheit ja schließlich gut sein.

Nach den Aufnahmen für die neue Platte macht sich Marlene mit ihrer kleinen Gefolgschaft auf den Weg nach Österreich. Bevor es nach Wien geht, steht endlich das lang geplante Treffen mit ihrer Familie aus Berlin bevor. Rudi hat alles sorgfältig geplant; das Dorf, in dem es stattfindet, könnte abgelegener nicht sein. Kein Journalist wird den Weg dorthin finden.

Marlene ist aufgeregter als vor jeder Filmpremiere. Langsam quält sich der Wagen das letzte Stück der unbefestigten Bergstraße hoch. Das Wetter ist herrlich, der Himmel strahlend blau, die Wege sind gesäumt von Wildblumen und Marienkapellen. Endlich erreichen sie den Gasthof, der aussieht *wie eine Kuckucksuhr* mit Geranien vor den Fenstern.

Marlene steigt aus, richtet ihre Kleidung und inspiziert dann Maria und Rudi. Alles soll perfekt sein.

»Nun siehst du endlich deine Oma und deine Tante wieder«, sagt sie und rückt Marias Kragen zurecht. »Gib mir deine Hand.«

Rudi kümmert sich zunächst um das Gepäck und die Zimmer. Später wird er zu ihnen stoßen.

In dem kleinen Empfangsbereich sitzen sie schon an einem Tisch: Ihr *guter General* Josefine, ihre große Schwester Liesel, deren Sohn Hans Georg und der Ehemann Georg. Marlene mag ihn nicht, sie findet, Liesel ordnet sich ihm seit jeher viel zu bedingungslos unter.

Die Schwester winkt, die Mutter erhebt sich würdevoll. Fast möchte Marlene die letzten Schritte rennen, doch sie hält sich zurück. Die Mutter würde es nicht gern sehen.

Dafür hält Liesel es nicht aus. Kurz bevor Marlene den Tisch erreicht, eilt sie ihr entgegen und wirft sich in ihre Arme.

»Schwesterherz!«

»Meine Liebe!«

Nun ist der allgemeine Begrüßungsreigen in Gang gesetzt, und schließlich hat Marlene auch ihren *guten General* im Arm. »Ach, Mami, ich bin ja so froh, euch alle zu sehen! Aber es tut mir furchtbar leid, dass ihr die Strapazen einer Reise dafür auf euch nehmen musstet. Rudi wollte mich einfach nicht nach Deutschland lassen.«

Die Mutter winkt ab und bedeutet allen, sich zu setzen. »Papperlapapp. Rudolf wird schon wissen, warum. Man sollte die politischen Entwicklungen nicht leicht nehmen, Lena. Vielleicht führen sie unser Land aus der Misere hinaus, vielleicht aber auch in eine noch größere hinein. Wer weiß das schon?«

»Na, für die Juden jedenfalls endet es ja schon jetzt böse«, schnaubt Marlene.

Die Kellnerin ist an den Tisch gekommen, ängstlich beäugt von Liesel. Tee und Kuchen werden bestellt. Als sie weg ist, flüstert die Schwester: »Aber Marlene, Muttilein, bitte sprecht doch nicht so laut, wer weiß, wer zuhört?«

Sie erntet nur ein verärgertes Stirnrunzeln. »Kind, wir sind hier doch in Österreich!«

Aber Liesel schüttelt den Kopf. »Sie bringen den Leuten bei, zu spionieren, überall. Und wer weiß, was dann passiert!«

Jetzt fasst ihr Mann sie beim Arm. Fest, registriert Marlene. »Lass es nun gut sein, Elisabeth.«

Daraufhin tritt Schweigen ein, in das hinein die Kellnerin eine Kanne mit Tee und den Kuchen bringt. Wie selbstverständlich greift die Matriarchin die Kanne, um allen einzuschenken. Sie ist es gewöhnt, ein strenges Regiment zu führen und die Verantwortung zu übernehmen. Ihren erster Mann und Vater von Marlene und Elisabeth, Polizeileutnant Louis Dietrich, und auch den zweiten, Major Eduard von Losch, hat sie früh verloren und es allein übernommen, aus ihren Töchtern ebenso wohlerzogene wie gut gebildete Damen zu machen, deren höchste

Tugend die preußische Disziplin ist. Ungefragt gibt die Mutter Zucker und Sahne in Marlenes Tasse. Marlene sagt nichts, obwohl sie den Tee nur gezuckert mag. Sie fühlt sich plötzlich wieder wie ein kleines Kind und sitzt da wie früher an der Kaffeetafel: aufrecht, als hätte sie noch den Besenstiel in den Rücken gebunden, und die Hände ordentlich gefaltet im Schoß.

»Einen schönen Gasthof habt ihr ausgesucht«, sagt Josefine, als alle versorgt sind. »Das Extrazimmer für Hans Georg und die zwei Badezimmer wären aber absolut nicht nötig gewesen.«

»Ach, Mamilein …«

Es braucht zwei Stücke Kuchen und die Anwesenheit von Rudi, der sich Zeit gelassen hat, bis Marlene es wagt, noch einmal auf ihr Hauptanliegen zu sprechen zu kommen.

»Ihr solltet auch fort aus Deutschland, warum zieht ihr nicht endlich zu mir? Wir könnten es doch wunderschön haben, alle zusammen.«

»Kind, das geht nicht. Einen alten Baum verpflanzt man nicht, das weißt du doch. Und Liesels Mann zieht auch nichts fort aus Deutschland, und soll deine Schwester etwa allein kommen, Lena?«

Schön wäre es, denkt Marlene. Laut sagt sie: »Natürlich nicht. Aber ihr solltet wirklich kommen. Ihr wisst doch, dass ich bei den Nazis nicht gut angesehen bin, solange ich nur der Star woanders bin. Und ich habe Angst, dass ihr das irgendwann zu spüren bekommt.«

Liesel scheint dem Blick nach die Sorge zu teilen, doch die Mutter hat genug.

»Unsinn! Schluss jetzt, ich mag nichts mehr davon hören. Ich möchte von angenehmeren Dingen sprechen. Erzähl doch, wie es in Paris war.«

Marlene, ganz das brave Kind, gehorcht. Bis zum Abschied lässt sie sich ihre Angst nicht anmerken. Aber dann beginnt sie, trotz des von klein auf eingebläuten Gebots, eine Soldatentochter weine nicht, unvermittelt zu schluchzen.

»Du immer mit deiner Gefühlsduselei«, schimpft Josefine und hält ihre Tochter von sich weg. »Wir sehen uns doch wieder.«

Doch je mehr Marlene ihre Emotionen zurückzuhalten versucht, desto schneller fließen die Tränen.

In Wien angekommen, besucht Marlene ihren alten Freund Willi Forst. Er versucht sich gerade mit dem Film *Leise flehen meine Lieder* als Regisseur, und sie greift ihm bei diesem Projekt finanziell ein wenig unter die Arme. Begeistert erzählt er ihr, wen er für die Hauptrolle des Franz Schubert gewinnen konnte: Hans Jaray, aufgehender Stern am Theaterhimmel. Kürzlich erst hat er ganz Wien mit seiner Darstellung des *Hamlet* in Ehrfurcht versetzt. Gerade ist es Verzückung, vorwiegend bei den Damen, die er als junger Kaiser in der Operette *Sissy* hervorruft.

Das weckt Marlenes Neugierde, und so besucht sie in Begleitung einer eher widerwilligen Maria eine Vorstellung. Rudi, von Nierenkoliken geplagt, muss im Hotel das Bett hüten. Sofort entflammt Marlene für Jaray und begibt sich nach der Vorstellung gleich hinter die Bühne, um später mit einer Handvoll Hochglanzbilder in die Suite zurückzukehren und Rudi von ihrer neuen Eroberung vorzuschwärmen. In der nächsten Zeit besucht sie jede Abendvorstellung und kehrt erst am nächsten Morgen wieder zurück.

Erst als sie weiter nach Salzburg reisen – der Abschied fällt schwer, denn Wien und Marlene, das ist eine innige Liebe, die auf Gegenseitigkeit beruht –, wird die Liaison kurz unterbrochen. In der Nähe weilt Brian Aherne zu Dreharbeiten, der, schwer verliebt in Marlene, sie furchtbar vermisst hat und gern besuchen will. Sie wimmelt ihn ab, erzählt ihm, sie müsse dringend ihre Mutter in der Schweiz besuchen. Tatsächlich aber geht es wieder nach Paris, wohin Marlene auch Jaray bestellt hat.

Diverse Liebhaber und Möchtegernliebhaber sind nicht leicht zu koordinieren, wenn man auf Schritt und Tritt von der Presse verfolgt wird und Fotos und Berichte die schwer verdauliche Wahrheit ans Tageslicht bringen, dass die Konkurrenten zahlreich sind. Denn auch Mercedes de Acosta ist noch nicht Geschichte, ebenso wenig wie Maurice Chevalier.

Auch Sternberg erwartet sehnlichst ihre Rückkehr nach Hollywood. Das Schicksal will es, dass nun auch er seinen Vertrag bei *Paramount* verlängert hat und ihre Zusammenarbeit weitergehen kann. In einem Brief schreibt er Marlene: *Ich bin ohnehin sehr niedergeschlagen, seit ich mit meinem Film bei MGM keinen Erfolg hatte. Aber es war nicht möglich, den Film zu drehen. Ich war froh, so schnell wieder aus der Sache herauszukommen, weil ich zutiefst überzeugt bin, dass ohne dich alles keinen Sinn hatte. Ich kann dir nicht beschreiben, wie sehr du mir fehlst.*

Obwohl Marlene noch den Versuch unternimmt, ihre Rückkehr hinauszuzögern, gibt sie der Warnung Sternbergs, ein Verschieben des Drehbeginns für ihren neuen Film sei *gefährlich*, schließlich nach. Im September 1933 besteigt Marlene mit Maria die *Paris* und fährt über den Atlantik, um wieder die Dietrich zu werden.

Vier

Abgesang auf eine Ära

1934/1935

Mit Pauken und Trompeten

Im letzten November haben die Dreharbeiten zu *The Scarlett Empress* begonnen. In Deutschland wird dieser Film mit dem Titel *Die scharlachrote Kaiserin* in die Kinos kommen. Proportional zur Dauer der Depression sind Historienfilme immer beliebter geworden, und Sternberg will den gewaltigsten auf die Leinwand bringen. Sein Drehbuch basiert auf den Tagebüchern von Katharina der Großen.

Die gebürtige Prinzessin Sophie Auguste Friederike von Anhalt-Zerbst, dargestellt von Marlene, muss den russischen Großfürst Peter heiraten, obwohl sie ihn nicht ausstehen kann. Sie soll ihm einen Nachkommen gebären, was jedoch nicht gelingt. Als sie nach der Affäre mit einem Leutnant einen Sohn zur Welt bringt, schwant dem Ehemann Böses. Katharina ahnt, dass er sie loswerden will und bringt mit Charme und Sex das Militär auf ihre Seite, sodass ihr schließlich ein Staatsstreich gelingt.

Vor Drehbeginn hat Sternberg selbst beim Entwurf der pompösen Kulissen Hand angelegt, während Marlene mit Travis Banton gemeinsam Kostüme von solchem Ausmaß entwarf, dass sie nun auf einem Karren stehend von der Garderobe ins Studio gefahren werden muss, weil sie nicht in den sonst üblichen Wagen passt.

Marlene ist froh, wieder mit einem wahren Künstler zu arbeiten. Anfangs denkt sie noch, dieser Film würde sie vollkommen der Lächerlichkeit preisgeben, denn in der wichtigsten Szene – bei der Hochzeit – ist Katharina gerade mal vierzehn Jahre alt. Wie, um Himmels willen, soll das glaubwürdig auf die Leinwand zu bringen sein?

Die Sorgen macht sie sich umsonst. Sternberg weiß, wie dieses Problem zu lösen ist: »Du musst jungfräuliche Unschuld ausstrahlen, das ist das Wichtigste. Den Rest macht das Licht.«

Es braucht viele Takes, bis er in ihr genau das sieht, was er haben will, aber er soll recht behalten. Die Aufnahmen, die sie sich ansehen darf, belegen aufs Neue sein Genie. Je älter, je korrupter Katharina wird, desto mehr Schatten und Konturen erscheinen auf ihrem Gesicht. Perfekt.

Nur eine Aufgabe bleibt natürlich unerfüllbar. Eine Neunjährige kann Marlene beim besten Willen nicht darstellen. Das geht dann doch zu weit. Sternberg will ein schönes Mädchen für die Rolle casten. Marlene weiß das zu unterbinden. Das schönste Mädchen hat sie schließlich selbst! Es braucht nicht viel, um Sternberg zu überzeugen.

Maria scheint zunächst nicht glücklich darüber, das jüngere Selbst ihrer Mutter spielen zu dürfen. »Aber ich will doch nicht mal fotografiert werden, und wie soll ich im Film denn meine schlechte Seite verstecken?«

Das Kind ist für seine neun Jahre ziemlich altklug. Aber wen wundert das, wo sie doch den ganzen Tag mit Erwachsenen zusammen ist?

Marlene gibt ihr einen Kuss. »Unsinn. Ich dachte früher auch, ich sei nicht fotogen, und sieh, was Jo aus mir gemacht hat. Du wirst sehen, das wird ein Spaß!«

Die Kulissenbauer bekommen den Auftrag, so schnell wie möglich ein Prinzessinnenzimmer im Stil des achtzehnten Jahrhunderts zu fertigen, in dem Maria dann im Bett liegen soll. Das Nachthemd bekommt feine Spitze an Hals und Handgelenk genäht, und Marlenes Ausruf »Sie könnte doch eine Kopie meiner Perücke als Erwachsene tragen« wird begeistert aufgenommen.

Endlich ist Marias Drehtag gekommen. Marlene ist aufgeregter als das Kind selbst. Heute werden sie die Rollen tauschen und sie wird ihrer Kleinen assistieren, Handspiegel und Kamm zum Einsatz bereithalten. Im Studio hat sie außerdem eine Überraschung vorbereitet.

»Schau, was das Filmteam dir besorgt hat!«, ruft sie dem Kind zu, als es aus der Maske kommt.

Das Geschenk ist ein eigener Stuhl. Auf dem Leinen der Rückenlehne steht MISS SIEBER geschrieben.

»Danke, Mami, wie schön«, bedankt Maria sich artig, aber wenig enthusiastisch.

Sie wird müde sein, denkt Marlene. Schließlich wird sie seit fünf Uhr morgens hergerichtet.

»Gut, dann setz dich. Weißt ja, der Großteil des Drehs besteht aus Warten. Und pass auf, dass du das Nachthemd nicht zerknitterst, ja?«

Als es endlich so weit ist, zieht Marlene Maria die Hausschuhe aus und einige Assistenten helfen ihr, sich ins Bett zu legen, wie der Regisseur es wünscht. Um sie herum werden kunstvoll Betttücher, Damastdecken und Seidenkissen drapiert. Zuletzt kommt Sternberg und schiebt Marias Körperteile in die richtige Position. Wie geduldig das Kind ist. Der Apfel fällt eben nicht weit vom Stamm! Nun kann es losgehen.

»Engel, befeuchte deine Lippen!«, wispert Marlene ihr noch zu.

Der erste Take ist bereits gut, aber noch nicht gut genug. Marlene sieht etwas und kann sich nicht zurückhalten. Sie weiß, Sternberg wird es ihr verzeihen: »Jo, das Kissen da, da ist ein Knick, der wirft ihr einen Schatten aufs Gesicht.« Rasch eilt sie zu ihrer Tochter und glättet die Falte.

Die Szene wird noch zweimal wiederholt, dann darf Maria eine Pause machen. Es fehlt nur noch die Großaufnahme, die später für eine Überblendung zur erwachsenen Katharina genutzt wird, dann hat sie ihren ersten Job hervorragend gemeistert.

Marlene ist sicher: Stolzer kann eine Mutter auf ihr Kind nicht sein.

Während der Dreharbeiten nehmen die Spannungen zwischen Marlene und Sternberg, die schon ewig bestehen und womöglich eines Teil ihres Erfolgs ausmachen, weiter zu. Unausgesprochenes schwebt zwischen ihnen.

Marlene ist wütend auf ihn, da sich die Indizien für ein Verhältnis mit seiner Sekretärin – und das schon seit Längerem – häufen. Sie hat Nachforschungen angestellt und ihn beim Lügen ertappt. Wozu dann all seine *unaufgeforderten Liebesbeteuerungen*, die machten, dass sie sich stets schuldig fühlte, weil sie ihm nicht ganz gehören wollte? Zu Unrecht hat er sie gequält, aber sie spricht ihn nicht darauf an, tut, als wäre nichts und bereitet ihm weiterhin seine Fleischbrühe für die langen Tage im Studio.

Sternberg wiederum erträgt es nach wie vor nicht, mitzuerleben, wie sie mit Jaray telefoniert oder männlichen Besuch hinter verschlossener Garderobentür empfängt. Während er sie beim Dreh beschimpft und ihr fast täglich, wenn er das Team wieder einmal hinausgeschickt hat, um sie unter vier Augen zu unterweisen, prophezeit »*Miss Dietrich wird jetzt weinen!*«, beißt sie die Zähne zusammen und wartet auf die Mittagspause. Dann lässt sie ihren Ärger an der kleinen Reiseschreibmaschine in ihrer Garderobe aus und haut zornige Entgegnungen in die Tasten, die sie Sternberg anschließend von ihrer Tochter oder Nellie, der Studiofriseurin, überbringen lässt.

An seinen Vorstellungen für die Umsetzung von perfekten Szenen zweifelt Marlene trotzdem nach wie vor nicht. Auch dann nicht, wenn die Konsequenzen blutig sind.

Heute wird die letzte Einstellung von Katharina der Großen gedreht. Eine Nahaufnahme, die sie beim Läuten der großen Glocke in der Kathedrale zeigt. Sie verkündet damit ihren Sieg und erklärt sich, nachdem das Militär den Zarenpalast gestürmt hat, zur Kaiserin der Russen. Um das glaubwürdig darzustellen, ist ein Zugseil an einem Flaschenzug befestigt worden. Mehrere Sandsäcke bilden das Gegengewicht.

Vor dem Dreh hat Marlene einmal testen wollen, wie viel Gewicht sie einsetzen muss, um den Flaschenzug zu bewegen, doch Jo hat es ihr verboten. Katharina würde es schließlich auch nicht wissen! Wo er recht hat, hat er recht. Also tritt sie nun in weißer Gardeuniform, ebensolcher Pelzmütze und mit Regimentsschwert ganz jungfräulich in die Kulisse des Glockenturmplateaus und an das Seil heran. Man wird nur ihren Oberkörper sehen, die Kamera filmt von außen.

»Licht!«

Marlene stellt sich auf ihre Position.

»Kamera läuft!«

Ein siegessicheres Lächeln erscheint auf ihren Lippen.

»*Scharlachrote Kaiserin*, Szene siebenundneunzig, erste Einstellung!«

Sie reduziert die Breite des Lächelns minimal.

»Aufnahme!«

Katharina bekreuzigt sich, streckt sich zu dem Seil, fasst es mit beiden Armen und zieht es bis zu den Knien hinunter. Am Ende hängt ein Mahagonikreuz, das ihr mit jedem Zug nach unten zwischen die Beine fährt. Wie makaber, denkt Marlene, aber das Publikum wird davon nichts sehen, denn auch der Kamera bleibt es verborgen. Viermal hat sie schon, viermal muss sie noch. Es ist weniger schwer, als sie es sich vorgestellt hat.

»Schnitt! Miss Dietrich, Sie befinden sich gerade im Kreml, da sollten Sie nicht so dümmlich grinsen, als hätten Sie gerade eine Pokerrunde gewonnen. Ein bisschen erhabener, bitte!«

Sie gibt ihm, was er will, aber auch noch nach dem zwölften Take ist Sternberg nicht zufrieden.

»Himmelherrgott noch mal, wollen Sie einen Thron besteigen oder nicht? Sie schauen wie eine verzückte Magd beim Melken auf der Alp!«

Wieder und wieder muss Katharina läuten. Langsam verkrampfen Marlenes Hände, die Armmuskeln schmerzen. Die Innenseiten ihrer Schenkel fühlen sich wund von den Stahlkanten des Kreuzes an, das ständig dagegen prallt. Aber da muss sie nun durch. Sie gönnt Jo nicht die Genugtuung, sie um ein Pause bitten zu sehen.

Wie viele Versuche sind es jetzt? Dreißig? Marlene steht der Schweiß in großen Perlen auf der Stirn, dabei schwitzt sie sonst nie! Nun bekommt sie doch eine Auszeit, widerwillig von Jo angeordnet, denn sie muss abgetupft und frisch gepudert werden. Auch die Lippen müssen neu angepinselt werden. Unbewusst muss sie darauf herumgebissen haben.

Und weiter geht es, immer weiter. Marlenes Arme zittern, jemand muss die Gewichte an dem Flaschenzug verdreifacht haben. Mindestens. Einige Einstellungen weiter geben dann auch ihre Beine nach. Wie in Trance macht sie trotzdem weiter. Schließlich verliert sie die Kontrolle über ihre Gesichtszüge; jedes Mal, wenn sie sich mit ihrem Gewicht in das Seil hängt, zieht sich der Mund zu einem schmerzverzerrten, aber stummem Schrei auseinander.

Das endlich ist es, was Sternberg will. In Katharinas Gesichtsausdruck kann man gleichzeitig Triumph und Wahnsinn angesichts dessen, was aus ihr geworden ist, hineininterpretieren.

»Schnitt! Bitte kopieren. Besten Dank, meine Damen und Herren!« Damit rauscht er vom Set.

Erleichtert schließt Marlene die Augen. Sie muss sich konzentrieren, das Seil wieder loszulassen, so fest sind ihre Finger darumgekrampft. Ihre Assistentin und Maria helfen ihr aus der Kulisse und bringen sie in die Garderobe. Solche Schwäche kennt sie von sich nicht, es braucht viel, um ihr die Energie zu rauben. Heute war es genug. Sie muss sich sogar von Maria und Nellie helfen lassen, das Kostüm auszuziehen.

»Um Himmels willen! Sie armes Ding!« Nellie bricht in Tränen aus und hält ihr entsetzt die Hose hin. Die Innenseiten sind blutgetränkt. Das Kreuz ist ihr schließlich bis unter die Haut gegangen. »*Der Studioarzt muss sich sofort Ihre Beine ansehen*!«

Doch das will Marlene nicht. »Unsinn, niemand soll davon erfahren, hört ihr? Kater, hol mir eine Schüssel mit heißem Wasser, einen Waschlappen und den Alkohol zum Desinfizieren.«

Nachdem sie ihre Wunden gereinigt hat, helfen Maria und Nellie ihr dabei, sie provisorisch mit Handtüchern zu verbinden.

Später, zu Hause, kocht Marlene ungarisches Gulasch mit Eiernudeln. Es ist das Lieblingsessen von Sternberg. Sie ruft ihn an und lädt ihn ein. Sternberg kommt, überrascht und reumütig angesichts ihres Humpelns.

Marlene kennt einen Weg, seine Reue noch zu vergrößern. »Mein Lieber, du hattest absolut recht damit, mich die Szene so oft wiederholen zu lassen. Mir muss es leid tun, *dass ich dir so viel Mühe gemacht habe.*«

Im Februar 1934 sind die Dreharbeiten zu *Die scharlachrote Kaiserin* beendet. Die Abschlussparty ist Geschichte, alle Geschenke wurden an die Mitarbeiter verteilt. Auch die ebenso obligatorischen wie nervigen Porträtsitzungen für die Filmwerbung sind irgendwann überstanden. Und so geht es für Marlene und Maria wieder nach Europa, nach Paris – zu Rudi und Tami. Dort gelingt es Marlene, die beiden davon zu überzeugen, nach Amerika zu kommen. Denn wer weiß schon, wie lange Europa noch sicher ist.

Weil Rudi ein Ausreisevisum nach Amerika benötigt, wird eine Reise nach Deutschland unvermeidlich. Also fährt das Ehepaar – mit bangem Herzen – nach Berlin, während Tami mit dem Kind in Paris bleibt.

Wenige Monate zuvor wurde eine Verordnung erlassen, die arischen Filmschaffenden im Ausland die Sabotage der neuen, judenfreien Kultur in Deutschland vorwirft. Den Verrätern droht Arbeitsverbot in ihrem Heimatland. Marlene, die blond und blauäugig der Prototyp des arischen Filmstars sein könnte, wird von Seiten der Presse vorgeworfen, in ihren Rollen ein völlig falsches Bild der Deutschen zu vermitteln. Doch noch gibt man die Schuld daran vor allem ihrem jüdischen Regisseur. Die Hintertür, sie vielleicht wieder nach Deutschland zurückzuholen, lässt man sich damit bewusst offen. Aber nun hat Marlene Angst, dass man sie vielleicht nicht mehr gehen lässt.

Dennoch ist sie froh, ihrer Mutter und Liesel nicht wieder eine Reise nach Österreich zumuten zu müssen und noch einmal die Gelegenheit zu haben, auch sie zum Ausreisen zu bewegen – freilich wiederum erfolglos. Also muss Marlene es bewerkstelligen, dass sie ohne Furcht vor Repressalien weiterhin in Deutschland leben können. Außerdem braucht Rudi das Visum. Die Lösung für beide Probleme steckt, hoffentlich, wie so oft, im Scheckbuch.

Am vierzehnten März gibt der Leiter der nationalsozialistischen Filmkammer eine Geste der Versöhnung durch Marlene bekannt: Sie hat eine *beträchtliche Summe für den Wohltätigkeitsfonds der Organisation gespendet.*

Nachdem diese Probleme zumindest vorerst gelöst sind – mit dem Geld hat sie, wie erwartet, Entgegenkommen geerntet –, taucht ein neues auf. Rudi beichtet ihr, dass Tami ein Kind erwartet. Marlene ist fassungslos. Warum hat diese Frau nicht aufgepasst? Es ist doch nicht so schwer, eine Schwangerschaft zu vermeiden. Ihr selbst ist das mit Hunderten Essigspülungen immer gelungen, wieso schafft Tami das denn nicht? Überstürzt brechen sie ihren Zwischenaufenthalt in Wien ab und fahren zurück nach Paris. Ein Baby, das geht nicht, das muss Rudi, das muss vor allem Tami doch verstehen. Rudi ist immer noch Marlenes Ehemann, und als solcher kann er kein Kind mit einer anderen haben. Tami wird von der Öffentlichkeit als Kindermädchen von Maria betrachtet, nicht mehr.

Aber Tami weint und weint. Sie ist zu sentimental, zu weich, und sowieso noch nie imstande gewesen, den Realitäten des Lebens ins Auge zu blicken. Marlene muss ganz deutlich werden.

Ein paar Tage später ist da kein Kind mehr. Nur Tamis Tränen bleiben.

Diesmal ist es der Luxusliner *Île de France*, der Marlene und das Kind zurück nach New York bringt. Tami hat sich zwar inzwischen wieder etwas beruhigt, doch Rudi hat noch einiges zu organisieren, bevor die Koffer gepackt werden können.

»Engel, du isst heute in der Kabine, ja?«, sagt Marlene, als sie aus den Bad kommt. »Ich muss auf eine dieser Partys.«

Das Kind, über ein Buch gebeugt, nickt bloß, es scheint ihm nicht viel auszumachen. Gut.

»Suchst du mir eben noch eine passende Kette aus? Sieh mich an, was passt?«

Das lange weiße Kleid schmiegt sich dicht an Marlenes Körper. Am dezenten Ausschnitt und an den Ärmeln ist es mit Perlen besetzt. Das Kind springt auf und greift eifrig in die Schmuckschatulle, die schon beinahe die Ausmaße einer Truhe hat. Heraus nimmt es einen schmalen, weißgoldenen Reif. »Bitte, Mami, alles andere wäre zu viel.«

Marlene muss lächeln. »Nicht schlecht.« Tatsächlich sieht es sogar sehr gut aus. »Bis später!«

Die *Île* ist seit Ende des ersten Weltkriegs der weltgrößte Schiffsneubau, und komplett im Stil des Art déco gehalten. Zum opulenten Speisesaal der ersten Klasse führt eine beige Marmortreppe hinunter.

Marlene schreitet durch die Tür und es geschieht, was immer geschieht, wenn sie einen Raum betritt: jedes Gespräch kommt zum Erliegen, niemand isst mehr, alle Blicke ruhen auf ihr. Sie wundert sich nicht mehr darüber, obwohl sie nie etwas dafür getan hat, solche Reaktionen herauszufordern.

Heute allerdings macht sie eine Ausnahme und setzt sich dramatisch in Szene: Am oberen Ende der Treppe bleibt sie für ein paar Sekunden stehen und schreitet erst dann langsam hinunter. Eine ganz bestimmte Person, die sie liebend gern kennenlernen würde, soll an Bord sein. Marlene will sichergehen, von allen wahrgenommen zu werden.

Die Dinner-Party wird von Ann Warner gegeben, der Frau von Jack Leonard Warner, Mitbegründer der *Warner Brothers Pictures, Inc.* Marlene zählt elf Gäste plus Gastgeberin, als sie an den Tisch tritt. Alle stehen auf, doch sie kann sich keinesfalls setzen.

»Meine Damen, meine Herren, verzeihen Sie bitte, aber mit mir wären wir dreizehn. Es tut mir sehr leid, aber ich kann mich nicht zu Ihnen an diesen Tisch setzen. Ich bin etwas abergläubisch, was das anbelangt.«

Nun müsste jemand aufstehen, den Tisch für sie verlassen, doch das geschieht nicht. Was nun?

Da schiebt sich plötzlich ein Riese neben sie. »*Setzen Sie sich. Ich werde der vierzehnte sein.*«

Marlene erkennt das kantige Gesicht mit dem breiten Schnauzer. Na bitte, das hat ja hervorragend funktioniert! Wie aus einem Reflex heraus fragt sie ihn dennoch: »Wer sind Sie?« Gleich darauf schilt sie sich für diese Dummheit.

Er zieht einen Stuhl vor und bedeutet ihr, Platz zu nehmen. »Hemingway der Name, Miss Dietrich. Bitte nennen Sie mich Ernest.«

Er setzt sich neben sie, und das Abendessen wird fortgesetzt. Vierzehn Personen dinieren nun an diesem Tisch, doch für sie und ihn sind auf den ersten Blick zwölf davon völlig bedeutungslos geworden. Sie haben einander gefangengenommen und kreisen nur umeinander.

»Ich habe eine der ganz billigen Kabinen«, gesteht ihr

Hemingway nach der Vorspeise. »Aber ein Freund aus der ersten Klasse leiht mir immer seinen zweiten Smoking und *schmuggelt mich zu den Mahlzeiten* in diesen Saal.«

Marlene wirft den Kopf in den Nacken und lacht herzlich. »Aber bitte, Sie wollen mich wohl verulken! Ihre Tage als armer Künstler sind doch wohl seit Ihren ersten beiden Romanen vorbei!«

Er schürzt nur die Lippen und zuckt mit den Schultern.

»Kommen Sie schon, geben Sie es zu. *In einem anderen Land* wurde doch kürzlich erst verfilmt! Liebend gern hätte ich die Catherine verkörpert, aber man ließ mich ja nicht. Ich habe schon das Buch geliebt!«

Hemingway küsst ihr die Hand. »Vielen Dank, Madame, für das Kompliment. Und sagen wir doch einfach, ich habe einen exklusiven Lebensstil. Auf den Transportmitteln, die mich dort hinbringen, wo ich ihn ausleben kann, brauche ich keinen Luxus.«

Dann erzählt er ihr, wo er gerade herkommt: von seiner ersten Safari in Ostafrika. Ein Vierteljahr lang hat er rund um den Kilimandscharo *Löwen, Büffel, Großantilopen und Nashörner gejagt*.

»Der Bauch des Schiffes beherbergt nun einige meiner Erfolge im uralten Kampf zwischen Mensch und wildem Tier.« Wieder nimmt er ihre Hand. »Dieses Land, man kann nicht anders, als es zu lieben. Die Zeit steht still, *manchmal so vollkommen still, dass man danach darauf wartet, zu hören, dass sie sich bewegt, und sie braucht lange, bis sie beginnt.*«

In Marlenes Augen kitzeln Tränen. Dieser Mann schafft es mühelos, ihre sentimentale Seite hervorzulocken. »Sie werden gewiss ein Buch darüber schreiben, nicht wahr?«

Er schaut sie an. »Ja, das werde ich. Und wissen Sie was? Ihnen schicke ich als Erste das Manuskript.«

»Das ist eine hervorragende Idee«, sagt Marlene und macht sich über die Nachspeise her, bei der sie inzwischen angelangt sind.

Als die beiden sich schließlich nach einem Spaziergang an Deck trennen, ahnen sie schon, dass sie etwas Besonderes verbindet. Ein Band, das nicht reißen wird, bevor einer von ihnen aufhört zu atmen. Für ihn wird *The Kraut* der beste Kamerad, verewigt in zwei Büchern, für sie ist er der *Fels von Gibraltar*. Dieses Band ist zu wertvoll, um es gedankenlos mit dem meist vernichtenden Zug einer Affäre zu belasten.

Nach ihrer Ankunft in New York bleiben Marlene und Maria noch eine Weile im *Waldorf-Astoria*. Die Zusammenkunft mit Hemingway hat ihr gezeigt, was Hollywood so fehlt: hohe Kultur und die Tiefe echter Intelligenz. Fortan umgibt sie sich mit Künstlern, bei denen sie genau das finden kann, gehört bald zum engeren Kreis von Dorothy Parker und F. Scott Fitzgerald.

Auch ihre Lektüre ändert sich. Zum ersten Mal gibt sie amerikanischer Literatur wirklich eine Chance. Goethe verschwindet von ihrer Nachtkonsole und wird ersetzt durch alles, was sie von Hemingway noch nicht gelesen hat, Fitzgerald, William Falkner und Sinclair Lewis.

Irgendwann jedoch muss sie wieder zurück in die Welt, in der Oberfläche Programm ist. Wenigstens kommen nun auch bald Rudi und Tami an.

Einen Film wird sie mit Sternberg noch drehen, dann soll es endgültig vorbei sein. *Die scharlachrote Kaiserin* wurde nach der Premiere im Mai von der Kritik zerrissen. Der Film ist dem Publikum und zum großen Teil auch den Kritikern zu extravagant, und so geschieht, was Sternberg wie ein Kamikazekrieger angekündigt hat: Wenn scheitern, dann richtig.

Auch *Paramount* ist von so viel *Künstlertum* nicht begeistert. Sternberg sieht seine Felle davonschwimmen, insbesondere weil Ernst Lubitsch, der führende Regisseur, immer mehr an Macht gewinnt und sich auch in seine Produktionen einmischt. Für die

Öffentlichkeit freilich erläutert er die Sachlange anders. Nach so vielen Filmen sei eine weitere Zusammenarbeit nur mehr Routine, und das würde ihrem künstlerischen Fortkommen mehr schaden als nutzen.

Marlene ist in den meisten Fällen zunächst von der Kritik nicht betroffen, da man Sternberg als verantwortlich betrachtet. Doch dann scheint es Mode zu werden, Häme über die großen Stars auszuschütten. So verkündet eine Kinozeitung: *Garbo verliebt! Dietrich verliebt! Sie sind verliebt in – sich selbst!*

Der neue Film wird wieder einer, in dem die Kostüme von größter Wichtigkeit sind, ein böses Omen, das die Beteiligten geflissentlich ignorieren. Für *Capriccio Espagnol*, das Lubitsch später gegen den Willen von Sternberg und sehr zu dessen Ärger in *The Devil is a Woman* umbenennt – in Deutschland wird der Film 1935 mit dem Titel *Der Teufel ist eine Frau* in die Kinos kommen –, muss Marlene zu einer Spanierin werden. Ein Unterfangen, das sich bei den Vorbereitungen als nicht so leicht herausstellt und an dem sie fast verzweifelt. Es fehlt das gewisse Etwas.

Doch Zeit ist unaufhaltsam. Am zehnten Oktober 1934 beginnen die Dreharbeiten.

Es ist nicht die Vaseline im Haar, die es dunkler erscheinen lässt, die aus Marlene die spanische Tänzerin Concha Perez macht, auch nicht die an die Stirn geklebte Locke oder die Spitze, die kiloweise in den Kostümen verarbeitet ist. Nein, es sind die in einem ganz besonderen Bogen geschwungenen Augenbrauen. Der Einfall kam ihr beim Zwiebelnschneiden zu Hause, rasch hat sie umgehend im Bad alle Brauen ausgezupft und ist dann mit Maria ins Studio gefahren. Dort hat sie das geplante Film-Make-up aufgelegt, vorsichtig als Krönung die beiden steilen Bögen mit Kajal gezogen und gesehen, es war gut.

Die Zufriedenheit dauerte jedoch nur so lange, bis ihr bei den ersten Probeaufnahmen auffiel, dass ihre Augen viel zu hell für die einer Spanierin sind. Auch für dieses Problem hat Marlene eine Lösung gefunden, und gleich will sie Jo damit überraschen, wenn er an den Set kommt.

Vorsichtig träufelt sie sich die Belladonna-Tropfen in die Augen. Ob es so reicht? Ach, zur Sicherheit lieber noch ein bisschen mehr. Marlene wartet, ihre Sicht verschwimmt. Ganz dicht muss sie sich den Handspiegel vor die Augen halten, um etwas zu erkennen. Aber die Tropfen wirken, die Pupillen sind erweitert, nun werden ihre Augen im Film dunkel aussehen. Den Gesamteindruck – das silberne Lamékostüm trägt sie bereits – sollte sie aber lieber noch einmal in ihrem großen Spiegel überprüfen.

Sie steht auf. Der Set ist ein einziges verschwommenes Halbdunkel. Doch da, da glänzt etwas! Tastend läuft sie darauf zu, stolpert über Kabel und rempelt an Scheinwerfern vorbei. Das Studio erscheint plötzlich riesig.

»Wo ist denn der verdammte ..?«

Es kracht, als sie in den Spiegel hineinläuft. Sie hält sich noch die Stirn, als sie plötzlich jemand am Arm fasst.

»Aber Mutti, was machst du denn? Ist alles okay?«

Maria ist da, wunderbar. Sie kann sie leiten. »Natürlich, Kind, ich muss bloß … Wo ist denn nur Jo?«

Doch sie wartet die Antwort nicht ab, sondern läuft weiter so gut wie blind durch das Studio. Neben ihr kracht es. Ein Standscheinwerfer ist zu Boden gegangen.

»Mutti, so warte doch!«

Aber sie geht weiter. »Jo? Bist du da?«

Ihre Hände ertasten eine Tür. Sie drückt die Klinke herunter und plötzlich sticht gleißendes Sonnenlicht die Augen aus. »Au! Wie bin ich denn nur auf die Straße gekommen?«

Dann ist Maria bei ihr, und zusammen mit der zur Verstärkung herbeigeeilten Nellie bringt sie ihre Mutter zurück.

Erschöpft nimmt diese auf ihrem Stuhl Platz. »*Diese Tropfen sind verrückt!*«

Schließlich muss sie Maria erklären, was es damit auf sich hat.

»Aber sag es nicht Jo, er soll doch überrascht sein von meinen dunklen Augen! Und nun helft mir. Führt mich zum Set und erklärt mir genau, wo die Kamera steht!«

Also gut. Sie stolpert los. Dass ein Kollege im Weg steht, hat ihr niemand gesagt … Immerhin ist der Aufprall weicher als der vor den Spiegel.

Jo ist natürlich gleich außer sich. »Was zum Teufel ist los mit dir, verdammt noch mal? Bist du betrunken?«

Sie weiß, sie muss es zugeben. So wird sie ohnehin nicht drehen können. »Ach Jo, ich wollte dir mit meinen spanischen Augen eine Freude machen. Aber mit den Tropfen in den Augen bin ich blinder als ein Maulwurf. So kann das nichts werden.«

Marlene blinzelt angestrengt. Ist es wirklich Milde, was sie da auf Jos Gesicht erkennt?

»Darling, warum hast du mir das nicht gesagt? Dafür hättest du dir nicht die Augen ruinieren brauchen. Für so etwas hast du doch mich.« Ruhig geht er zu dem Punktscheinwerfer, der auf sie gerichtet ist und dreht ihn minimal. »Klebestreifen, bitte!«

Während ein Assistent forteilt, reißt er ein Blatt aus dem Drehbuch und hält es vor den Scheinwerfer. Als ihm das Klebeband in die Hand gedrückt wird, hat er die richtige Position schon gefunden und fixiert das Blatt am oberen Rand der Lichtquelle.

»So, das hätten wir!«

Am nächsten Tag, als sie sich das Filmmaterial von gestern ansieht, ist Marlene einmal mehr von Sternbergs Genie überzeugt. Wie also könnte sie da seinem Vorschlag für die allererste Nahaufnahme des Film widersprechen?

Während eines Karnevalszugs beobachtet Conchas späterer Liebhaber sie aus der Ferne. Ihr Gesicht wird von einer Traube Luftballons verdeckt, daher schießt dieser mit einer Schleuder auf die Ballons. Als sie platzen, kommt ihr unbewegtes, unnahbares Gesicht zum Vorschein.

Nicht einmal mit der Wimper zu zucken, während Jo, der die durchaus riskante Aufgabe höchstpersönlich übernimmt, auf sie schießt, ist beinahe unmöglich. Was nichts anderes heißt, als dass Marlene es für ihn selbstverständlich möglich macht.

Trotz Sternbergs Beteuerungen will Marlene es nicht wahrhaben: *Der Teufel ist eine Frau* soll tatsächlich ihr letzter gemeinsamer Film sein. Sie versucht alles, um ihn noch einmal umzustimmen, will wissen, was sie falsch gemacht habe, wirft ihm vor, sie im Stich zu lassen, kocht seine Lieblingsspeise, das ungarische Gulasch, backt ununterbrochen Apfelkuchen für ihn und weicht ihm nicht mehr von der Seite. Als das nichts nützt, fährt sie noch einmal Liebesgeschütze auf. Alle anderen Verehrer werden vertröstet und vom Haus ferngehalten, damit sie auch privat möglichst viel Zeit mit ihm verbringen kann. Sie geht sogar so weit, ihn am Wochenende mit Maria zum Football zu begleiten. Doch es scheint, als möge er sich nicht mehr damit zufrieden geben, immer nur zeitweise der Mann an ihrer Seite zu sein. Am Ende: alles umsonst.

Dass er es die ganze Zeit vollkommen ernst gemeint hat, erfährt sie eines Morgens aus der Zeitung, die titelt: *Svengali & Dietrich – Die endgültige Trennung*. Atemlos liest sie seine Erklärung im Interview. *Miss Dietrich und ich sind zusammen gegangen, so weit es möglich war.* Und: *Alles, was ich über Miss Dietrich zu sagen habe, habe ich mit der Kamera gesagt.*

Was für ein hässlicher Zug von Jo! Zum ersten Mal ruft Marlene persönlich in Lubitschs Büro an und klagt ihm ihr Leid. Dieser freilich will nur von Sternbergs Frevel, nicht aber von seinem Genie hören, dem Marlene hinterhertrauert, schließlich hat er selbst einen großen Teil zu seinem Weggang beigetragen.

Er bietet ihr einen Vertrag an, der nun ihn selbst zu Marlenes Regisseur macht, und außerdem eine Schulter zum Ausweinen. Vorerst lehnt Marlene beides ab.

Wie propagandakonform die deutsche Presse die neuesten Meldungen interpretiert, lässt sie bald tieferen Einblick in die Methoden der Nationalsozialisten gewinnen, als sie sich bisher vorstellen konnte.

Die Tür zu ihrer Garderobe steht offen – Nellie richtet Marlene gerade die Haare für die nächste Szene –, doch der Mann, der plötzlich davorsteht, klopft dennoch formvollendet an und wartet, bis er hereingebeten wird.

»Miss Dietrich, dies hier darf ich Ihnen mit den besten Grüßen des deutschen Konsuls in Los Angeles überreichen.«

Er hält ihr einen großen Umschlag hin, doch sie bleibt in ihrem Stuhl sitzen und stoppt Maria, die die Sendung statt ihrer entgegennehmen will, mit einem Blick.

»Was ist das?«

Der Fremde lächelt beschwichtigend. »Nur eine Zeitung, Miss Dietrich. Mit einem Bericht über Sie.«

»Nun gut.« Ein Nicken, und Maria weiß Bescheid. Sie nimmt den Umschlag an und geleitet den Herrn wieder zu Tür.

»Welchen Film sie wohl diesmal wieder verboten haben?«, mutmaßt Marlene und packt die Zeitung aus. Doch auf der Titelseite prangt, von Reichspropagandaminister Dr. Joseph Goebbels persönlich veranlasst, etwas völlig Unerwartetes:

Applaus für Marlene Dietrich, die endlich den jüdischen Regisseur Josef von Sternberg entlassen hat, der sie immer eine Prostituierte oder sonstwie entehrte Frau spielen ließ, aber nie eine Rolle, die dieser großen Bürgerin und Vertreterin des Dritten Reichs zur Ehre gereichen würde.

Marlene soll jetzt ins Vaterland heimkehren, ihre historische

Rolle als Anführerin der deutschen Filmindustrie übernehmen und sich nicht als Werkzeug der Juden von Hollywood missbrauchen lassen.

»Mutti, du bist ja ganz blass!«

Rasch steckt Marlene die Zeitung wieder in den Umschlag. Das Kind soll das nicht lesen.

»Liebling, lauf los und hol Jo! Und sieh auch nach, wo Papi ist!«

Als Maria fort ist, macht sie sich Luft: »Das ist doch unerhört! Was bilden die sich ein, so etwas zu behaupten? Und ich kehre doch wohl gewiss nicht in ein Land zurück, das ein irrer Zwerg mit Wahnvorstellungen übernommen hat!«

Schließlich, nachdem die Wut auch ein paar Tränen hat fließen lassen, greift Marlene zum Hörer und ruft ihren Agenten an. Die Dreharbeiten werden unterbrochen, bis sie ihre wichtigsten Menschen alle beisammen und mit ihnen das weitere Vorgehen besprochen hat. Am Ende steht ein klares Fazit.

»Deutschland ist Vergangenheit für mich. Und damit das auch Herr Goebbels und Herr Hitler verstehen, beantrage ich die amerikanische Staatsbürgerschaft!«

Mitte Januar 1935 enden die Dreharbeiten zu *Der Teufel ist eine Frau*. Der Streifen wird Marlenes Lieblingsfilm; in ihrer höchst stilisierten Darstellung der Concha zeigt Sternberg sie so schön wie noch nie. Ihr Meister, der während ihrer Zusammenarbeit stets ebenso Puppenspieler wie Marionette war, hinterlässt ihr zum Abschied einen Nachricht auf einem Zettel: *Danke, es war himmlisch, auf Wiedersehen!*

Er ist fort, und nun unterschreibt Marlene auch den neuen Vertrag. Bevor *Der Teufel ist eine Frau* ins Kino kommt – von den Zensurorganisationen von dreiundneunzig auf sechsundsiebzig Minuten heruntergekürzt –, will *Paramount* noch einen

Werbegag für die Promotion des Films abdrehen. In dem Kurzfilm *The Fashion Side of Hollywood* wird Travis Banton interviewt und Marlene führt wie das Model aus früheren Tagen die Garderobe der Concha vor.

Gerade weil es sie an die alten Zeiten erinnert, amüsiert Marlene sich herrlich bei den Dreharbeiten. Es mag daran liegen oder auch der Tatsache geschuldet sein, dass Sternbergs Einfluss weggefallen ist, aber die Person, die in dem Film in die Kamera lächelt, ist nicht mehr nur *die Dietrich*, es kommt auch wieder die natürliche Marlene zum Vorschein, so wie sie zum letzten Mal im *blauen Engel* zu sehen war.

Als Lubitsch die Aufnahmen betrachtet, begreift er, dass es das ist, was der nächste Film mit seinem Star braucht. Weniger von der Göttin und mehr von dem Menschen.

Marlenes neuer Film, in dem Gary Cooper ihr Partner sein wird – jetzt, wo Jo weg ist, will er plötzlich gern wieder mit ihr arbeiten –, lässt jedoch auf sich warten. Die Wahl Lubitschs fällt zwar recht schnell auf eines seiner aus Europa eingekauften Projekte, doch es soll vier Monate dauern, bis Marlene wenigstens zwei Szenen von dem zu lesen bekommt, was die drei Schreiber bisher zustande gebracht haben. Noch trägt der Film den Arbeitstitel *The Pearl Necklace*, später wird er den so viel mehr verheißenden Titel *Desire (Sehnsucht)* erhalten. Eine leichte romantische Komödie, die auf einem Theaterstück von Hans Székely basiert und 1933 bereits in Deutschland unter dem Titel *Die schönen Tage von Aranjuez* verfilmt wurde. Die Hauptdarsteller waren Brigitte Helm und, in der französischen Version, ein Mann, von dem Marlene jetzt noch nicht ahnt, dass er in wenigen Jahren eine ihrer wirklich großen Lieben werden wird, wenn nicht die größte: Jean Gabin.

Nun also soll Marlene die Betrügerin Madeleine spielen, die

sich in Paris ein zwei Millionen Francs teures Perlencollier erschwindelt und es an der französisch-spanischen Grenze dem Autoingenieur Tom aus Detroit, gespielt von Cooper, unterjubelt. Um das Collier pünktlich bei ihrem Komplizen abliefern zu können, muss Madeleine es aber erst einmal wiederbekommen. Hinter der Grenze fingiert sie deshalb eine Autopanne, und Tom, ganz Gentleman, nimmt sie wie erhofft in seinem Wagen mit. Später fährt sie ihm auf und davon, doch am Ende, einige Irrungen und Wirrungen später, wird Madeleine von ihm gezähmt und findet sich als geläuterte Ingenieursgattin in Detroit wieder.

Marlene weiß noch nicht recht, was sie von einer Geschichte halten soll, die sich überwiegend in einem Auto abspielen wird, aber sie weiß umso besser, wie sich die Zeit vertreiben kann, bis sie es zu beurteilen vermag. Rudi und Tamara reisen zurück nach Paris, und Marlene begleitet sie samt Maria bis nach New York, um Interviews in den *Waldorf Towers* zu geben, ins Theater, in Nachtclubs und auf Premieren zu gehen.

Wieder zu Hause in Hollywood gibt sie ihrer mütterlich häuslichen Seite ausgiebig Raum und bekocht die Mitglieder der deutschen, britischen und französischen Emigrantenkolonien, die sich inzwischen in Los Angeles gebildet haben. Der Schauspieler Fritz Lang etwa liebt ihr Gulasch. Und weil Marlene selbst es ebenfalls liebt, beginnt sie viel und überraschend gut Tennis zu spielen, um ihre Linie zu halten.

Doch als ruheloser Geist verweilt sie nicht gern beim immer Gleichen, und so landet die Einladung zu einer Kostümparty des britischen Schauspielers Basil Rathbone und seiner Frau nicht wie die zahlreichen anderen zuvor im Papierkorb. Es ist vor allem das Thema, das Marlene fasziniert: Man soll *kommen als die Person, die man am meisten bewundert*. Sie überlegt und kommt zu dem völlig logischen Schluss, eine Person allein reiche für sie selbstverständlich nicht aus. Nein, sie wird als die mythologische Figur Leda gehen. Samt Schwan, in den sich einst der verliebte Zeus verwandelte, um die Dame seines Herzens zu betören und anschließend zu schwängern. Seit jeher steht Marlene für Androgynität. Vielleicht mag eine solche Verkleidung dem Betrachter auch Aufschluss über ihre Bisexualität geben, aber ihr ist das egal. Die Idee ist perfekt. Nun muss nur noch Travis ein ebenso perfektes Kostüm für sie schneidern – heimlich natürlich, und nachts, denn niemand soll vorher etwas erfahren.

Unzählige Stunden Arbeit werden in das Kostüm gesteckt. Das Ergebnis ist die Sensation auf der Party. Leda mit ihrem Kleid aus weißem Chiffon und ihren Korkenzieherlocken wird von einem nahezu naturgetreuen – von den smaragdenen Augen einmal abgesehen – Schwan umarmt, der seine Flügel vorsichtig um ihren Oberkörper und den langen Hals zärtlich um den ihren legt.

Das i-Tüpfelchen zu diesem Anblick ist Marlenes Begleitung, Elizabeth Allen, die in Frack und Zylinder die Dietrich gibt. Die beiden sind unlängst Freundinnen geworden; und während Allen für Marlene vor allem *eine süße Frau ohne Chichi* ist, sieht die fast dreißig Jahre jüngere Schauspielerin in Marlene tatsächlich ein Vorbild, dem es nachzueifern gilt. Die Presse freilich zeigt sich begeistert von diesem berichtenswert ungewöhnlichen Paar.

Neben alldem tritt auch ein neuer Mann in Marlenes Leben. Ein Mann, der, einst Star und Frauenschwarm, mit achtunddreißig Jahren bereits schwer von Alkohol und Depressionen gezeichnet ist. Ihre Aufgabe für das nächste halbe Jahr wird es sein, John Gilbert zu retten.

Marlene lächelt, als aus dem Grammophon das Glissando von Gershwins *Rhapsodie in Blue* ertönt. Es ist früh am Morgen, da ist ihr sonst nicht nach Musik, aber heute ist ja auch kein gewöhnlicher Tag. Gleich besucht John sie zum ersten Mal in ihrem Heim. Das Kind soll ihn kennenlernen, von nun an wird er häufiger zugegen sein.

Bei ihm ist Marlene in den letzten Wochen oft gewesen, hat ihm das Trinken so gut sie konnte ausgeredet, und wenn das nicht reichte, seine Flaschen versteckt und für die Zeit ihrer Abwesenheit seine Hausangestellten angewiesen, dasselbe zu tun. Schon bald wusste John die Alternativen zu schätzen, die sie ihm anbot: Hühnersuppe und Rinderkraftbrühe, am besten literweise, süß gekrönt von ihrem Apfelstrudel nach Geheimrezept und natürlich ihrer Zuneigung.

Es scheint, als hätte ihre Fürsorge den großen Stummfilmstar tatsächlich geheilt, der zuvor nicht darüber hinwegzukommen schien, durch sein Zerwürfnis mit *MGM*-Chef Louis B. Mayer künstlerisch nur noch sehr unbefriedigende Rollen angeboten zu bekommen, obwohl er zuletzt endlich auch im Tonfilm brilliert hatte. Sicher hat auch der Psychoanalytiker, den sie ihm besorgt hat, etwas damit zu tun, dass es ihm nun besser geht. Oder waren es die Abende, an denen sie mit ihm zum Tanzen ausging, die die Lebensfreude in ihm wieder aufflackern ließen?

John weiß, was er ihr zu verdanken hat. Gestern hat sie einen Liebesbrief in einer der leeren Thermossuppenkannen entdeckt: *Der Gedanke an Dich und die Sehnsucht nach Dir machen mich schwindelig. Ich liebe Dich. Du bist so süß, so großzügig, so edel. Wie schön wäre die Welt, wenn alle so wären wie Du.*

Beschwingt schlüpft Marlene in ihren Tennisdress. Das Outfit harmoniert hervorragend mit dem Gefühl, wieder ein verliebtes junges Mädchen zu sein. Dass John ein abgelegter Liebhaber der Garbo ist, stört sie nicht im Geringsten. Der Art Director Cedric Gibbons wird schon gewusst haben, warum er ihr ausgerechnet ihn auf seiner Party vorgestellt hat.

Marlene nimmt den Schläger und die Bälle. Sie ist so froh, dass John wieder zu Kräften gekommen ist! Dennoch wird sie ihn bei der Partie, die sie zusammen spielen wollen, nicht zu sehr auf dem Platz herumscheuchen. Draußen sitzt das Kind schon in der milden Morgensonne am gedeckten Frühstückstisch. »Guten Morgen, mein Liebling, ist es nicht ein wunderschöner Tag?«

Maria scheint ein wenig skeptisch angesichts der guten Laune ihrer Mutter, aber Marlene ignoriert die gerunzelte Stirn und ordert Toast und Bacon beim Dienstmädchen. »Und es fehlt auch noch Orangensaft!«, ruft sie ihr hinterher.

Als das Frühstück halb verspeist ist, beschließt sie, endlich mit der Sprache rauszurücken. »Liebling, weißt du, wer gleich vorbeikommt, um mit mir Tennis zu spielen? John Gilbert, der Stummfilmstar!«

Das Kind kennt sich bestens aus und bekommt große Augen. »Oh Mutti, darf ich schnell mein Autogrammbuch holen? Er wird mir doch was reinschreiben?«

Marlene lacht. Ihre Tochter ist verrückt mit ihrer Unterschriftensammelwut. »Aber natürlich wird er. Er ist ein netter Mann. Und so ein schöner noch dazu. Pass auf, wenn du ihm in die Augen schaust. Sie sind *wie glühende Kohlen.*«

Kaum ist Maria nach oben gestürzt, um ihr Buch zu holen, klingelt es auch schon an der Tür. John will Marlene einen Kuss auf den Mund drücken, doch sie wehrt ihn mit einem Blick zur Treppe ab. »Nicht doch, Jack, das Kind!«

Maria kennt nichts anderes als die wechselnden Männer, die in ihrem Haus ein- und ausgehen, doch Marlene ist überzeugt, dass ihre Tochter nicht ahnt, welcher Natur diese »Freundschaften« sind. Zu offenen Zärtlichkeiten lässt sie es in ihrem Beisein nie kommen, und sie ist doch wohl kaum alt genug, um von selbst etwas zu erahnen. Und so soll es auch noch eine Weile bleiben.

Wenn es nach Marlene ginge, würde sie sowieso viel lieber nur für John kochen und es ihnen beiden gemütlich machen. Doch den Männern ist *das ganze Getue im Bett* natürlich unendlich wichtig. Sie machen den Fehler, die Abwesenheit von Sex mit der Abwesenheit von Liebe zu verwechseln. Und nachdem sie Johns Körper eine Pause vom Alkohol verschafft hat, ist natürlich auch dieser spezielle Trieb wieder zum Leben erwacht. Wie könnte sie John also, da sie doch selbst die Hexenmeisterin gewesen ist, die das Kunststück vollbracht hat, diesen Gefallen verweigern?

Marlene scheucht die Gedanken fort, als könnte das Kind, das jetzt die Treppe herunterkommt, sie in großen Lettern von ihrer Stirn ablesen. Mit Genugtuung sieht sie, wie Maria das Tempo drosselt und ihre Aufregung zügelt, als sie sieht, dass der hohe Besuch bereits da ist. Mit leicht gesenktem Kopf kommt sie heran, hebt ihn erst, als sie die dargebotene Hand ergreift und einen artigen Knicks macht.

John zeigt ihr sein liebstes Lächeln. »Hey, weißt du was? Ich habe auch eine Tochter, sie ist ungefähr im gleichen Alter wie du und ebenso reizend. Sie heißt Leatrice, aber mein Kosename für sie ist Tinker. Mich nennen meine Freunde Jack. Und wie heißt du?«

»Maria heiße ich, Mister Gilbert. *Königin Christine* hat mir gut gefallen, aber mein liebster Film ist *Die große Parade*.«

»Was, den Film kennst du, ist das wahr?« John kann sich wohl nicht vorstellen, was ein Kind an einem Antikriegsfilm finden kann.

Marlene nimmt ihn am Arm. »Maria mag vielleicht aussehen wie zehn, aber im Kopf ist sie uralt, und außerdem hat sie Hollywood inzwischen in jeder Pore. Du solltest sie sehen, wenn sie mit mir am Set ist. Meine beste Beraterin in Kostümfragen.«

John schaut sie mit seinem versengenden Kohleblick an. »*Liebes … sie hat deine Augen.*«

Marlene lacht. »Ja, und ein Autogrammalbum hat sie auch, in das du deine Unterschrift setzen sollst. Aber das kann warten. Jetzt spielen wir erst einmal unsere Runde Tennis, und danach mache ich dir meine Spezialrühreier.«

Damit führt sie ihn in den Garten. John folgt ihr ohne Widerspruch, so wie es jeder Mann tut, der der Dietrich verfallen ist.

Je länger es dauert, desto mehr hadert Marlene mit dem neuen Film, von dem immer noch keine einzige Szene im Kasten ist. Sie spielt mit dem Gedanken, alles hinzuschmeißen, doch Rudi redet es ihr aus. Er weiß, sie brauchen das Geld. Egal, wie viel Marlene verdient, es fließt mindestens ebenso schnell nach allen Seiten hin weg, wie es hereinkommt.

Endlich beginnen die Kostümproben, und auch wenn für diesen Film nichts Außergewöhnliches zu kreieren ist, so bedeutet es immerhin wieder eine willkommene Abwechslung.

Diese hat Marlene auch räumlich gebraucht und eine neue Bleibe für sich und ihre Tochter gefunden. Sie wollte fort aus der schweren Düsternis des im spanischen Stil eingerichteten Hauses und hat es ersetzt durch ein Schlösschen im Benedict Canyon. Sie mietet es mitsamt dem Personal und einer Dogge von einer neugewonnenen Freundin, der Gräfin Dorothy di Frasso. Nachdem Gary Cooper für einige Zeit mit der Gräfin in dem prunkvollen Bau gelebt hat, der dem Besucher aus jeder Ecke zuwispert »Teuer ist nicht teuer genug«, wurde er ihr langweilig. Sie beschloss, nach Europa zurückzukehren und braucht das Haus nun nicht mehr. Marlene ist begeistert und gibt zum ersten Mal selbst feine Gesellschaften und lässt sogar die Presse eine Fotoserie schießen. Nur ein klein wenig eifersüchtig ist sie auf die Backkünste von di Frassos Koch. Charlie Chaplin leckt sich die Finger nach dessen Teekuchen.

Mit John Gilbert hat Marlene sich zwischenzeitlich überworfen, weil er wieder angefangen hat zu trinken. Doch sie will ihn nicht aufgeben und fasst einen neuen Plan. Sie verschafft ihm eine Rolle in *Desire*. Er soll Carlos Margoli spielen, den Chef der Diamantenbande.

Marlene tut alles, damit Gilbert bei den Probeaufnahmen gut wegkommt. Sie spielt in der Szene mit und hat mit Travis Banton extra dafür ein groß gemustertes schwarzweißes Kleid mit großem Hut entworfen, das die Betrachter von Gilberts Gesicht, das inzwischen wieder ein wenig aufgedunsen ist, ablenken soll. Außerdem sorgt sie selbst für eine schmeichelnde Beleuchtung, die die Falten verschwinden lässt. Der Plan geht auf, Gilbert bekommt die Rolle. Und selbst der Presse entgeht, dass sein erneuter Verfall längst begonnen hat. Louella Parsons schreibt in ihrer Kolumne: *Jack Gilbert, der mit seinem eigenwilligen Humor und seiner Respektlosigkeit gegenüber Studiogrößen fast seine Karriere ruiniert hätte, ist wieder ganz auf dem Damm.*

Doch bis die Dreharbeiten im Herbst endlich beginnen, wird Gilberts Zustand für jedermann offenbar. Er erleidet eine Reihe leichter Herzanfälle, sodass *Paramount* das Risiko zu groß und in Windeseile ein Ersatz für ihn gesucht wird. Den reibungslosen Ablauf der Dreharbeiten kann man schlichtweg nicht bewusst aufs Spiel setzen.

Marlene überlegt fieberhaft, was sie nun noch für Gilbert tun kann. Als würde sie ahnen, dass das kommende Weihnachtsfest sein letztes sein soll, will sie dazu beitragen, dass es ein besonders schönes für ihn und seine Tochter wird, die ihn über die Feiertage besucht. Marlene hat Tinker, dieses süße *Zuckerpüppchen*, sehr ins Herz geschlossen, aber wie so oft im Falle einer Trennung ist eine gewisse Entfremdung von Vater und Kind nicht ausgeblieben. Während der alljährlichen Geschenkeeinkaufsorgie für Verwandte, Freunde und Angestellte, die jedes Mal ein gefühlt leeres *Bullock's* hinterlässt, kauft Marlene alles, was das Herz eines kleinen Mädchens begehren kann. Gemeinsam mit Maria packt sie zu Hause die Sachen ein und bringt die Päckchen dann zu Gilbert, der selbst völlig damit überfordert gewesen wäre. Sie berichtet ihm kurz, was sie gekauft hat, damit er die Geschenke als die seinen ausgeben kann, gibt ihm einen Kuss und lässt ihn in dem Wissen, dass die Freude seine Kindes ihm das schönste Fest bereiten wird, wieder allein.

Sie soll mit allem recht behalten. Kurz vor Silvester erleidet

Gilbert einen erneuten Herzanfall und keine vierzehn Tage später folgt ein weiterer.

Diesmal wird er tödlich enden.

Fünf

Aus dem Gleichgewicht

1936
Neuland

Marlene schlägt die Augen auf. Es ist noch dunkel. Was hat sie geweckt? Im nächsten Moment weiß sie es. Neben ihr röchelt John, als würde er ersticken. Nicht schon wieder! Rasch knipst sie die Nachttischlampe an, wappnet sich in der einen Sekunde, die ihr noch bleibt, und dreht sich dann zu ihm um.

Bei seinem Anblick schlägt sie unwillkürlich die Hand vor den Mund. Sein Gesicht hat die trinkertypische Röte verloren und die Farbe verwaschener weißer Wäsche angenommen. Kalter Schweiß steht auf seiner Stirn, der Atem geht schnell und flach.

»Darling, oh Darling, was hast du denn? Was soll ich tun?«

»Nimm«, kommt es gepresst, »um Himmels willen diesen Felsbrocken von meiner Brust.«

Marlenes Panikherz flattert aus Angst um das seine. Einen so schlimmen Anfall hatte John noch nie. »Bleib ganz ruhig liegen, Darling, atme langsam und tief, einfach so wie beim letzten Mal. Ich werde dir Hilfe besorgen, hörst du?«

Aber John kann nicht hören, er muss atmen, und das fordert seine gesamte Konzentration. Marlene greift zum Hörer des Haustelefons und ruft den philippinischen Butler an. »Kommen Sie sofort, es handelt sich um einen Notfall, Mister Gilbert hat einen Herzanfall. Aber wecken Sie das restliche Hauspersonal nicht, sonst haben wir die Presse schneller hier, als uns lieb ist!«

Sie sollte nicht an die Journaille denken, während ihr Freund womöglich stirbt, aber Marlene kann nicht anders. Bis jetzt ist sie trotz ihrer zahlreichen Affären nie in einen Skandal verwickelt gewesen, sie ist für die Öffentlichkeit immer noch der untadelige verheiratete Weltstar und eine ebensolche Mutter. Natürlich kursieren Gerüchte, doch die bloßen Vermutungen der Leute sind gut fürs Geschäft. Schlecht dagegen ist es, ganz faktisch im Bett eines Liebhabers erwischt zu werden, im schlimmsten Fall kann es sogar den Vertrag und die Karriere kosten.

Der Butler stürzt herein, ringt die Hände und hat keine Ahnung, was er jetzt tun soll. Seltsamerweise hilft ihr das, ihre eigene Fassung wiederzufinden. »Gehen Sie ins Bad, machen Sie ein Handtuch nass und legen es ihm auf die Stirn! Ich werde telefonieren.«

John tastet wie blind mit einem Arm nach ihr. Marlene greift mit der einen Hand die seine, mit der anderen den Hörer des Telefons. »Bleib nur ruhig, mein Bester, ich rufe jetzt meinen Leibarzt an. Er ist der beste und er kann schweigen wie ein … Du weißt schon.«

Endlich hat sie den Arzt an der Strippe. Er kommt sofort, auch wenn er zugegeben hat, für solcherlei Notfälle nicht unbedingt gut gerüstet zu sein. Wenn er nicht weiterhelfen kann, wird der Butler den Rettungsdienst verständigen. Vorerst wird er unten auf das Eintreffen des Arztes warten.

Während der schier endlosen Wartezeit drückt John ihr vor Schmerzen die Hand blau. Mal wird er panisch und bäumt sich wie ein Wilder auf, mal liegt er so regungslos, dass sie es nur noch mehr mit der Angst zu tun bekommt. Bitte, Gott, lass ihn nicht sterben!

Endlich geht die Tür auf. Während der Arzt seine Untersuchung beginnt, ruft Marlene Nellie an. Vorausschauendes Denken und Sicherheitsmaßnahmen sind jetzt erforderlich. »Ich stecke bei Jack in Schwierigkeiten, erzähle später alles, jedenfalls kann ich nicht meinen Chauffeur herbestellen und du musst mich abholen, jetzt gleich!«

Die verschlafene Nellie braucht einen Moment, bis sie begriffen hat, doch dann kann sie ihrer Chefin den Befehl selbstverständlich nicht abschlagen, auch wenn sie gar nicht weiß, um was es geht. Marlene legt auf und wendet sich an den Arzt, der gerade eine Spritze aufzieht. »Wie geht es ihm, Doktor? Sagen Sie mir, dass er wieder in Ordnung kommt.«

Es ist kein hoffnungsfroher Blick, der ihr jetzt zugeworfen wird. »Ich fürchte, es ist ein schwerer Infarkt. Der Puls wird immer schwächer. Wenn sein Herz stehenbleibt, kann ich ihm Adrenalin hineinspritzen. Aber er muss in jedem Fall ins Krankenhaus. Wir müssen einen Rettungsdienst rufen.«

Marlene versteht. Sie nickt dem Butler zu, der sofort zum Hörer greift. Dann wendet sie sich an John: »Mein Liebling, du darfst nicht sterben, hörst du? Du hast mich gebraucht, aber in Wahrheit brauche ich dich doch genauso!« Keine Reaktion. Obwohl er die Augen halb geöffnet hat, scheint er sie nicht wahrzunehmen.

Die Presse fällt ihr wieder ein. Sie muss sehen, dass sie hier wegkommt, auch wenn es ihr das Herz bricht. John kann sie jetzt sowieso nicht helfen. Nein, sie muss ihre Spuren verwischen! Rasch nimmt Marlene einen Kopfkissenbezug aus dem Schrank und wirft ihre persönlichen Gegenstände hinein, die sie im Laufe mehrerer Besuche nach und nach wie Duftmarken im ganzen Raum verteilt hat: das Zigarettenetui und mehrere Feuerzeuge, ihr Adressbüchlein, ein Bild von Maria und oh, der Wecker! Auf dem Weg ins Bad klaubt sie ihre Kleidung auf. Die Toilettenartikel sind rasch mit dem Arm in den Bezug gefegt.

Atemlos fällt ihr Blick endlich ein letztes Mal auf John, der immer noch nichts mitbekommt. Sie muss gehen, was soll sie sonst tun? »Halte durch, Darling, ich besuche dich im Krankenhaus!« Im Gehen dreht sie sich noch einmal zu dem Arzt um. »Und zögern Sie bloß nicht mit der Spritze, wenn es nötig ist!«

Unten wartet Nellie schon mit dem Wagen. Wie zwei Ganoven auf der Flucht rasen die beiden Frauen zurück nach Beverly Hills. Kaum ist Marlene in ihrem eigenen Schlafzimmer angekommen, klingelt das Telefon. »Es tut mir sehr leid, Miss Dietrich. Die Spritze konnte ihn nicht retten. Als die Sanitäter ankamen, war er bereits tot.«

In Marlene ist alles taub. Nein, damit hat sie trotz allem nicht gerechnet. Sie hat ihn allein gelassen, er ist allein gestorben, denn was zählen schon ein Arzt und ein Butler? In der Stunde des Todes sollte es doch Liebe sein, die die Anwesenden verbindet, kein Arbeitsverhältnis.

Vier Tage lang gräbt Marlene sich in ihr Zimmer und ihre Trauer ein, nun ebenfalls allein und nur in Gesellschaft der zugezogenen Vorhänge, mehrerer Vasen mit Tuberosen und noch mehr *Votivkerzen in roten Glasbehältern*, arrangiert um ein großes Foto von John.

Das Furchtbarste steht jedoch noch bevor: das Begräbnis. Marlene kommt mit dem Ehepaar Dolores del Río und Cedric Gibbons, die sie in die Mitte nehmen und stützen müssen wie eine trauernde Witwe. Sie versteht sich selbst nicht mehr, kennt sich so nicht. In der Kirche dann passiert ihr sogar etwas, das sie bisher immer zu vermeiden gesucht hat, um die private Marlene nicht das Bild der Dietrich zerstören zu lassen: Sie verliert die Contenance und bricht zusammen. Es wird das einzige Mal bleiben, dass ihr so etwas in der Öffentlichkeit passiert.

Wer um ihr Verhältnis weiß, nimmt an, der Grund dafür könnte die Erkenntnis sein, dass es nicht nur der Alkohol, sondern womöglich auch all die fetten Speisen gewesen sein könnten, die mit zu Johns Ableben beigetragen haben. Diese Vermutung liegt nahe, schließlich kennt niemand den wahren Grund für Marlenes Untröstlichkeit. Doch sie weiß genau: Sie hat ihren Geliebten schlicht und einfach im Stich gelassen, um ihre eigene Haut zu retten.

Wie um eine Art Wiedergutmachung zu leisten, bemüht Marlene sich nun, für Tinker so etwas wie ein Ersatzvater zu sein. Sie geht mit ihr ins Kino oder ins Theater, überhäuft sie mit Geschenken und versucht ihr zu dem Erbe ihres Vaters zu verhelfen. Johns letzte Ehefrau Virginia Bruce hat ein altes Testament vorgelegt, in dem er ihr alles vermacht. Das neue ist verschwunden, doch Marlene kann schwören, es gesehen und gelesen zu haben.

Auch die Arbeit im Studio geht weiter, muss weitergehen. Nach dem unspektakulären Dreh von *Desire* – das einzig Erwähnenswerte ist die Tatsache, dass Marlene extra dafür Autofahren gelernt hat, damit das Schalten und die Bewegungen des Lenkrads authentisch wirkten – hat sie nur eine Woche frei gehabt. Sechs Tage vor Gilberts Tod haben die Dreharbeiten zu ihrem neuen Film *I Loved a Soldier* begonnen. Ein Projekt, übers Knie gebrochen und ohne Budget, Drehplan oder Skript gestartet, weil *Paramount* für das Jahr 1936 bereits zwei Filme mit Marlene Dietrich angekündigt hat und keine Zeit zu verlieren ist.

Unter diesen Bedingungen geht der Dreh nur schleppend voran. Zudem ist Marlene mit dem Produzenten Benjamin Glazer, den Lubitsch ihr vor die Nase setzt, nicht zufrieden, sodass schließlich Lubitsch selbst übernimmt und auch am Drehbuch bastelt. Am elften Februar konstatiert *Paramount*: Die bisherigen Drehtage haben bereits neunhunderttausend Dollar verschlungen. Eindeutig zu viel für zu wenig. Ernst Lubitsch wird gefeuert.

Marlene fasst es nicht und nutzt die Gelegenheit, aus ihrem Vertrag auszusteigen. *I Loved a Soldier* wird eines Tages gedreht werden, aber erst 1939 und unter dem Titel *Hotel Imperial* und mit einer völlig anderen Besetzung. Marlene verlässt *Paramount* und geht zur Konkurrenz in Culver City. David O. Selznick, ehemals Produzent bei *MGM*, hat eine eigene Produktionsfirma gegründet, *Selznick International Pictures*. Marlene zu engagieren kostet ihn eine Gage von 200.000 Dollar für zehn Wochen, was sie laut der *Time* zur höchstbezahlten Frau der Welt macht.

Während im April *Desire* erfolgreich in den Kinos anläuft und die Kritik den Film als *eine romantische Komödie voller Raffinesse und Charme* huldigt, *in der Marlene Dietrich die beste*

Leistung zeigt, seit sie zu anständig geworden ist, um ihre Beine zu zeigen und sie sich *aus Josef von Sternbergs künstlerischer Versklavung befreit* hat, macht sich Marlene also auf nach Yuma in Arizona, denn gedreht wird in der Wüste, im Buttercup Valley an der amerikanisch-mexikanischen Grenze. Auch Maria kommt mit, denn sie wird eine kleine Rolle in dem Film spielen.

The Garden of Allah (Der Garten Allahs) wird einer der ersten Filme in Technicolor mit Außenaufnahmen sein. Marlene wird Domini Enfilden spielen, eine junge Frau, die den Weg aus einer Lebenskrise in den einsamen Dünen der Sahara sucht. Sie findet den Trappistenmönch Boris Androvski, der mit seinem Gelübde hadert und aus dem Kloster geflohen ist. Die beiden verlieben sich und heiraten, ohne dass Domini etwas von der Vergangenheit ihres Geliebten weiß. Schließlich wird diese jedoch offenbar und so trifft das Paar eine qualvolle Gewissensentscheidung. Boris kehrt zurück ins Kloster.

Marlene findet die Geschichte absurd, sie kann verstehen, dass die Garbo diese Rolle abgelehnt hat. Auch hier beginnen die Dreharbeiten ohne ein fertiges Skript. Als sie endlich die ersten Dialoge lesen kann, weiß sie, dass der Film zum Scheitern verurteilt sein wird, zumal Selznick sich trotz ihrer energischen Fürsprache nicht auf Sternberg als Regisseur eingelassen hat. Der wenigstens hätte noch Kunst aus diesem Kitsch machen können. Mit Richard Boleslawski hingegen kann sie überhaupt nichts anfangen. Und aus irgendeinem Grund hat sie das Gefühl, ihrem Unmut dauernd Luft machen zu müssen. Als ob das noch etwas ändern könnte.

»Klopf-klopf!«, tönt es vom Eingang ihres Wüstenzeltes.

Marlene zündet die letzte Kerze an. »Aber bitte, kommen Sie doch herein!«

Sie hat in der Mittagspause den Dialog-Regisseur Joshua

Logan zu sich eingeladen. Die Dreharbeiten hier beginnen immer nachts um drei Uhr, weil es ab mittags mit Temperaturen um die fünfzig Grad zu heiß wird. Nicht etwa die Gesundheit der ohnehin von Insektenstichen und Durchfall geplagten Schauspieler ist der Grund für diese Maßnahme, es ist schlicht und ergreifend die Tatsache, dass die Filmrolle in der sengenden Sonne schmilzt und unbrauchbar wird.

Marlene meint, ein gewisses Knistern zwischen sich und Logan zu verspüren. Er hat ihre Einladung auch freudig angenommen, doch jetzt, nach dem Eintreten, sieht er so aus, als würde er am liebsten gleich wieder gehen. Weil sie John Gilbert immer noch nicht loslassen kann, hat sie einige Bilder von ihm im Zelt aufgestellt, und davor jeweils mehrere Votivkerzen. Sie versteht, dass das Logan einschüchtert und bemüht sich um eine plausible Erklärung.

»Wissen Sie, ich verehre Gilbert zutiefst, sowohl als Mensch als auch als Schauspieler. Vor allem im Stummfilm, da war er ein Meister!« Sie setzt sich auf ihr Bett und bedeutet Logan mit einem Klopfen auf die Matratze, ebenfalls Platz zu nehmen. Etwas schüchtern kommt er heran.

»Sagen Sie, finden Sie Boleslawski auch so fürchterlich wie ich? Er ist so unsensibel, besonders mit Frauen kann er überhaupt nicht umgehen. Und er hatte auch keine Ahnung, wie er mein einziges gutes Kostüm, diesen beigen Traum aus Chiffon, den ich heimlich mit Travis Banton entworfen habe, in Szene setzen soll. Pastell in der Wüste, es war mir klar, dass er sagen würde, das sei unmöglich. Zum Glück hatte ich vorgesorgt und schon mit jemanden telefoniert, der weiß, wie es geht. Dank Josef von Sternberg konnte ich auf einer dritten Kamera in Schwarz-Weiß bestehen, die die Bilder erst einmal in Licht und Schatten einteilt. Erst dann darf man nämlich die genaue Beleuchtung für die Farbaufnahmen einstellen. Er ist einfach ein Genie. Boleslawski ist bestenfalls Mittelmaß.«

Logan nickt einfach nur ergeben. Große Schweißperlen stehen ihm auf der Stirn. Er wird doch keinen Sonnenstich haben? »Und diese künstliche Oase, die sie hier bauen, ist wirklich lächerlich. Meinen die etwa, solche Palmen wachsen in Marokko?«

Logan nickt wieder und beginnt plötzlich zu schwanken.

»Joshua, was ist mit Ihnen?«

Statt einer Antwort verdreht Logan die Augen und fällt nach hinten auf das Bett. Er ist ohnmächtig, ist das zu glauben? Marlene fächelt ihm Luft zu. Er atmet, aber etwas Unterstützung könnte doch sicher nicht schaden. Sie beugt sich über ihn und drückt ihren Mund auf seinen.

Die Wiederbelebung funktioniert bestens. Erst Sekunden, nachdem Logan die Augen aufgeschlagen hat, lässt sie von ihm ab. Aus seinem Blick liest sie, dass er nichts gegen den Beginn eines Techtelmechtels einzuwenden hat. Sie selbst hat das, bei aller Trauer um Gilbert, natürlich ebenfalls nicht.

Doch wenn auch mitunter ein Verbündeter ausreichen kann, um eine Rebellion zu starten, so ist es doch besser, auf mehrere Pferde zu setzen. Marlene bittet also ebenso den Regieassistenten Willis Goldbeck in ihr Zelt. Bei ihm beschwert sie sich vor allem über die fürchterlichen Dialoge, die der Drehbuchautor Lynn Riggs sich ausdenkt.

»Wie soll ich denn bitteschön Sätze wie *Niemand außer Gott und mir selbst weiß, was in meinem Herzen vor sich geht* sagen, ohne in Gelächter auszubrechen? Und solch ein Schmu kommt andauernd!«

Natürlich schlägt Marlene auch Riggs in ihren Bann. Mit der Zeit wird er *eine Art Doppelagent*, der ihre und Selznicks Meinungsäußerungen von einem zum anderen trägt. Nachdem sie auch ihre Mitschauspieler aufgewiegelt hat, überbringt Riggs ihr ein wütendes Machtwort von Selznick, das eigentlich an Boleslawski gerichtet ist: *Ich bin bald am Ende meiner Geduld, wenn ich Kritik höre, die als gegeben voraussetzt, dass Schauspieler mehr von Drehbüchern verstehen als ich … Das ist es doch schließlich, wofür man ihnen Unsummen an Geld in den Rachen schmeißt.*

Nun gut, sie kann auch anders. Bei der Besprechung und Probe der aktuellen Dialoge am nächsten Tag sagt sie einfach gar kein Wort mehr. Später legt ihr Boleslawski einen Bericht der Produktionsabteilung vor, der besagt, dass ihretwegen *sieben Stunden und zehn Minuten* Drehzeit ungenutzt verstrichen seien. Marlene ringt das nur ein Achselzucken ab. Wenn sie an Emil Jannings denkt, so dürften diese – berechtigten! – Stunden doch wohl kaum dazu geeignet sein, ihr so etwas wie Starallüren zu unterstellen.

Für den Rest der Drehzeit beißt sie dennoch die Zähne zusammen und lässt die alte Disziplin wieder in den Vordergrund rücken. Augen zu und durch, so lautet die Devise ab jetzt. Schließlich will sie im Juli pünktlich in England sein, wo Ende des Monats schon der Dreh des nächsten Films beginnt, der sie mit einer Gage von 450.000 Dollar noch einmal in ganz andere Stardimensionen katapultieren wird.

The Garden of Allah wird tatsächlich pünktlich abgeschlossen, und Marlene macht sich umgehend mit Maria an Bord der *Normandie* auf den Weg nach Europa. In Southampton warten neben der Pressemeute nicht nur Rudi und Tami auf sie, sondern auch Studiomitarbeiter der *London Film Productions*. Marlenes neuer Arbeitgeber ist der Produzent und Regisseur Alexander Korda, und sie sind einander nicht unbekannt, wenn auch aus Zeiten, die Marlene inzwischen gern verschweigt. Er führte 1926 Regie, als sie in *Eine Dubarry von heute* noch eine *Kartoffel mit Haaren* war.

Im königlichen *Claridges* bezieht die Familie Quartier. Tami wird offiziell zu Marias Gouvernante erklärt und geht mit ihr auf Museumstour, während Marlene mit Korda und dem Regisseur Jacques Feyder erste Drehbuchbesprechungen abhält und ihren Filmpartner kennenlernt. Robert Donat soll in *Knight*

Without Armour, zu Deutsch *Tatjana*, den Briten Fothergill spielen. Als Russlandspion ist er an der Planung eines Attentats auf einen General beteiligt, in dessen Tochter Alexandra – gespielt von Marlene – er sich letztlich verliebt. Der Anschlag misslingt, Fothergill wird nach Sibirien verbannt und erst Jahre später nach der Oktoberrevolution wieder frei gelassen. Alexandra dagegen gerät nun wegen ihrer Herkunft in Gefangenschaft, aus der Fothergill sie schließlich retten kann. Der Rest des Films erzählt die hindernisreiche Geschichte ihrer Flucht.

Ob Robert Donat seinen Part tatsächlich wird spielen können, steht noch nicht fest, denn der Asthmatiker leidet in letzter Zeit immer häufiger unter schweren Anfällen, die ihm das Sprechen nahezu verunmöglichen. Als Marlene davon erfährt, drängt sich ihr Mutterinstinkt gleich in den Vordergrund. Sie ahnt, dass sie ihm mit ihrem Heilmittel für fast alles, der Kraftbrühe, nicht wird helfen können. Stattdessen hilft sie ihm unermüdlich dabei, eine Sprech- und Atemtechnik einzuüben, die das Asthma kaschiert. Donat muss seinen Text mit der Ausatemluft eines einzigen tiefen Atemzugs sprechen und während einer kurzen Pause erneut einatmen.

Die Übungen tragen Früchte, Donat kann die Rolle spielen, der Dreh beginnt. Marlene nennt ihn stolz ihren *Ritter ohne Rüstung*, während sie selbst zur *Gräfin ohne Rüstung* avanciert, als sie beim Dreh einer Badewannenszene auf einem Stück Seife ausrutscht und der versammelten Crew nackt vor die Füße fällt. Marlene nimmt es mit Humor, wie sie überhaupt schon seit Wochen bester Laune ist. Es stehen immer noch Votivkerzen neben einem Bild von John Gilbert, aber eine neue Liebe lässt sie sich wieder wie ein junges Mädchen fühlen.

Von dem Moment an, an dem Donat ihr seinen Freund und Schauspielerkollegen Douglas Fairbanks Jr. vorgestellt hat, können die beiden nicht mehr voneinander lassen. Die für ihre Diskretion bekannten Angestellten des Hotels tolerierten es, wenn Fairbanks bis vor Kurzem frühmorgens mit hochgeschlagenem

Mantelkragen das Hotel verließ oder manches Mal gar die Feuerleiter benutzte. Seit Drehbeginn wohnt Marlene der Einfachheit halber nun jedoch bei Fairbanks. In dem Haus am Grosvenor Square ist eine Wohnung freigeworden, in die sie offiziell einzieht, die aber in Wahrheit nur ihr Gepäck beherbergt, während in Fairbanks Penthouse-Wohnung ganz romantisch eng zusammengerückt wird.

Wenn Marlene nicht mit ihrem neuen Liebhaber zusammen ist oder mit ihm und seinen Freunden Ausflüge aufs Land macht, genießt sie, die seit jeher Sympathien für die Monarchie hegt, Stippvisiten in die Welt der Aristokraten; ist häufig zu Gast bei dem Herzog und der Herzogin von Kent. Deren Vornehmheit und ihre so wohlerzogenen Kinder mit untadeligen Manieren bringen Marlene auf die Idee, auch Maria täte der Besuch eines Internates gut. Da sie bisher aber keine Schule besucht hat und nur sporadisch unterrichtet wurde, ist klar, dass sie in England keine Aufnahmeprüfung bestehen wird. Das Kind soll sowieso vor allem endlich Französisch lernen. Also bittet Marlene Rudi, ein passendes Internat zu finden.

Die Wahl fällt schließlich auf die *Brillantmont* Schule in Lausanne. Bis zum Ferienende im September begleitet Maria ihren Vater und Tami zunächst nach Paris, damit die Mama ungestört drehen und lieben kann. Im Internat lebt Maria sich schnell ein, aber trotz stets erneuerter Vorsätze kann Marlene es sich nicht verkneifen, Maria ständig anzurufen, so sehr vermisst sie das Kind. Und noch etwas anderes trübt ihr Glück: Die Monarchie steht an einem Scheideweg.

»Das kann er doch nicht machen, er ist erst Anfang des Jahres König geworden! Es muss ihm doch klar sein, dass er es nicht bleiben kann, wenn er diese Dummheit wirklich begeht!« Marlene stellt ihren Drink auf Douglas' Tisch ab, dass es nur so knallt.

Seit Monaten schon ist die bereits einmal geschiedene und wieder verheiratete bürgerliche Amerikanerin Wallis Simpson immer öfter als Begleiterin des Königs gesichtet worden. Doch jetzt, im Oktober, hat sie die Scheidung eingereicht, und die US-Presse berichtet, die Heirat mit König Eduard VIII. stünde in Kürze bevor.

Douglas zieht Marlene an sich und gibt ihr einen Kuss auf die Stirn. »Duschka, du weißt doch selbst, dass die Presse schreibt, was sie will, ob es nun stimmt oder nicht.«

Marlene entwindet sich ihm. Sie hasst diesen Kosenamen. »Du sollst mich doch nicht immer so nennen! Außerdem kann ich es mir gut vorstellen, dass sie den armen Mann so richtig um den Finger gewickelt hat. Sicher ist sie *sehr gut, bei allem, was ihm so gefällt.*«

»Apropos …«, sagt Douglas und macht einen erneuten Versuch, sie an sich zu ziehen. Vergeblich. Marlene ist viel zu sehr in Rage.

»Gestern habe ich wieder bei den Kents zu Abend gegessen. Später im kleinen Kreis wurde der Skandal vorsichtig thematisiert. Ich habe zum Herzog gesagt, er solle mich nur mal zu Eduard schicken. Ich würde ihm diese Frau schon auszureden wissen!«

Douglas lächelt. »Und wie willst du das machen? Würdest du etwa den König verführen?«

»Natürlich! Ich wäre doch viel besser als diese vulgäre Frau!«

»Das ist wirklich süß, Darling, aber wie du weißt, bin ich der Meinung, dass du deine Verführungskünste am besten auf nur eine einzige Person einschränken solltest.« Douglas zeigt mit dem Finger auf sich. Natürlich, auf wen auch sonst?

Marlene springt auf und geht zum Telefon. »Hör doch auf mit dem Quatsch, ich meine es ernst. Es kann nicht sein, dass ein Mann die Krone wegen einer dummen Verliebtheit opfert. Ich unternehme jetzt etwas, bevor es zu spät ist.«

Sie ruft Briggs an, ihren Chauffeur, und beordert ihn, sie abzuholen, um sie zum Landsitz des Königs in Fort Belvedere zu bringen. Als sie ins Schlafzimmer geht, um sich umzukleiden, folgt Douglas ihr wie ein Hündchen.

»Du meinst es also wirklich ernst?«

Sie sieht in nur an.

Zwanzig Minuten später steht Marlenes 16-Zylinder-Cadillac abfahrbereit vor der Tür. »Wünsch mir Glück!«, ruft sie Douglas noch zu, bevor sie geht, doch gibt er ihr nur einen stummen Blick retour.

Während der Fahrt legt Marlene sich zurecht, was sie dem König sagen will, wirft es wieder um und ordnet es neu. So lange, bis der Wagen an den Toren von Fort Belvedere abrupt zum Stehen kommt. Wachen versperren die Einfahrt. Marlene kurbelt das Fenster herunter. »Lassen Sie uns ein, ich muss dringend mit Seiner Hoheit sprechen.«

Keine Reaktion.

»Kennen Sie mich nicht? Ich bin Marlene Dietrich. Und außerdem eine gute Freundin der Kents.«

Doch es hilft alles nichts. Ihre Rettungsaktion wird ausgerechnet von denjenigen ausgebremst, die den König beschützen sollen. Enttäuscht und mit angeknackstem Selbstvertrauen lässt Marlene sich wieder heimfahren. Dort bekommt ihr sehr erleichterter Liebhaber nun doch noch das, was eigentlich einer Hoheit zugedacht gewesen ist.

Marlenes Trauer über die verpasste Gelegenheit wird rasch durch ein Telegramm von Selznick abgemildert. Die Premiere von *The Garden of Allah* in der *Music Hall* war ein Ereignis, und Selznick glaubt, dass der Film ein großer Erfolg werden wird. Die Kritik preist das Werk als *Höhepunkt des Farbfilms*, Marlene ziert die Cover von *Time* und *Newsweek*. Wenn auch die Handlung von manchem Blatt als Schwachpunkt angesehen wird, so ist sie als Hauptdarstellerin der Pluspunkt, der die Waage zugunsten des Films ausschlagen lässt. Zu Thanksgiving im November verzeichnet die *Music Hall* ihr bisher besucherreichstes Wochenende.

Marlene ist froh darüber, obwohl sie ihre eigene Meinung über den Film viel eher in der Rezension des Schriftstellers Graham Greene wiederfindet, die dieser nach der Premiere in London schreibt: *Miss Dietrich flüstert heiser, stilisiert, müde und eintönig große Abstraktionen, und das alles inmitten scheußlicher Technicolor-Blumen, einer gelben, mit Kratern übersäten Wüste, die einen an Schweizer Käse denken lässt ...* Angesichts des Schlusses, der Rückkehr des Mönchs in sein Kloster, ahmt er höhnisch den Stil der Dialoge nach: *O weh! Meine arme Kirche, so pittoresk, so edel, so übermenschlich fromm, so ungeheuer theatralisch.*

Knight Without Armour ist seit Kurzem abgedreht, und Marlene ist auch mit diesem Film nicht sehr glücklich. Seine polierte Oberfläche wird vielleicht manchen täuschen, aber es fehlt ihm an innerer Tiefe und Wärme. Zwischen ihr und dem verheirateten Donat hat es kein Knistern, keinen Funken gegeben, so wie bei vielen anderen ihrer Filmpartner, was der Wirkung auf der Leinwand bisher immer äußerst dienlich war. Als Paar sind sie einfach nicht glaubwürdig, und wenn sie ehrlich ist, nimmt man Donat den rettenden Ritter schlicht nicht ab.

Ihr Produzent scheint außerdem vor dem finanziellen Ruin zu stehen, denn er schuldet ihr immer noch die letzten hunderttausend Dollar ihrer Gage. Nichtsdestoweniger ist er schon eifrig bei den Vorbereitungen zu der Verfilmung von Robert Graves' Roman *I, Claudius*. Ein anspruchsvoller historischer Stoff, der es sicher wert ist, verfilmt zu werden. Marlene hat eine hervorragende Idee. Sie wird Alexander Korda anbieten, auf die ausstehende Gage zu verzichten, wenn er dafür Sternberg als Regisseur anstellt.

Mit diesem Gedanken im Hinterkopf und der Freude über Marias Rückkehr aus dem Internat – für die Familienzusammenführung zieht Marlene wieder ins Hotel – lässt sich ihre Stimmung im Dezember nur durch zwei Dinge trüben: Die tatsächliche Abdankung König Eduards und Nazibesuch. Schon wieder.

»Aber Mami, er wird nicht weggehen, bevor du mit ihm gesprochen hast!«

Marlene sieht das Kind an. Bisher hat sie gedacht, sie könnte das Problem, das seit zwei Tagen in der Eingangshalle des Hotels wartet, einfach aussitzen, aber Kater könnte natürlich recht haben. Wenn er sein Anliegen vorgetragen hat, wird er sicher verschwinden, spricht sie nicht mit ihm, wird er sie weiterhin täglich an die sich ausbreitende braune Pest erinnern. Der Propagandaminister Joseph Goebbels hat ihr als Abgesandten den Drehbuchautor Rolf E. Vanloo geschickt, gewiss um zu prüfen, ob der abtrünnige Star nicht doch noch bereit ist, endlich seinem Vaterland zu dienen.

»Also gut. Soll er sagen, was ihm aufgetragen wurde und dann auf Nimmerwiedersehen!« Sie ruft bei der Rezeption an und lässt Vanloo hochschicken. Maria weist sie an, in ihr Schlafzimmer zu gehen. Das Kind muss nun wirklich nicht dabei sein.

Als sie die Tür öffnet, schlägt er die Hacken zusammen und reckt die Hand zu diesem ganz speziellen, lächerlichen Gruß. »Heil Hitler, Frau Dietrich!«

Marlene ist auf der Stelle todmüde. »Also bitte, was soll das denn? Kommen Sie herein und sagen Sie, was man Ihnen diktiert hat.«

Vanloo tut, wie ihm geheißen, und sieht sie mit leuchtenden Augen an. »Vielen Dank, dass Sie mich empfangen. Ich habe Ihnen ein wunderbares Angebot zu unterbreiten.« Er macht eine bedeutungsvolle Pause, der Marlene keine Zeit gibt, Wirkung zu entfalten.

»Und?«

»Sie wissen, dass unser Führer ein großer Bewunderer Ihrer Schauspielkunst ist und …«

Marlene unterbricht ihn lachend. »Meiner Schauspielkunst? Ich habe gehört, es sind wohl eher meine Strapse aus *Der blaue Engel*, die er bewundert!«

Vanloo errötet leicht. »Aber nicht doch, Frau Dietrich, es ist doch gerade diese Art der bloßen Zurschaustellung, die die jüdischen Regisseure mit Ihnen betreiben, die unser Führer zutiefst verurteilt. Eben weil das Ihr Können verhöhnt.«

Marlene weiß noch einen anderen Weg, ihn auszubremsen. »Ihnen ist doch sicher bekannt, dass ich die amerikanische Staatsbürgerschaft anstrebe?«

Eifriges Nicken bei ihrem Gegenüber. »Natürlich, aber Joseph Goebbels hat Vertrauen in Ihren urdeutschen Geist und weiß, dass es immer möglich ist, den rechten Weg wiederzufinden. Eben darum hat er mich mit dem Angebot hergeschickt, das ich Ihnen unterbreiten möchte.«

»Also gut, dann legen Sie mal los, bringen wir es hinter uns.« Marlene zündet sich eine Zigarette an. Mal sehen, was jetzt kommt.

»Ich schreibe und produziere ein Drama mit dem Titel *Tango Notturno*. Man bietet Ihnen die Hauptrolle der Sängerin Mado Doucet an. Sie haben die freie Wahl eines nichtjüdischen Regisseurs und Sie allein bestimmen die Höhe Ihrer Gage.« Als Marlene nichts sagt, spricht Vanloo weiter. »Und Ihre Rückkehr wird mit *einem triumphalen Einzug in Berlin durch das Brandenburger Tor* gefeiert werden. Alles vergeben und vergessen. *Der Führer möchte, dass Sie nach Haus kommen*, Frau Dietrich.«

Marlene nimmt einen tiefen Zug und stößt den Rauch in einem einzigen langen Ausatmen heraus. Dann drückt sie energisch die Zigarette im Aschenbecher aus und verschränkt die Arme vor der Brust.

»Niemals. Mehr habe ich nicht zu sagen.« Vanloo holt Luft,

um zu widersprechen. Marlene hebt abwehrend die Hand. »Nein, tun Sie das nicht. Kommen Sie, ich geleite Sie zur Tür. Nichts, was Sie noch sagen könnten, würde mich umstimmen. Nicht jetzt, nicht morgen und nicht nächstes Jahr. Richten Sie das bitte Ihrem Führer aus.« Erleichtert schließt Marlene die Tür hinter ihm. Hoffentlich war das jetzt das letzte Mal.

Doch Goebbels ist noch nicht bereit, die Tür hinter Marlene endgültig zu schließen. Er wird sie aus der Ferne weiter beobachten. Die Rolle der Mado Doucet allerdings wird Pola Negri übernehmen, die keinerlei Berührungsängste bezüglich des sie verehrenden Führers hat. Ganz im Gegenteil: 1937 geht das Gerücht einer Affäre zwischen den beiden um.

1937/1938
Kassengift

Marlene hat Sternberg für *I, Claudius* bekommen. Beim Dreh ist bald alles wie früher. Sternberg ist unausstehlich und schwingt seine Gerte, und die Reibung bringt zuverlässig kreative Funken hervor. Marlenes Kollege Charles Laughton aber hat Sternberg nichts entgegenzusetzen und wird dadurch umso mehr zu einem leichten Ziel für ihn. Laughton bekommt die Rolle des Claudius nicht in den Griff. Die Zeit vergeht, die Kosten steigen in furchterregende Höhen. Korda ist der Verzweiflung nahe, da kommt ihm eine Fügung des Schicksals, bei der man noch lange eine nachhelfende Hand vermutet, zugute: Merle Oberon, die Messalina, die dritte Frau des Kaisers, spielt, hat einen Autounfall, bei dem sie Gesichtsverletzungen erleidet, die, von der Presse als entstellend beschrieben, jedoch größtenteils verheilen, ohne dauerhafte Spuren zu hinterlassen. Der Unfall ist Grund genug, die Produktion abzublasen, und Korda heilfroh, nun seine Versicherung in der Pflicht zu wissen.

Für Sternberg, für den es seit der Trennung von Marlene als Regisseur nur bergab ging, ist das Ganze eine Katastrophe, die ihn vorübergehend in ein Sanatorium bringt, Marlene aber weiß schon, wie es für sie weitergehen kann. Fairbanks hat eine attraktive Rolle in Hollywood angeboten bekommen. Sie ermutigt ihn, diese anzunehmen und begleitet ihn zurück nach Amerika, zurück in das Haus der Gräfin di Frasso. Fairbanks wird ihr Nachbar; er mietet ein Haus am Ende der gleichen Straße. Und sie kehrt zu *Paramount* zurück, denn auch Ernst Lubitsch ist inzwischen wieder da. Marlene unterschreibt einen Vertrag über zwei Filme pro Jahr und ahnt nicht, dass sie schon in Kürze arbeitslos sein wird. Sie freut sich auf die neuen Filme in vertrauter Umgebung.

Am sechsten März steht noch ein anderes freudiges Ereignis an. Im neuen Regierungsgebäude in Los Angeles wird ihr Antrag auf die Erlangung der amerikanischen Staatsbürgerschaft endlich offiziell und öffentlich. Bevor sie dem Sternenbanner ihre Treue schwört, gibt sie, in robustem Kostüm und mit Filzhut, ihren Namen zum ersten Mal seit langer Zeit wieder mit Marie Magdalene Sieber an. Beim Geburtsdatum jedoch ist ein wenig Schummeln erlaubt. Sie nennt den 27. Dezember 1904 und macht sich damit drei Jahre jünger.

Die *Hearst Corporation* titelt die Schlagzeile *Desertiert aus ihrem Vaterland*, und *Der Stürmer* kocht und stellt fest, dass Marlene nach etlichen Jahren Kontakt mit *den Filmjuden Hollywoods völlig undeutsch* geworden sei. Das Fazit: *Ein hemdsärmeliger Richter nimmt Dietrich den Schwur ab, damit sie ihr Vaterland verraten kann.*

Nun beginnen auch die Dreharbeiten zum neuen Film, der *Angel* heißen wird. In ihrer neu eingerichteten Garderobe, für die *Paramount* als Dankeschön für ihre Rückkehr gewaltige weißflauschige Art déco-Sessel und eine ebensolche Chaiselongue spendiert hat, fühlt Marlene sich schnell wieder heimisch. Mae West und Travis Banton sind noch da, und auch die Thermoskannen mit Kraftbrühe finden noch ihre Abnehmer.

Weniger Freude macht ihr das hochgestochene Drehbuch. Lubitsch, der sich nie nur allein auf seine Autoren verlässt, arbeitet daran seit fast einem Jahr. Auch der sonst so große Enthusiasmus bei der Arbeit an den Kostümentwürfen lässt schnell nach. Dieser Film, diese Rolle, erfordert nichts Außergewöhnliches.

Marlene spielt Maria Barker, die Ehefrau eines britischen Diplomaten, die sich im Salon der russischen Großfürstin Anna in den Lebemann Anthony verliebt. Er hält sie für Anna, und auch, als die Verwechslung später aufgeklärt ist, geben die beiden einander ihre wahren Namen nicht preis. Für Anthony ist Maria nur *der Engel.* Als sich herausstellt, dass Anthony und Marias Mann sich nicht nur aus dem Krieg kennen, sondern

Anthony Barker auch von seiner Affäre mit dem unbekannten Engel erzählt, wird die Situation immer prekärer. Maria muss sich schließlich für einen der beiden entscheiden.

Marlene findet, die Rolle der bis auf ihren Seitensprung perfekten und rätselhaften Lady passe nicht zu ihrem Image als Sexsymbol; die Zuschauer wollen sie doch immer wieder als leichtlebiges Mädchen sehen. Stundenlang streitet sie mit Lubitsch über das Drehbuch, über einen Hut, den sie tragen soll, über immer nichtigere Dinge, bis sie schließlich schon vor Drehende nicht mehr mit ihm spricht.

Dabei steht eigentlich gleich wieder ein neuer Film an. *Paramount* hat die Rechte für das Theaterstück *French Without Tears* gekauft, um es zu verfilmen. Doch es soll nicht dazu kommen. Gleich drei Dinge sind es, die eine weitere Zusammenarbeit mit Marlene für die *Paramount* fragwürdig erscheinen lassen.

Die Zensurbehörde stört sich bei *Angel* an den Szenen, die eine verheiratete Frau beim Fremdgehen zeigen. Jede Sequenz, bei der auch nur der leiseste Verdacht auf Anstößigkeit bestehen könnte, muss entfernt werden. Doch auch danach ist man noch nicht zufrieden und fordert schließlich, der ganze Film müsse neu geschnitten werden. Schwindelerregende Kosten und die Ahnung, der bloße Rumpf des Films werde beim Publikum floppen, sind die Folge.

Außerdem geht das sich zu einem Fakt verdichtende Gerücht, der anfangs so vielversprechende *Garden of Allah* würde nicht einmal die Produktionskosten einspielen. Den Höhepunkt des Desasters stellt aber die Anzeige dar, die der Verband der studiounabhängigen Kinobesitzer Amerikas in allen Branchenblättern Hollywoods als ganzseitige Anzeige veröffentlicht:

Die folgenden Stars sind
GIFT FÜR DIE KINOKASSE
Joan Crawford
Bette Davis

Marlene Dietrich
Greta Garbo
Katharine Hepburn

Paramount beschließt, alle weiteren Projekte mit Marlene zwar noch nicht aufzukündigen, aber erst einmal auf später zu verschieben. Auch *Columbia*, die Marlene kurz darauf für die Rolle der George Sand in dem Film *A Song to Remember* über Frédéric Chopin engagieren will, und die *Warner Brothers*, die ihr eine Rolle in dem Remake von *One Way Passage* anbieten, machen letztlich einen Rückzieher. Damit ist Marlene schlagartig und zum ersten Mal seit Langem arbeitslos.

Privat unterliegt ihre intensive Beziehung mit Fairbanks von Beginn an zahlreichen Aufs und Abs. In einem Brief schreibt er ihr: *Ich glaube, dass Du unsere Beziehung und meine stürmisch intensive Hingabe an Dich als viel zu selbstverständlich angesehen hast.* Er spürt, dass sie ihm nie allein gehören wird und kann es auf Dauer nicht mit seinem Stolz vereinen, darauf zu warten, bis sie Zeit für ihn hat, um dann angelaufen zu kommen wie ein braves Hündchen. Es folgt eine Zeit der Funkstille, von der noch nicht klar ist, ob sie andauern wird.

Nun hält Marlene nichts mehr in Amerika. Nach einer kurzen Zeit in New York geht sie wieder an Bord der *Normandie*. Ihre Friseurin Nellie, die sich eine Auszeit von *Paramount* ja auch redlich verdient hat, nimmt sie gleich mit.

Für die nächsten Jahre wird das *Hotel Lancaster* in Paris ihr Hauptwohnsitz werden. In dem in einer Seitenstraße versteckten Hotel wird Diskretion großgeschrieben und ein Star in Ruhe gelassen. Die zahlreichen Fans, die sich bald schon in der kleinen Straße drängen, sodass kaum ein Durchkommen mehr für Autos ist, wissen anscheinend weder davon etwas noch von der

Tatsache, dass ein Kassengift doch wohl kaum für solche Aufläufe verantwortlich zeichnen dürfte.

Marlene beschließt, dass es erst einmal Zeit für einen richtigen Urlaub ist, und so macht sie sich mit Maria, Rudi und Tami im Zug über die Schweiz nach Österreich auf. Sie mieten ein rustikales Häuschen auf dem Land, von dem man annehmen könnte, Heidi müsse jeden Moment aus der Tür kommen und nach dem Geißenpeter rufen. Es gibt sogar einen Stall mit Hühnern und einer Kuh, und Gott sei Dank auch ein Bauernehepaar, das sich um alles kümmert.

Marlene kocht, Marlene backt, und manchmal sitzt sie auch auf der Bank in der Sonne vor dem Haus. Doch wenn die Ruhelosigkeit sie packt, lässt sie sich von Rudi nach Salzburg fahren, wo sie den Trubel der Festspielattraktionen genießt.

Das aufregendste Erlebnis dieser Wochen ist jedoch ein ganz elementares: Marlene wird Hebamme für eine Kuh.

»Papi, dein Vater hat ja richtig mit mir geflirtet, ist dir das eigentlich aufgefallen? Wird deine Mutter da nicht eifersüchtig?«, fragt Marlene, während der Wagen auf dem Weg zurück in ihr entzückendes Häuschen über die holprigen Straßen rollt.

Rudi, Maria und sie kommen gerade von einem Besuch bei Rudis Eltern in Aussig an der Grenze zur Tschechoslowakei. Einfache Leute, die angesichts Marlenes Berühmtheit beinahe in Ehrfurcht erstarrten. Rudis Antwort bestätigt ihr diesen Eindruck. »I wo, dazu war sie doch viel zu beeindruckt von dir.«

Marlene nickt. »Es waren schöne zwei Tage, aber ich bin froh, dass wir jetzt wieder zurück in unsere eigene Idylle fahren.«

Die Ankunft wenig später gerät jedoch wenig idyllisch. Als Rudi den Motor abstellt, werden gequälte Schreie hörbar. Sie kommen aus der Scheune. Der Bauer steht an der Wasserpumpe und pumpt wie besessen. Marlene steigt aus.

»Was ist hier los? Ist das Kalb schon da?«

Der Bauer hält kurz inne, um sich über die Stirn zu wischen. »Naa. Die Kuh is am Kalben, schon seit Stunden, aber's Keibl will net aussikimme!«

»Was sagt er?«, wendet sich Marlene hilfesuchend an Rudi.

»Na, das Kalb schafft es offenbar nicht von allein.«

»Du liebe Güte!«

Seit sie hier sind, hat Marlene aus unerfindlichen Gründen eine besondere Affinität zu dieser Kuh. Vielleicht sind es die großen, von langen Wimpern bekränzten Augen, vielleicht ist es die stoische Ruhe gewesen, mit der das Tier die Ruppigkeiten des Bauern ertragen hat. In den letzten Wochen ist sie oftmals früh aufgestanden, um ihm beim Melken zuzuschauen und das arme Tier zu beschützen.

Jetzt eilt sie in ihrem Kostüm in den Stall und stört sich nicht daran, dabei mit ihren Hochhackigen den Mist aufzuspießen. Der Blick der Kuh zeugt von Schmerzen, ihre Flanken zittern. Die Hufe des Kalbs schauen heraus, aber es geht keinen Zentimeter vorwärts.

Marlene krault das Tier an der Lieblingsstelle zwischen den Hörnern. »Alles wird gut, ganz ruhig, wir kriegen das schon hin.« Der Bauer kommt mit dem Wasser herein. »Sie müssen das hinkriegen, hören Sie? Tun Sie doch was!«

»Nix ander's hab i vor, gnä' Frau.« Er schüttet das Wasser über die Hufe, wischt den Schleim von ihnen. »I muss es aussiziehn.«

Er zieht, aber immer noch bewegt sich nichts. Die Kuh muht vor Schmerzen, die Augen groß wie Unterteller.

»Sei'n Sie doch um Himmels willen vorsichtig, Sie tun ihr doch weh! Das Kalb steckt fest!«

Der Bauer lässt sich, obwohl schon schweißüberströmt, nicht aus der Ruhe bringen. »Außer Ziehen kann I nix machen. Aber I hab a Idee.« Er wickelt Jutesäcke um die Hufe des Kalbs, um mehr Halt zu haben, und zieht erneut nach Kräften.

Nichts. Nur das gequälte Muhen der werdenden Mutter.

Plötzlich rennt Marlene los. »*Wir brauchen Öl!*« Draußen überholt sie Rudi, der noch mit dem Ausladen der Gepäckstücke beschäftigt ist. Im Haus reißt sie den Schrank auf, in dem sie ihre Kosmetikvorräte lagert. Da, *eine große Flasche Blue-Grass-Gesichtsöl von Elizabeth Arden*! »Perfekt!«

Zurück im Stall gießt sie das Öl zuerst über und in die Gebäröffnung. Dann packt sie eines der Beine des Kalbs. Zu dem verdutzten Bauern sagt sie: »Wir machen das jetzt gemeinsam, nehmen Sie das andere. Auf mein Kommando. Achtung, und los!«

Nichts tut sich.

»Und noch einmal. Achtung, und los!«

Ganz plötzlich löst sich der Widerstand, und in einem einzigen Rutsch gleitet das Kalb endlich hinaus. Marlene jubelt, aber lebt es denn auch?

Die Mutter wendet sich ihm zu und beginnt es abzulecken, offenbar wenig beeindruckt von dem penetranten Blütenduft, der nicht nur das Kalb umgibt, sondern sich im ganzen Stall ausbreitet. Aber das Kleine rührt sich nicht.

»Helf ma ihr!«, sagt der Bauer, nimmt etwas Stroh und beginnt das Kalb damit kräftig abzureiben. Marlene tut es ihm gleich, und dann, endlich, endlich kommt Leben in das Tier.

Als es schon nach wenigen Minuten auf wackligen Beinen steht, ist Marlene stolz wie damals auf die ersten Schritte von Maria. »Wissen Sie was«, sagt sie zu dem Bauern, »ich werde eine ganze Kiste von dem Öl aus New York bestellen. Dann sind Sie in Zukunft für solche Fälle immer gut gerüstet.«

Nach dem Sommer auf der Alp geht es für Marlene und ihren Anhang wieder nach Paris, das gerade die ganze Welt beherbergt. Die Weltausstellung, deren einstiges Bestreben es war, alle Völker unter einem Dach zu einen, ist in diesem Jahr allerdings eine einzige Propagandaschau. Die Pavillons der beiden Gegenspieler Deutschland und UdSSR sind Stein gewordene Muskelspiele, die sich auf dem Gelände der Ausstellung genau gegenüberstehen. Der deutsche Architekt Albert Speer hat eine Ehrenhalle von wolkenkratzerartigen Ausmaßen geschaffen, auf der ein sechs Meter hoher Adler mit einem Hakenkreuz und einem Eichenkranz in den Krallen thront. Mit seinem Blick hält er den Arbeiter und die Kolchosbäuerin ab, die, mit einer Größe von vierundzwanzig Metern mehr als halb so groß wie der Bau, auf dem sie platziert sind, Hammer und Sichel schwingend auf ihn zustürmen wollen.

In Spaniens Pavillon zeugt Pablo Picassos *Guernica* von den Schrecken des Bürgerkrieges und der Bombardierung der gleichnamigen Stadt durch die Legion Condor. Der Angriff ist ein erster völkerrechtlicher Verstoß der deutschen Wehrmacht, dem noch viele folgen sollen.

Großes Unbehagen ergreift Marlene beim Anblick dieser politischen Vexierbilder, und für den Moment möchte sie ihnen entkommen. Sie beschließt also, sich gemeinsam mit Maria, Rudi und Tami durch die kulinarischen Spezialitäten zu essen, die die anderen Pavillons zu bieten haben. Ab September wird ihre Tochter wieder im Internat sein; die Zeit bis dahin soll so langsam und unbeschwert wie möglich vergehen.

Doch wie immer fliegen die Wochen nur so dahin. Schon ist Maria fort, und auch Marlene macht sich am fünften September auf einen neuen Weg. Sternberg ist *eben erst aus dem Charing Cross Hospital entlassen* worden, und sie trifft sich mit ihm in Venedig, um dort die alljährlichen Filmfestspiele zu besuchen. Es geht ihm besser, er ist wieder voller Enthusiasmus und erzählt unentwegt von seinem Vorhaben, Regie bei der Verfilmung von Émile Zolas *Germinal* zu führen.

Sie verstehen sich gut, und Sternberg scheint auf ein Wiederaufleben ihrer Affäre zu hoffen. Doch dazu wird es nicht kommen: Eines Mittags tritt im Speisesaal des *Hotel des Bains* der

Mann an ihren Tisch, der das nach der Bibel am häufigsten verkaufte Buch geschrieben hat. Fast augenblicklich wird Sternberg zum fünften Rad am Wagen.

»Gnädige Frau, Herr von Sternberg, darf ich mich vorstellen? Erich Maria Remarque.«

Marlene ist entzückt. »Oh, was für eine wunderbare Überraschung.« Sie reicht ihm die Hand, auf die er gekonnt einen Handkuss haucht, der ihr einen wohligen Schauer vom Arm aus über den Rücken jagt. Wie schön einen Schriftsteller zu treffen, der neben seinem Talent auch noch über vollendete Manieren, eine kultivierte Stimme und so sanfte Gesichtszüge verfügt. Sofort ist sie hingerissen.

Sternberg weist den Kellner an, noch einen Stuhl an den Tisch zu bringen. »Setzen Sie sich doch zu uns, Herr Remarque.«

»Sehr gern. Sie erlauben doch, gnädige Frau?«

Marlene lächelt ihn an und nimmt eine Zigarette aus dem Etui. »Aber natürlich.« Dann beschließt sie, ihn ein wenig herauszufordern. »*Sie sehen viel zu jung aus, um eines der größten Bücher unserer Zeit geschrieben zu haben.*«

Remarque holt ein Feuerzeug aus der Tasche seines Jacketts und gibt ihr Feuer, das gar nicht nötig gewesen wäre, denn als Marlene ihre Hand beim Anzünden um seine legt, sprühen Funken. »Ich würde sagen, allein diese Worte aus Ihrem Mund waren das Schreiben schon wert. Doch leider bin ich alt genug, um dabei gewesen zu sein.«

»Ich habe ihr Buch gelesen, es ist erschreckend, grausam, kaum in Worte zu fassen. Wie haben Sie all diese Unmenschlichkeiten überhaupt überleben können?«

Remarque legt die Weinkarte beiseite, in die er eben einen Blick werfen wollte. »Lassen Sie mich da gleich etwas klarstellen. Ich war nur wenige Wochen an der Westfront und wurde dann von einer Artilleriegranate so schwer verletzt, dass ich den Rest des Krieges in einem Lazarett verbringen musste. Dort kam mir die Idee zu einer Erzählung, und ich befragte andere Soldaten, die wirklich an vorderster Front gekämpft hatten, nach ihren Erlebnissen und machte umfangreiche Notizen. Mir war klar, dass ich unbedingt *gegen den Militarismus in jeder Form seiner Auswüchse* kämpfen wollte, aber es dauerte zehn Jahre, bis ich zu *Im Westen nichts Neues* in der Lage war.«

Marlene zieht die Augenbrauen hoch. »Den Militarismus bekämpfen? Da waren die Nazis doch sicher hellauf begeistert, was?«

»Sagen wir es so, sie fanden, es ließe sich vortrefflich Feuer damit machen.«

Jetzt sagt Sternberg die ersten Worte, seit Remarque am Tisch sitzt. »Muss ein großes Feuer gewesen sein. Sie hatten doch schon nach elf Wochen 450.000 Exemplare verkauft. Wie viele mögen es drei Jahre später gewesen sein?«

»Ich fürchte«, sagt Remarque, »ich weiß es selbst nicht. Der Erfolg hat mich vollkommen überrumpelt, ganz ehrlich gesprochen verstehe ich ihn bis heute nicht.«

Marlene lehnt sich vor und legt eine Hand auf seinen Arm. »Unsinn, das Buch ist hervorragend und hat den Erfolg absolut verdient. Aber soll ich Ihnen etwas sagen? Ich mag Menschen, die ihr Licht unter den Scheffel stellen und sich selbst nicht für das Beste halten, was der Welt je passiert ist.«

Tiefe Blicke werden gewechselt, und Sternberg erkennt, dass er einmal mehr der Verlierer im Kampf um Marlenes Gunst sein wird. Mit einer fadenscheinigen Begründung entschuldigt er sich und schleicht davon.

Remarque ordert eine Flasche Dom Pérignon, und bald wird ihr Gespräch so vertraut, als kennten sie sich schon seit Jahren. Er beichtet Marlene, dass er insgeheim die Unsummen an Tantiemen, die ihm gezahlt werden – inzwischen ist das Buch in beinahe dreißig Sprachen übersetzt und verfilmt – für ungerechtfertigt hält, weil er *eigentlich überhaupt keine lesenswerten Romane schreiben könnte*. Er glaubt nicht daran, ein Leben in Saus und Braus verdient zu haben, und an den nächsten Roman sind so viele Erwartungen geknüpft, dass sich keine einzige Zeile davon schreiben lässt.

Marlenes Beschützerinstinkt ist geweckt. Wenn sie eines kann, dann gefallene Männer durch ihre Fürsorge und Bewunderung wieder aufrichten. Für den Rest des Tages weicht sie nicht mehr von Remarques Seite. Nach dem Essen gehen sie spazieren, *gehen über kleine gewölbte Brücken und lauschen dem Gesang der Gondolieri*. Später betrachten sie den goldenen Sonnenuntergang, der die Silhouetten der Häuser zum Glühen bringt. Und getanzt, getanzt werden muss auch, und mehr Dom Pérignon getrunken.

Der Rausch dieses Tages endet im Morgengrauen auf dem Weg ins Hotel mit einem Geständnis, das ernüchternd hätte wirken können, wenn es Marlene nicht sogar insgeheim erleichtert hätte.

»Übrigens«, sagt Remarque, *»damit wir das gleich klargestellt haben: Ich bin total impotent.«* Er scheint auf einen entsetzten Aufschrei zu warten. Als dieser nicht kommt, spricht er weiter. *»Aber wenn es gewünscht wird, kann ich natürlich eine ganz bezaubernde lesbienne sein.«*

»Ach, wie wunderschön!«

Remarque sieht Marlene an, als könnte er die Bedeutung ihrer Worte nicht recht verstehen. Sie zuckt übertrieben die Achseln, und mit einem Mal müssen sie sich ausschütten vor Lachen, man kann nicht sagen, wer anfängt, und sie müssen sich aneinander festhalten, um nicht umzufallen, und am Ende finden sie ihre Lippen zu einem innigen Kuss aufeinandergedrückt.

Als sie sich voneinander lösen, nimmt Marlene Remarques Gesicht in ihre Hände. »Wir werden heute einfach nur reden, ein bisschen zärtlich sein und miteinander einschlafen. Das ist doch das Schönste, was man sich vorstellen kann.«

Remarque nickt und reiht sich damit in die Riege praktisch aller Männer der Dietrich ein: Ihr Wunsch ist ihm Befehl.

In der nächsten Zeit sind Marlene und Remarque unzertrennlich. Gemeinsam reisen sie weiter nach Salzburg und kommen am vierundzwanzigsten September schließlich in Paris an. Remarque zieht mit ins *Hotel Lancaster* und bleibt dort, bis Marlene am zehnten November an Bord der *Normandie* geht, um in Amerika zu klären, ob der Film, den *Paramount* ihr noch schuldet, jemals gedreht werden wird.

Vorher jedoch muss sie aber noch einen unbequemen Gang direkt *in die Höhle des Löwen* auf sich nehmen. Da Marlenes Antrag auf die amerikanische Staatsbürgerschaft immer noch läuft, muss sie in der deutschen Botschaft in Paris ihren Pass verlängern, bevor sie wieder nach Amerika einreisen darf. Rudi will sie begleiten, doch sie lehnt sein Angebot ab. Sein aufbrausendes Temperament ist hier nicht gefragt, vielmehr muss sie sich bemühen, diplomatisch zu sein, um ihr Ziel zu erreichen. Schließlich ist es nicht lange her, dass sie die Nazis verärgert hat. Es wird ein adeliger Empfang. Neben dem Botschafter Graf von Welczeck sind es vier Fürsten, die versuchen, Überzeugungskraft auszustrahlen. Man ist äußerst nett zu ihr, ist selbstverständlich bereit, den Pass zu verlängern, doch auch eine Botschaft hat man ihr zu übermitteln. Natürlich dreht sich alles darum, Amerika den Rücken zu kehren. *Ein einziges Wort des Führers*, und jeder ihrer Wünsche würde erfüllt, heißt es, wenn sie zurückkäme.

Marlene sucht einen Mittelweg, der den Stempel in ihrem Pass nicht gefährdet, also behauptet sie, ihr Heimatland selbstverständlich noch zu lieben und sehr gern käme, wenn ihr dabei Sternberg als ihr bester Regisseur zur Seite stünde, was aber leider aufgrund der deutschen Politik wohl kaum möglich wäre.

Der Botschafter begeht die Frechheit, Amerika eine Lügenpresse zu unterstellen, denn es gäbe überhaupt keinen Antisemitismus in Deutschland.

Marlene weiß kaum mehr, was sie sagen soll, gibt aber vor, Welczeck zu glauben. »*Nun, dann ist ja alles in Ordnung. Ich werde das Ergebnis Ihrer Verhandlungen mit meinem Regisseur abwarten.*«

Joseph Goebbels wird eine ziemlich zurechtgebogene Version von Marlenes Botschaftsbesuch erreichen. Am siebten November notiert er in sein Tagebuch: *Marlene Dietrich hat in Paris in unserer Botschaft eine formelle Erklärung gegen ihre Verleumder abgegeben mit Betonung, dass sie Deutsche sei und bleiben wolle. Ich werde sie nun in Schutz nehmen.*

Marlene hingegen, die froh ist, mit zitternden Beinen die Botschaft verlassen und wieder französischen Boden betreten zu können, kauft sofort ihr Ticket für die Überfahrt. Am nächsten Tag jedoch haben die Nazis noch einmal eine Überraschung für sie parat.

Schon das energische Klopfen an der Tür ihrer Suite verheißt nichts Gutes. Marlene sitzt gerade mit ihrem Mann und Remarque zu einem Plausch zusammen.

»Geh du nachschauen, Rudi!«

Rudi geht, sie hört eine tiefe, zackige Männerstimme und dann Rudi, wie er sagt: »Einen Moment bitte, meine Frau muss sich eben etwas überziehen.«

»Wer ist das nur, Boni?«, flüstert sie Remarque zu. Normalerweise wird hier doch jeder Besuch penibel angekündigt.

Rudi hat die Antwort. »Da steht der außerordentliche Botschafter des deutschen Reichs, Joachim von Ribbentrop, zusammen mit zwei stiernackigen Uniformlern.«

»Was wollen die denn jetzt noch? Wie zum Teufel haben sie

es hier heraufgeschafft?« Marlene wird erst zornig, dann panisch. Was ist, wenn sie wegen Boni hier sind? Er ist in Deutschland schwer in Ungnade gefallen. Keinesfalls dürfen sie ihn hier finden! Schnell greift Marlene nach seinem Zigarettenetui und dem Glas. »Los, du musst dich verstecken! Ins Bad!«

Um ganz sicherzugehen, schließt sie die Badezimmertür noch ab, bevor sie die Herren Nazis einlässt. Die beiden Stiere warten im Vorraum, während Ribbentrop noch einmal, wahrscheinlich wegen ihrer scheinbaren Zugänglichkeit auf der Botschaft, schmeichelnd Verlockendes über das berichtet, was sie nach einer Rückkehr erwarten würde.

Marlene hört kaum hin, weil sie immer nur an den im Badezimmer schmorenden Remarque denken kann, und hofft inständig, dass Ribbentrop keine schwache Blase hat. Sie hat nicht übel Lust, jetzt Klartext zu sprechen, schließlich hat sie den Stempel in ihrem Pass sicher. Aber sie muss nach wie vor auch an ihre Familie in Deutschland denken, der nichts geschehen darf.

Wie in Trance schafft sie es, ihn mit geschwindelten Beteuerungen vorerst zufriedenzustellen. Erleichtert schließt sie die Tür und bleibt erschöpft dagegen gelehnt noch ein paar Minuten stehen und horcht. Zur Sicherheit öffnet sie sie noch einmal. Kein Mensch ist mehr auf dem Flur.

»Papi, du kannst Boni jetzt aus dem Bad lassen!«

Der Remarque, der dann aus dem Bad kommt, ist jedoch kein erleichterter, sondern vielmehr ein ungekannt wütender. »Was fällt dir ein, mich einzusperren, Marlene, tu das nie wieder, hast du verstanden? Ich bin doch *kein ungehorsames Kind und auch nicht so dumm, mich aus schierer Tollkühnheit echten Gefahren auszusetzen*!«

Marlene versteht nicht, was er hat. »Na, hör mal, ich wollte doch nur sichergehen. Hätte doch auch sein können, dass er ganz plötzlich reingegangen wäre! *Ich hatte doch nur Angst um dich*, mein Liebster.«

Rudi verlässt vorsichtshalber die Suite unter dem Vorwand, das Personal fragen zu wollen, woher die Herrschaften wussten, wo sie die Dietrich finden konnten. Doch so schnell, wie er gekommen ist, so schnell verraucht Remarques Zorn bei Marlenes Worten auch wieder. Aber sie will sich noch weiter erklären.

»Sie werden ungeheuer wütend auf dich sein, weil du als Nichtjude Deutschland verlassen hast. Vielleicht sind sie wirklich gekommen, weil sie irgendwie Wind von dir bekommen haben.«

Remarque fasst sie beschwichtigend am Arm. »Aber ja doch, mein Liebling, es ist doch schon wieder gut. Komm, wir setzen uns.«

Er zündet ihnen beiden eine Zigarette an und eine Weile sitzen sie schweigend. Dann sinniert Marlene: »Weißt du, ich kann eh nicht so recht glauben, dass dieser grässliche Hitlerzwerg mich zum großen Star des Deutschen Reichs machen will, nach all dem, was schon passiert ist. Ich denke, er will mir bloß, und zwar schon seit er mich in *Der blaue Engel* gesehen hat, unbedingt *an die Spitzenhöschen*!«

Falls es noch eine Restspannung zwischen ihnen gegeben hat, entlädt sie sich jetzt explosionsartig in schallendem Gelächter Remarques, in das sie einfällt, bis sie sich mit Tränen in den Augen in den Armen liegen.

Marlene ist zufrieden. Jetzt ist wirklich wieder alles gut.

Am zehnten November geht Marlenes Schiff. Nicht nur ihre Familie, auch Remarque bleibt zurück. Um die Sehnsucht nach ihm zu stillen, geht Marlene in New York ein bedeutungsloses Techtelmechtel mit einer Frau namens Beth ein, das ihre Stimmung jedoch nicht aufhellen kann. Sie vermisst auch Maria, die Amerika so liebt und sonst immer dabei gewesen ist.

Von *Paramount* gibt es keine guten Nachrichten. *Knight Without Armour*, der schon im Juli angelaufen ist, hat sich bereits als Flop erwiesen, und bei *Angel*, der im November in die Kinos kommt, scheint es nicht anders zu sein. Die Kritiken loben den Film zwar, die *Variety* hält ihn gar für *einen der besten Filme, die Lubitsch je gemacht hat*, doch das Publikum lässt die Kassen lieber bei anderen Produktionen klingeln. Dementsprechend fallen auch die Gespräche mit *Paramount* aus.

Am dreißigsten November schreibt Marlene in einem Brief an Rudi: *Liebster, ich werde versuchen, dir einen sachlichen Brief zu schreiben, denn wenn ich zu jammern anfange, ist es schwer für dich. Erstens mal fängt der Film, den mir Paramount schuldet, nicht vor Februar an, und vielleicht wird er überhaupt nicht gemacht, denn wenn sie wöchentlich extra Gage zahlen müssen für den Film, können sie ihn nicht durchhalten.*

Zum Jahreswechsel und darüber hinaus ergibt sich nichts Neues. Ende Februar 1938 läuft Marlenes Vertrag aus. Die Lösung, die sich anbahnt, ist zumindest nicht die schlechteste. Wieder schreibt sie an Rudi: *Ich habe den diskreten Tipp bekommen, dass sie bereit sind zu zahlen, womit die Sache beendet wäre, dass ich aber, um den Schein zu wahren, einen Anwalt brauche, der ihnen schreibt, etc. Die 250.000 Dollar werden uns eine Weile über Wasser halten. Ich muss glauben, dass Hemingway recht hatte, als er sagte, dass es nicht nur durch Jo so kam, sondern dass viel auch aus meinem Inneren kam.*

Rudi gegenüber kann sie auch zugeben, dass sie inzwischen Angst hat. Sie tut alles, um nach außen weiterhin gut gelaunt, mondän und beschäftigt zu wirken, denn wenn man in Hollywood erst einmal als arbeitsloser und damit ehemaliger Star gilt, ist alles vorbei.

Um der Einsamkeit zu entfliehen und die Angst vergessen zu machen, nimmt Marlene nun das Verhältnis mit Douglas Fairbanks wieder auf. Gleichzeitig pflegt sie einen intensiven romantischen Briefwechsel mit Remarque, der abwechselnd in Paris und in seinem Haus in Porto Ronco am Schweizer Ufer des Lago Maggiore weilt. Ende Januar 1938 heiratet er seine erste Frau, die Tänzerin Ilse Zambona, ein zweites Mal. Es ist keine und irgendwie doch eine Liebesheirat, denn er ermöglicht ihr damit die Immigration in die Schweiz und somit später auch das Asyl in Amerika.

Eine Entscheidung, die nicht zu früh kommt, denn Monate später, am zwölften März, dreht das Rad der Geschichte sich ein Stück weiter. Hitler lässt seine Wehrmachtstruppen in Österreich einmarschieren. Einen Tag später wird das *Gesetz über die Wiedervereinigung* Österreichs mit dem Deutschen Reich unterzeichnet. Wiederum einen Tag später lässt Hitler sich auf dem Heldenplatz für die »Befreiung« seines Vaterlandes frenetisch bejubeln.

Marlene will wieder zu den ihren. Am dritten Mai trifft sie im *Lancaster* ein, wo sie ein stürmisches Wiedersehen mit Remarque feiert, der drei Tage vor ihr angekommen ist. Seine Ankunft ist bereits in ihrer Suite unverkennbar: weißer Flieder füllt sie scheinbar bis unter die Decke, begleitet von einem Liebesbrief und mehreren Kisten Dom Pérignon.

Ihrer Tochter stellt sie ihn als *brillantesten Schriftsteller unserer Zeit* und guten Freund vor, aber sicherheitshalber engagiert sie eine Gouvernante und bringt Maria zeitweise in einem anderen Hotel unter. Sie ist inzwischen dreizehn und alt genug, vielleicht zu merken, was vor sich geht. Wie so viele Mütter ist Marlene ein wenig blind für das, was ihre Kinder tatsächlich schon lange mitbekommen.

Die Sommerferien verbringt Marlene mit der erweiterten Familie an der Côte d'Azur. Im *Hôtel du Cap d'Antibes* bezieht sie mit Remarque, der kurz zuvor aus dem Deutschen Reich zwangsausgebürgert worden ist, Rudi und dem Gepäck mehrere ineinander übergehende Suiten. Tami, die inzwischen mehrere

Sanatoriumsaufenthalte auf Marlenes Kosten hinter sich hat, sich aber immer nur kurzzeitig erholt, bekommt ein Zimmer an der Seite der Koffer, Maria eines neben ihrer Mutter.

In dem weißen Prachtbau trifft sich, wer Rang und Namen hat. Abends werden regelmäßig Gesellschaften und Bälle in den Sommerhäusern oder im nahe gelegenen Cannes gegeben und der neuste Klatsch verbreitet. Die Tage aber unterliegen dem Projekt, die perfekte Sonnenbräune zu erlangen – schließlich steht kein Film an und Marlene muss nicht auf einen vornehm blassen Teint achten. Täglich geht es samt Anhang vom Hotel aus hundertfünfzig Treppenstufen hinab zu ihrem privaten Felsenplateau, wo schon die Liegestühle und das weiß-rote Badezelt bereitstehen. Dann macht Maria mit ihrem selbstgemixten Badeöl die Runde – einer Spezialmischung *aus feinstem Olivenöl und Jod mit einem Schuss Weinessig* – und der Müßiggang kann beginnen. Zur Abwechslung und für das ein oder andere romantische Stelldichein mietet Marlene außerdem eine Hütte am Strand.

Remarque allerdings zieht sich häufig in sein kühles Hotelzimmer zurück, um wieder zu schreiben. Jetzt plötzlich arbeitet er an zwei Büchern gleichzeitig: Er schreibt an dem Roman *Liebe Deinen Nächsten* und entwirft erste Skizzen zu *Arc de Triomphe*.

Marlene freundet sich indessen mit der Kennedy-Familie an. Der amerikanische Botschafter in London, Joseph P. Kennedy, bewohnt mit seiner Frau und den neun Kindern eine Villa in der Nähe des Hotels. Er ist für seine Affären bekannt, Marlene hat man kürzlich erst den Namen der Schauspielerin Gloria Swanson zugeflüstert. Seine Frau, Rose Elizabeth Fitzgerald, scheint sich aber wunderbar damit arrangiert zu haben. Also sieht Marlene keinen Grund, den Politiker abzuweisen, als er sie einmal in ihrer Strandhütte besuchen will.

Remarque bemerkt, dass Marlene, sein ungezähmter *Puma*, sich von ihm zu entfernen beginnt. Er, der seine Briefe an Marlene mit Intensivierung der Arbeit an *Arc de Triomphe* immer öfter mit dem Namen von dessen Hauptfigur *Ravic* unterzeichnet, entwickelt außerdem die Figur des achtjährigen Alfred, der kindlich ungelenk ebenfalls kleine Nachrichten an seine Tante Lena schreibt: *Gelibte Tante Lena, ich bin immer noch hier; ich kann doch Onkel Ravic nich alleine lassen, weihl er doch sonst ganz allein ist, denn du bist doch weg. Er hat vile Rigel Blockschokolade, die gans großen und gibt mich manchmal welche, wenn er traurich ißt. Er sacht aber er ist garnicht traurich. Aber ich weiß schon, wenn er so stille sitzt. Komm doch wider zu uns!*

Alfreds Briefen gelingt es, für Momente das wohlig warme Gefühl der ersten Monate zwischen Remarque und Marlene wiederzubeleben. Dann richtet sie für kurze Zeit ihre ganze zärtliche Aufmerksamkeit wieder nur auf ihn. In sein Tagebuch notiert Remarque resigniert: *Spiele ich kleiner Junge, ist sie entzückt. Sonst –.*

Doch zumindest in politischen Dingen ist der erwachsene Mann in ihm ab und an noch gefragt, so auch im September, nach ihrer Rückkehr nach Paris.

Aufgebracht läuft Marlene mit einer Kaffeetasse in der einen und der Morgenzeitung in der anderen Hand im Hotelzimmer auf und ab. Nichts kann sie am Frühstückstisch mit Rudi, Maria, Tami und Remarque halten.

»Jetzt glaubt also Neville Chamberlain, er könnte Hitler zur Vernunft bringen, nachdem Lord Runciman das zuvor nicht geschafft hat? Wie kommt er nur darauf, man könnte mit dem Führer Kompromisse schließen?«

Die Sudetenkrise ist inzwischen auf ihrem Höhepunkt angelangt; das Sudetendeutsche Freikorps hat staatliche Einrichtungen in der Tschechoslowakei überfallen, die Wehrmacht wurde von Hitler angewiesen, sich für den Angriff auf das Sudetenland bereitzuhalten. Auf dem Reichsparteitag am dreizehnten September hat er unmissverständlich deutlich gemacht, dass er eine weitere Unterdrückung seiner deutschen Volksgenossen nicht dulden wird. Nun hat sich der britische Premierminister bereiterklärt, sich mit Hitler in Berchtesgaden zu treffen.

»Lassen wir uns überraschen, Liebling«, sagt Remarque. »Er wird ihm vielleicht einen Vorschlag machen, den er nicht ablehnen kann.«

Marlene schüttelt den Kopf und setzt ihren unruhigen Gang fort. »Ich glaube nicht daran. Der Krieg ist zum Ausbrechen nah, das hast du doch auch gesagt!« Sie wendet sich an Rudi. »Papi, wir müssen etwas tun. Vorkehrungen treffen. Das Kind muss zuallererst in Sicherheit gebracht werden. Aber wohin können wir sie bringen, wo ist es noch sicher?«

Rudi wischt sich den Mund ab. »Mutti, lass uns doch erst einmal abwarten, was die Verhandlungen bringen.«

»Nein! Sie reist ab, am besten heute. Boni, weißt du einen Rat?«

Zum Glück weiß Remarque das tatsächlich. »*Ich würde Holland empfehlen.* Es wird so schnell nicht kapitulieren, und es hat Häfen. Wo Häfen sind, gehen Schiffe nach Amerika.«

Marlene stellt die Kaffeetasse ab und schlägt sich auf den Schenkel. »Na bitte, wusste ich's doch! *Nur ein Mann, der den Krieg wirklich kennt, kann den richtigen Rat geben, wenn wieder einer ausbricht!*« Sie fasst Maria, die große Augen macht, bei den Schultern. »Kater, du fährst heute noch und musst ganz tapfer sein, hörst du? Tami wird dich begleiten.«

Aber Maria ist gar nicht so untröstlich, wie ihre Mutter gedacht hatte. Sie liebt sowohl Amerika als auch Tami abgöttisch; die Kombination aus beidem muss wohl für gute Stimmung sorgen.

Während Marlene zu einer Anprobe bei *Schiaparelli* muss, erledigt Rudi alles Notwendige. Wieder zu Hause, sucht sie für Maria ihren handgefertigten kleinen Koffer heraus. »Als Flüchtling darf man nicht zu viel Gepäck dabeihaben«, erklärt sie dem Kind. »Denn manchmal muss es schnell gehen.«

Nach dem Packen kommt ihr eine Idee. Sie holt Nadel und Faden. »Tami, Kater? Packt noch einmal eure Unterwäsche aus.« Für alle Fälle näht sie ein paar große Dollarnoten hinein.

Als der Abschied bevorsteht und Rudi die beiden zum Zug bringen will, bricht es Marlene das Herz. Sie kann die Tränen nicht zurückhalten und ihr Kind kaum loslassen. Aber es muss sein. Boni ist zur Stelle, damit sie sich in seine tröstenden Arme werfen kann. »Bringt euch in Sicherheit und passt auf euch auf!«, winkt sie den Scheidenden hinterher.

Glücklicherweise währt die Trennung nicht lange. Remarque behält mit seiner Prognose recht, obwohl Hitler Chamberlains Entgegenkommen zunächst ablehnt. Am dreißigsten September wird das Münchner Abkommen unterzeichnet, das der deutschen Annexion des tschechoslowakischen Sudetenlandes unter der Bedingung, dass der Rest der Tschechei verschont bleibt, stattgibt.

Vorerst ist die Kriegsgefahr gebannt, und so holt Marlene ihr Kind schleunigst wieder zurück nach Paris.

Sechs

Ein fulminantes Comeback

1939
Neue Wege

Ende November 1938 kommt Marlene wieder in Amerika an. Bald schon soll nun endlich ihre Einbürgerung erfolgen. Die Wartezeit verbringt sie unter anderem damit, sich mit Orson Welles anzufreunden, da sie sich köstlich über die Massenpanik amüsiert hat, die er im vergangenen Oktober mit seiner Hörspielversion von *Der Krieg der Welten* verursacht hat. Es ist eine rein kameradschaftliche Freundschaft, die die beiden verbindet, und eine, die in der Zukunft noch zu einer fruchtbaren Zusammenarbeit führen wird.

Anderweitig wird Marlene jedoch enttäuscht. Plötzlich wird sie von der amerikanischen Steuerbehörde überprüft und ihre Einbürgerung verschoben. Ende Februar 1939 will sie daher wieder abreisen, doch auch das wird ihr verboten. Zähneknirschend bleibt sie und macht Pläne mit Remarque, der ihr in die USA folgen will und dies schließlich schneller als erwartet und überstürzt tut, als Hitler das Münchner Abkommen bricht und am fünfzehnten und sechzehnten März die Rest-Tschechei zerschlägt und besetzt. Wieder rückt der Krieg in greifbare Nähe. Was für eine Erleichterung, Maria auf dem Internat in der Schweiz in Sicherheit zu wissen.

Am neunten Juni wird es dann doch noch wahr. Sie wird, zusammen mit zweihundert anderen Anwärtern, von dem Bundesrichter Harry Holzer offiziell eingebürgert, und auch Maria ist damit von nun an Amerikanerin. Marlenes Staatsbürgerschaftsurkunde trägt die Nummer 4656928. Der Richter lässt es sich nicht nehmen, angesichts der politischen Ereignisse eine kleine Rede zu halten. Er schließt mit den Worten: »Es ist unbedingt so, dass wir *auf der Hut vor jeder Art mündlicher und schriftlicher Propaganda sein müssen, die versucht, eine Klasse, Rasse oder religiöse Gemeinschaft gegen eine andere auszuspielen. Die Ereignisse im Ausland haben die tragischen Folgen der Hasspropaganda hinlänglich bewiesen.«*

Marlene kann ihm nur zustimmen, sie ist bloß etwas verwundert, hat die USA doch bisher die Augen nur zu gern vor eben jenen Ereignissen verschlossen.

Mit dem amerikanischen Pass in der Hand erleidet Marlene augenblicklich Gedächtnisverlust und bucht ihre Rückfahrt nach Europa für den vierzehnten Juni. Die Steuerbehörde bekommt jedoch rechtzeitig Wind davon und präsentiert ihr, schon halb auf dem Schiff, die unbezahlte Steuerrechnung über die Einkünfte, die sie in England erzielt hat. Sie beläuft sich auf 142.193 Dollar, und der verantwortliche Finanzbeamte lässt nicht unerwähnt, dass er auch gleich mit einem Haftbefehl hätte auftauchen können.

Da Marlene unbedingt sofort abreisen möchte, wird ihr Gepäck konfisziert und nach Wertgegenständen durchsucht. Sie bleibt erstaunlich gelassen; das, was sie will, hat sie schon in der Tasche: den amerikanischen Pass. Was bedeuten da schon die paar Klunker die das Finanzamt auf einen Wert zwischen 100.000 und 400.000 Dollar schätzt und bis zur endgültigen Prüfung des Sachverhalts einem Treuhänder übergibt? Hauptsache, das Schiff kann endlich den Anker lichten.

Marlene freut sich auf einen weiteren Sommer in Cap d'Antibes. Für Remarque allerdings, der sich noch tapfer an ihrer Seite hält, wird es wieder Konkurrenz geben. Diesmal von einer Frau, die einige Männer an Männlichkeit noch übertreffen dürfte.

Faul und von der Sonne gebraten räkelt Marlene sich auf ihrem Liegestuhl. Links von ihr liegt Rudi, daneben Max Colpet, den sie diesmal eingeladen hat, mit in den Urlaub zu kommen.

Maria ist heute mit Tami als Anstandsdame bei den Kennedy-Kindern zu Besuch, und rechts von ihr macht Remarque ein Nickerchen. Sie ist froh, ihn endlich einmal überredet zu haben, die dunkle Höhle seines Zimmers zu verlassen. Er trinkt viel und arbeitet intensiv an seinem neuen Buch. Letzteres unterstützt sie, lässt ihn in Frieden, und wenn er nach getaner Arbeit herunterkommt, wartet sie schon mit einem guten Essen auf ihn.

In den Briefen, die er, obwohl sie sich täglich sehen, an sie schreibt und die er noch immer mit *Ravic* unterzeichnet, hat er Marlene verraten, dass die Figur *Joan Madou*, die Frau, die der deutsche Flüchtling in Paris kennenlernt, ihr selbst nachempfunden ist. Lesen darf sie jedoch nichts.

Resignation scheint Boni momentan ergriffen zu haben. Gestern hat er über einem Stapel unvollendeter Geschichten aus den Zwanzigerjahren gebrütet und *die traumwandlerische Sicherheit der Unreife* betrauert, die ihm inzwischen abhandengekommen ist. Marlene hat ihm mit dem Ratschlag, es wie Hemingway zu machen und nicht über die Vergangenheit nachzudenken, nur helfen wollen. Stattdessen hat sie damit seine Eifersucht entfacht, was schließlich in einem furchtbaren Streit mündete.

Wie oft in letzter Zeit ist er dann mit seinem Auto davongerast, um im Kasino zu spielen und sich zu betrinken. Welche Ängste hat sie um ihn ausgestanden, als er zur üblichen Zeit nicht zurück war! Vor ihrem geistigen Auge sah sie seinen Lancia, den grauen Puma – sie selbst ist der goldene, beide zusammen sind sie ihm das Wichtigste – schon um einen Baum gewickelt oder von einer Klippe gestürzt. Irgendwann hat sie Rudi geweckt und losgeschickt, um nach ihm zu suchen. Er fand Boni schließlich, zumindest äußerlich unversehrt, *in einer Bar in Juan-les-Pins* und brachte ihn zu ihr zurück. Sie haben sich versöhnt und beschlossen, gemeinsam einen ruhigen Tag zu verbringen.

Doch was ist das? Marlene setzt sich auf und schirmt die Augen mit einer Hand von der Sonne ab. Ein wunderschöner

Dreimastschoner mit schwarzem Rumpf und Aufbauten aus Teakholz hält auf die Bucht zu. Offenbar hat er vor, zwischen den Jachten zu ankern. Am Steuer steht ein braungebrannter junger Mann, den muskulösen Oberkörper nur von einem Unterhemd bedeckt. Als er seine Zuschauer bemerkt, winkt er breit lächelnd herüber. Marlene winkt zurück.

»Papi, Max, seht euch den an! Könnte glatt ein Pirat sein, was?« Inzwischen hat auch Boni die Augen aufgeschlagen und blickt aufs Wasser hinaus. »Weißt du, wer das ist?«, fragt sie ihn. »Sieht interessant aus. Wir müssen ihn mal zum Abendessen einladen und ausquetschen.«

Remarque schüttelt nur den Kopf und macht es sich wieder auf seiner Liege bequem. Sie wird ihm doch nicht schon wieder Anlass zur Eifersucht mit ihrer Bemerkung gegeben haben? Egal.

Marlene beobachtet den Fremden weiter, der jetzt an Land kommt und die Stufen zum Eden-Roc-Pavillon erklimmt. Immer näher kommt er, und jetzt sieht Marlene zwei Details, die ihr bisher verborgen geblieben sind: die Tätowierungen auf seinen Armen und die Brüste unter seinem Hemd. Es ist überhaupt kein Mann, der da angekommen ist.

Es ist die lesbische Millionenerbin Marion Barbara Carstairs, von allen nur »Joe« genannt, wie Marlene am nächsten Tag in Erfahrung bringen wird.

Sie ist fasziniert von diesem androgynen Wesen, das Arme hart wie Paddel hat und Maschinen, das Abenteuer und Geschwindigkeit so sehr liebt. Joe hat eine Karriere als Rennboot-Fahrerin hinter sich und darf sich nun die schnellste Frau auf dem Wasser nennen. Natürlich kann Marlene nicht nein sagen, wenn ein solch ungewöhnlicher Mensch sich für sie interessiert – auch und vor allem sexuell.

Und so verbringt sie in den nächsten Tagen viel Zeit auf Joes Jacht, während Remarque wieder oben in seinem Zimmer vor sich hin grübelt und über seinen Texten schwitzt. Joe mag sie am liebsten gar nicht mehr gehen lassen. »Segel mit mir fort, Babe. Ich mach dich zur Königin meiner eigenen Insel auf den Bahamas. Ich schenk sie dir, und zwar samt der Einwohner. Sie werden dein Hofstaat und ich der König, der dir ergeben zu Füßen liegt.«

Marlene wirft den Kopf in den Nacken und lacht herzlich, findet kaum die Fassung wieder. Als es endlich gelingt, wiegelt sie ab. »Klingt wirklich gut, Darling, aber ich fürchte, meine Bagage kommt nicht ohne mich zurecht.«

Die Wahrheit ist: Marlene findet, dass Frauen die besseren Liebhaber sind, doch zusammenleben möchte sie keinesfalls mit einer. Wenn sie einmal wirklich verliebt wäre … Wer weiß, vielleicht würde das alles ändern? Doch mit Joe geht es ihr wie mit den meisten ihrer Liebschaften – egal ob Mann oder Frau. Während ihre Partner Marlene vollständig verfallen, betrachtet sie das Ganze als ein Spiel ohne große Verpflichtungen.

Sowieso muss sie sich langsam um ganz andere Pflichten sorgen. Seit beinahe zwei Jahren hat sie keinen Film mehr gemacht. Alle Verhandlungen Rudis in Paris sind letztlich gescheitert. Doch die Rechnungen türmen sich, denn Marlene hat schließlich weiterhin ihre Familie samt Anhang zu versorgen, und wenn sie von Freunden in Not um einen Scheck gebeten wird, stellt sie ihn aus, ohne lange darüber nachzudenken. Unlängst jedoch hat Rudi nach Durchsicht aller Unterlagen Alarm geschlagen.

Es mutet wie ein unwahrscheinlicher Zufall an, als sich eines frühen Morgens, Marlene sitzt gerade mit Rudi und Maria beim Frühstück in ihrer Suite, die Lösung mit dem Klingeln des Telefons ankündigt.

Marlene zuckt überrascht zusammen und verschüttet ihren Kaffee. »Wer ist denn das um diese Uhrzeit? Kannst du rangehen, Papi?«

Rudi hebt ab, reicht den Hörer aber gleich darauf weiter. Marlene wischt gerade den Kaffee auf und winkt missmutig ab. »Nicht doch, mach du!«

»Geht nicht, Hollywood ist dran«, sagt Rudi. »Joseph Pasternak möchte dich sprechen.«

»Joe? Ach. Gib her!«

Sie kennt Pasternak noch aus ihrer erfolgreichen Zeit in Deutschland. Der Filmproduzent hat sie, damals Mitarbeiter der *Universal Pictures Europa,* beim Dreh zu *Der blaue Engel* in ihrer Garderobe besucht, um den Versuch zu unternehmen sie zu verpflichten. Er kannte sie schon von ihren Bühnenproduktionen, und wie es scheint, hat er sie auch jetzt noch nicht vergessen.

Inzwischen Starproduzent bei *Universal* in Hollywood, hat er bereits einige sehr erfolgreiche Musikfilme gedreht und angerufen, um Marlene ein Angebot zu unterbreiten. »Miss Dietrich, kommen Sie zurück und wir machen gemeinsam einen Film.«

Das hört sich erst einmal nicht schlecht an, aber nun ist sie gespannt auf die Einzelheiten. »Ein bisschen mehr müssen Sie mir schon geben, so leicht bin ich nicht zu haben, mein Lieber.«

Pasternak schickt ein heiseres Lachen durch die Leitung. »Das Drehbuch schreibt Felix Jackson, Sie müssten ihn noch aus Berlin unter dem Nachnamen Joachimson kennen.«

Jetzt wird es interessant. »Aber natürlich, er hat doch den Text für *Broadway* geschrieben!«

»Sehr richtig. James Stewart spielt in meinem neuen Film den Protagonisten, und Sie möchten wir gern für die weibliche Hauptrolle engagieren. Ursprünglich war Paulette Goddard vorgesehen, aber das hat sich zerschlagen. Ich habe mich an Sie erinnert und denke, Sie würden eine perfekte Saloon-Sängerin abgeben.«

Marlenes Hand krampft sich um den Hörer. Wer will schon gern wissen, dass er nur die zweite Wahl ist? Rasch konzentriert sie sich auf etwas anderes, das sie aufhorchen lässt. »Saloon?«

Wieder dieses Lachen von der anderen Seite. »Oh, vergaß ich zu sagen, dass es sich um einen Western handelt? Eine Westernkomödie, um genau zu sein.«

Nun hat Marlene etwas, auf das ihre heimliche Empörung übergehen und mit dem sie sich folglich Luft machen kann. »Ich soll einen Western drehen? Wie kommen Sie denn auf die Idee? Nein, da muss ich Sie leider, oder nein, gar nicht leider, enttäuschen. Und nun entschuldigen Sie mich.« Sie knallt den Hörer auf und blickt in zwei fragende Gesichter. »Ihr werdet es nicht glauben«, sagt sie und fängt an, zu erzählen.

Rudi ist nicht glücklich mit ihrer überstürzten Absage. »Ohne zu drehen werden wir hier nicht ewig so weitermachen können. Und die Steuersache ist auch noch nicht abgeschlossen, denk daran.«

Auch Botschafter Joseph Kennedy denkt nur ans Geld, als sie ihm beim Mittagessen davon erzählt. »Wie viel liegt auf dem Tisch?«, will er wissen.

Marlene kann nur mit den Achseln zucken. »So weit sind wir ja gar nicht gekommen. Er hat nichts gesagt und ich habe nicht gefragt.«

Kennedy sinniert einen Moment, dann schlägt er vor: »Wenn du willst, *kann ich mit der Universal sprechen*. Vielleicht gibst du mit Stewart das neue Traumpaar ab.«

Gut, der Verdienst ist wirklich ein Argument, sie sieht es ein. Und warum nicht alle Unterstützung nehmen, die sie kriegen kann, und erst einmal die Bedingungen prüfen? Also willigt Marlene vorerst ein, vereinbart für später ein Telefonat mit Pasternak und wegen allem anderen fragt sie bis dahin jeden um Rat, der ihr über den Weg läuft.

Boni findet nichts dabei, einen Western zu drehen, ihre Piratin Joe ist sogar begeistert und will, wenn es so weit ist, ein Haus in Beverly Hills mieten, um ihr ganz nah zu sein. Aber eine Meinung – die wichtigste – fehlt noch. Sie kann ihre Entscheidung nicht treffen, ohne mit Sternberg gesprochen zu haben.

»Papi, lässt du dich bitte mit Jo verbinden? Erzähl ihm schon mal alles, ich komme dann gleich und übernehme.«

Auch Sternberg ist der Meinung, sie solle die Rolle annehmen, doch begründet er sie wie erhofft wesentlich genauer als alle anderen: »*Ich habe dich als unantastbare Göttin auf ein Podest gestellt. Pasternak will dich in den Schlamm hinabzerren … eine gütige Göttin zum Anfassen – eine ausgezeichnete Verkaufsstrategie.*«

Marlene ist noch nicht überzeugt. »Da mag ja etwas dran sein, aber …«

»Moment«, unterbricht Sternberg sie. »Ich war noch nicht fertig. Überleg doch mal: Ein *Tanzbodenflittchen* in einem Saloon, das ist doch eine Reminiszenz an Lola Lola, nur hat man sie in den Wilden Westen gesetzt!«

Jetzt lenkt sie ein: »Du hast recht! Wenn das Geld stimmt, nehme ich an!«

Das Geld stimmt nicht unbedingt, wenn man 50.000 Dollar Festgage plus prozentualer Beteiligung an den Einnahmen mit dem vergleicht, was Marlene noch vor zwei Jahren verdient hat, aber sie wird sich trotzdem mit Pasternak einig. Zusätzlich handelt sie aus, dass Rudi einen Job in der Auslandsabteilung der *Universal* bekommt, und wer weiß, vielleicht kann sie Remarque auch noch eine Stelle als Drehbuchautor vermitteln.

Also packt sie wieder einmal ihre Koffer und macht sich zur Überfahrt in die USA bereit, während die anderen den Sommer noch weiter genießen sollen.

Vor ihrer Abfahrt in der zweiten Augusthälfte 1939 vergewissert Marlene sich noch einmal bei Joseph Kennedy, dass ihre Familie wirklich in Sicherheit ist. Im Deutschen Reich hat die Ghettoisierung der Juden begonnen. Nachdem Polen sich der Annexion Danzigs widersetzt hat, wurde der deutsch-polnische Nichtangriffspakt gekündigt. Kennedy versichert Marlene, im Fall des Falles nicht nur seinen eigenen Anhang ins sichere England zu bringen, sondern sich auch des ihren anzunehmen.

Beruhigt macht Marlene sich auf den Weg. Doch dann geht alles plötzlich ganz schnell.

Zwischen dem neunzehnten und einundzwanzigsten August sendet die Seekriegsleitung vierzehn U-Boote in den Nord- und ein Panzerschiff in den Südatlantik in Warteposition. Am vierundzwanzigsten schließen Deutschland und die Sowjetunion einen Nichtangriffspakt.

Wer weiß, wie lange Frankreich nun noch sicher ist! Nicht mehr lange, wenn man der überall einsetzenden Panikstimmung glaubt. Noch vom Schiff aus lässt Marlene ihre Beziehungen spielen und organisiert für ihr Gefolge eine Passage auf der *Queen Mary*, die am dreißigsten August in Cherbourg ausläuft. Und so verlassen Rudi, Maria, Tami und Remarque Antibes überstürzt im Autokonvoi, von Marlene dazu angewiesen, nur zum Tanken anzuhalten.

Als sie in Paris ankommen, erlebt die Stadt der Lichter ihre erste, wie von bösen Vorahnungen verursachte Verdunkelung, eine präventive Luftschutzmaßnahme, um den gezielten Bombenabwurf zu erschweren. Der sonst von Scheinwerfern angestrahlte Eiffelturm ragt als dunkle Silhouette in den Abendhimmel. Rudi und Tami verabschieden sich von ihrer Wohnung, Remarque sich mit Maria von seinem grauen Puma.

Dem Besitzer der Garage erlaubt er, den Wagen zu nehmen, falls er eines Tages mit seiner Familie flüchten muss. Dann gehen die beiden zum Champs-Élysées, um Paris adieu zu sagen. Das *Fouquet's* holt die besten Weine aus seinem Keller und schenkt aus. Besser jetzt getrunken als später dem Feind in die Hände gefallen.

Am ersten September wird Deutschland seinen Polenfeldzug mit dem Beschuss des polnischen Munitionslagers auf der Westerplatte in Danzig beginnen.

Marlenes Familie schafft es samt Hund Teddy rechtzeitig auf die letzte Fahrt der *Queen Mary* als Luxusliner. In den nächsten Jahren wird sie nur noch als Truppentransportschiff eingesetzt werden. Um alle Passagiere aufnehmen zu können, werden auch im Speisesaal Betten aufgestellt. Schließlich wird das Wasser im Swimmingpool abgelassen, um auch dort weitere Feldbetten aufstellen zu können. Am dritten September erklären Großbritannien und Frankreich dem Großdeutschen Reich nach Verstreichen eines Ultimatums den Krieg. Für den Rest der Überfahrt wird Funkstille verordnet.

Als Marlene das Gerücht hört, die *Queen Mary* habe womöglich den Kurs geändert, fragt sie den englischen Konsul in Los Angeles um Rat. Er berichtet, es sei durchaus möglich, dass das Schiff in Kanada ankäme und nicht in New York. Also schickt sie Vertreter von *Universal* und ihre Anwälte an beide Orte, um ihre Familie in Empfang zu nehmen. Sie selbst kann nicht weg, denn Anfang September beginnen auch die Dreharbeiten zu *Destry Rides Again*, in Deutschland später als *Der große Bluff* bekannt. Nebenbei korrespondiert sie allerdings stetig mit der Einwanderungsbehörde, damit bei der ganzen Hals-über-Kopf-Aktion am Ende auch wirklich alles gutgeht.

Letztlich kommt die *Queen Mary* glücklicherweise doch wie geplant in New York an. Einen ganzen Tag lang dauern die Verhandlungen von Marlenes Anwälten mit der Behörde, bis alle endlich einreisen dürfen: Maria als minderjähriges Kind einer immerhin amerikanischen Staatsbürgerin, Rudi mit seinem deutschen Pass, Remarque mit dem Flüchtlingspass aus Panama und Tami mit ihrem Nansen-Pass, dem Reisedokument für staatenlose russische Flüchtlinge, das schon in der Vergangenheit öfter Schwierigkeiten bereitet hat. Doch Beziehungen machen vieles möglich. Selbst Hund Teddy darf, ungeprüft als seuchenfrei deklariert, schließlich amerikanischen Boden betreten.

Marlene fällt ein zentnerschwerer Stein vom Herzen, als sie endlich der ersehnte Anruf im Studio erreicht. Jeden einzelnen ihrer Lieben lässt sie sich ans Telefon geben, um sich zu vergewissern, dass auch wirklich alles in Ordnung ist. Maria freut sich besonders, wieder hier zu sein. In New York läuft gerade die

Weltausstellung, und als das Kind darum bittet, sie ansehen zu dürfen, hält Marlene das für keine schlechte Idee. Sie hat im Moment sowieso kaum Zeit, denn der Dreh läuft recht chaotisch an.

Die Produktion von *Destry Rides Again* beginnt mit ungeklärtem Budget und nur fünfundvierzig Seiten Drehbuch. Marlene kennt das von früher, aber *Universal* ist nicht *Paramount*, sie fragt sich, ob das kleine Studio die Unwägbarkeiten wohl wird bewältigen können. Die Vorbereitungen immerhin sind zufriedenstellend verlaufen. Ihre Kostümbildnerin Vera West ist zwar auch nicht Travis Banton, sie geht aber ebenfalls auf Marlenes Vorschläge ein, und ausladende Roben werden für diesen Film sowieso nicht gebraucht, nur Cowboykostüme in verschiedenen Variationen und ein paar offenherzige und strassglitzernde Fummel, ab und an mit einer Federboa oder einer Schleife aufgepeppt. George Marshall wiederum ist natürlich kein Sternberg, aber im Gegensatz zu den anderen Regisseuren, gegen die sie sich gesperrt hat, ein Profi, der weiß, was er tut und dem sie sich anvertrauen kann.

Offenbar beruht das auf Gegenseitigkeit, Marshall findet die Zusammenarbeit mit ihr keineswegs schwierig. In Interviews betont er: »*Sie macht alles, was man von ihr verlangt. Eine großartige Frau.*« Auch James Stewart weiß nur Gutes zu berichten: »*Nachdem wir eine Woche an dem Film gearbeitet hatten, habe ich mich in sie verliebt. Sie war schön, liebenswürdig, bezaubernd und kannte sich mit der Filmschauspielerei so gut aus wie kaum ein anderer. Dem Regisseur, dem Kameramann und der ganzen Besetzung ging es genau wie mir: Wir haben uns alle in sie verliebt.*«

James Stewart spielt in *Destry Rides Again* Tom, den Sohn des legendären Westernhelden Destry. In Bottleneck wird er Hilfssheriff, um den Betrüger Kent und seine Kumpanen, die die ganze Stadt in Angst und Schrecken versetzen, dingfest zu machen. Außerdem gilt es, das Verschwinden des früheren Sheriffs aufzuklären, der in Wahrheit von Kent ermordet wurde. Doch Tom wird zunächst nicht ernst genommen, da er Konflikte ohne Waffengewalt löst und im Saloon Milch dem Whisky vorzieht. Marlene ist die Saloon-Sängerin Frenchy, die Kent dabei hilft, Farmer beim Pokern um ihr Land zu betrügen.

Schließlich zeigt Tom Destry allen, was er kann und klärt mithilfe eines Bluffs den Mord am Sheriff auf. Im finalen Schussgefecht wechselt die mittlerweile in Tom verliebte Frenchy die Seiten und bringt die Ehefrauen der Cowboys dazu, mit ihr gemeinsam ihre Männer und Tom zu unterstützen. Mit Holzlatten bewaffnet stürzen die Frauen sich in den Kampf im Saloon.

Als Frenchy sieht, dass Kent von der oberen Etage aus unbemerkt auf einen guten Moment wartet, um Tom Destry zu erschießen, versucht sie ihn zu warnen, doch er hört ihre Rufe nicht. Mit aller Macht kämpft sie sich durch das Getümmel und wirft sich schließlich in die Schusslinie. Tödlich getroffen haucht sie mühsam einen letzten Wunsch: »*Would you kiss a fellow goodbye?*« Tom will dem nachkommen, doch Frenchys Finger legen sich auf seine Lippen und hindern ihn noch für einen Moment daran. Mit dem Handrücken wischt sie sich zuerst noch den Lippenstift ab, dann lässt sie den Kuss zu und stirbt.

Es ist nicht allein diese anrührende Szene mit ihrer großen Symbolkraft, in der Frenchy der zu Anfang von Destry ausgesprochenen Aufforderung, die »Kriegsbemalung« abzuwischen, nachkommt, die den Film ausmacht. Es sind die im Detail liegenden Besonderheiten der Geschichte, die spektakulären Massenszenen mitprügelnder Frauen und die so natürlich und mit Spielfreude agierende Marlene, die sich in ihren Musiknummern wieder an ihre Zeit im Kabarett erinnert fühlt. Die stilisierten Posen der Vergangenheit, die Künstlichkeiten um der Kunst willen, fallen weg und Marshall gelingt – und hat Sternberg somit nicht schon wieder recht behalten? –, was Lubitsch trotz seiner Vorsätze nicht vermocht hat: Die Dietrich steigt von ihrem Podest und wird wieder zu Marlene.

Sie selbst hat nichts dagegen, was besonders deutlich – dem Regisseur eigentlich schon zu deutlich – wird, als die Szene gedreht werden soll, in der Frenchy sich vor ihrer Bekehrung mit einer der Ehefrauen der um ihr Geld betrogenen Farmer und anschließend mit Destry prügelt.

»Aber warum denn?«, schimpft Marlene in Marshalls Büro, »ich kann das sehr gut selbst spielen, so schwierig ist es doch nicht!«

George Marshall ringt die Hände. »Miss Dietrich, ich habe bereits nein gesagt, so akzeptieren Sie es doch! Die Stuntfrauen sind längst engagiert und haben den Ablauf bereits geprobt. Es ist zu gefährlich. Was, wenn Sie sich verletzen? Schon ein geschwollenes Auge kann uns ein paar Drehtage kosten.«

Aber Marlene hat keine Lust, sich bloß für die Nah- und Halbnahaufnahmen mit Kunstblut beschmieren und die Haare zerzausen zu lassen. Dann kann sie es auch gleich richtig machen.

»Aber hören Sie, proben und eine Choreographie einstudieren kann ich mit Una Merkel und Jimmy auch. Es wird nichts schiefgehen.«

Marshall will seine Zustimmung immer noch nicht geben. Da kommt ihr eine Idee. »Wissen Sie, was das für eine Publicity gibt, wenn Sie bekannt werden lassen würden, dass die Dietrich ihre Stunts selbst dreht? Ich möchte wetten, das gäbe einen schönen Auflauf!«

Argumente wie diese sind bei einem Film, bei dem noch in den Sternen steht, ob und wie erfolgreich er werden wird, zu gewichtig, um nicht auf sie einzugehen. Also gibt Marshall zähneknirschend seine Zustimmung und weist Marlene an, von jetzt an die Drehpausen zu nutzen, um die Stunts mit ihren

Prügelpartnern zu trainieren. Aber unter der Aufsicht der Stuntfrauen. Da duldet er keinen Widerspruch.

Marlene behält recht: Niemals zuvor ist der Set so von Presseleuten überlaufen gewesen wie an dem Tag, als die Prügelei der Frauen gefilmt wird. Überall drängen sich *Fotografen und Reporter von Life und Look, von allen Rundfunksendern und Fanmagazinen*.

Marlene freut sich und findet den Erste-Hilfe-Raum, den Marshall neben dem Set hat einrichten lassen, nach wie vor lächerlich. Als sie mit Una Merkel auf Position geht, raunt sie ihr zu: »Alles wie besprochen. Und bloß nicht zimperlich sein, damit es echt aussieht!«

Und sie geben wirklich alles. Die erboste Farmersfrau alias Una Merkel drückt Frenchy auf einen Tisch, bis diese wenig später die Oberhand gewinnt und beide unter den Anfeuerungen der Männer im Saloon herunter auf den Boden rollen, aufstehen, wieder hinfallen, sich schlagen und an den Haaren ziehen. Una Merkel ergreift schließlich sogar einen Schuh der sich unter ihr windenden Marlene, um ihn als Waffe zu benutzen. Das war nicht abgesprochen, wirkt dafür aber umso besser. Schließlich beendet Tom Destry den Kampf der beiden Streithähne, indem er einen Eimer Wasser über ihnen ausgießt.

Die heutige Szene endet an dieser Stelle, und alle Beteiligten sind hochzufrieden. »Sehen Sie, ich habe es Ihnen doch gesagt!«, kann Marlene es sich nicht verkneifen und zwinkert Marshall zu.

Nach diesem gelungenen Tag wird die im Film gleich darauf folgende Szene wesentlich entspannter angegangen. Nun muss Marlene sich noch mit Jimmy Stewart prügeln, denn als Frenchy nimmt sie ihm die Wasserattacke äußerst übel. Sie beginnt auf Tom einzuschlagen, ihn zu treten, doch er wehrt sich nicht, sondern reagiert äußerst amüsiert, was Frenchys Zorn nur noch größer werden lässt. Sie entreißt jemandem eine Pistole und richtet sie auf ihn, nur um sie kurz darauf wegzuwerfen, vielleicht, weil es so zu wenig Spaß verspricht. Stattdessen bewirft sie ihn nun mit Gläsern und Flaschen, und auch eine Gitarre muss dran glauben, bis Tom schließlich aus dem Saloon flüchtet. Frenchy schaut in die Runde der jubelnden Cowboys und fragt »*Who's buyin' me a drink?*«, woraufhin jeder Einzelne die Hand hebt. Unter weiter anschwellendem Jubel und Applaus stolziert sie triumphierend in Richtung Bar, schnappt sich, inzwischen von den Männern umringt, eines der Biere, die schon über die Theke schlittern, und nimmt einen durstigen Schluck.

Noch nie hat Marlene eine Szene so viel Freude gemacht wie diese. Und so ist es nicht auszuschließen, dass sie und Jimmy sie später in seinem Schlafzimmer noch einmal in etwas abgewandelter Form nachspielen.

Inzwischen ist die erweiterte Familie im Westen der USA angekommen und hat Quartier im *Beverly Hills Hotel* bezogen. Für Remarque hat Marlene einen Bungalow gegenüber ihres eigenen gemietet, für Rudi eine Suite und für Tami und das Kind je ein Einzelzimmer.

Remarque lebt wie ein Eremit, kommt aber mit dem Schreiben dennoch nicht voran. Sehnsüchtig wartet er jeden Abend auf Marlenes Rückkehr, verzehrt sich nach ihr, obwohl er andererseits längst begriffen hat, dass diese Liebe nicht gut für ihn ist. Ihre immer noch andauernde Affäre mit der Millionärin Joe, die sie schließlich doch nicht vor ihm verbergen konnte, macht ihn wahnsinnig. In sein Tagebuch notiert er verzweifelt: *Arbeiten. Arbeiten. Los vom Puma! Los, los!* Und nun bleibt sie immer mehr Nächte fort, weil der Funke auch noch zwischen ihr und ihrem Filmpartner übergesprungen ist. Maria, die das unstete Wesen ihrer Mutter so gut kennt wie niemand sonst, wird Remarques Vertraute in den langen, einsamen Abenden. Ihr erzählt er, wie wohl es ihm tut, wenn Marlene etwas gefällt, das er in einem Brief geschrieben hat, oder wenn sie ihn sogar bittet, ihr kleine Liebesszenen aufzuschreiben. »*Manchmal tue ich das auch, und dann schenkt sie mir ihr wundervolles romantisches Lächeln und bereitet mir das Abendessen. Es ist so himmlisch, Kater, ihr einen Gefallen zu tun.*«

Rudi hält es nicht lange in Beverly Hills, ihm behagt die Ausgangssperre, der Flüchtlinge in den Abend- und Nachtstunden unterliegen, nicht. Bald reist er mit Tami und dem Hund zurück an die Ostküste nach New York. Nun hat Marlene ein Problem, denn das Kind soll nicht den ganzen Tag allein sein oder Remarque bei der Arbeit stören. Außerdem ist Maria bald fünfzehn Jahre alt, sie braucht eigentlich keine Nanny mehr, aber jemanden, der den Trubel Hollywoods von ihr fernhält. Joe Carstairs empfiehlt Marlene ihre ehemalige Sekretärin und Marlene quartiert sie und Maria in einer der Wohnungen hinter dem Hotel über den Garagen ein und engagiert außerdem eine Lehrerin. So kann Maria in Ruhe den Stoff nacharbeiten, den sie verpasst hat und bekommt auch nichts von den immer häufigeren Streitereien zwischen ihr und Remarque mit. Als Maria den Wunsch äußert, Schauspielunterricht zu nehmen, erlaubt Marlene es, engagiert zunächst aber nur jemanden für private Stunden, um zu sehen, ob es sich nur um eine Laune handelt oder ob Maria es ernst meint.

Indes schreiten die Dreharbeiten flott voran, wenngleich die Skriptschreiber weiterhin Schwierigkeiten haben, mitzuhalten. Es wird sogar ein zweites Drehteam engagiert, damit nun rund um die Uhr gearbeitet werden kann, denn der Film soll noch in diesem Jahr seine Premiere feiern. Die letzte Skriptseite trifft ebenso knapp wie pünktlich ein, sodass im Morgengrauen des elften Novembers die finale Klappe fällt. Innerhalb von zwei Wochen wird der Film geschnitten und mit Ton versehen. Ende November ist es so weit, *Destry Rides Again* wird der Öffentlichkeit im New Yorker *Tivoli* das erste Mal vorgestellt; ins Kino kommt er erst einen Monat später.

Der Weg vom Kassengift zum Kassenmagneten ist manchmal nicht weit. Bei *Universal* hat man es gehofft und während des Drehs schon geahnt: Sie landen einen Knüller. James Stewart steigt mit diesem Film endgültig in die Riege der Stars auf, für Marlene wird er ein phänomenales Comeback. Die Zeitungen überschlagen sich. Hollywood-Kolumnist Erskine Johnson schreibt: *Hier wird uns eine Dietrich präsentiert, die hinter der Maske der Schönheit schon immer existiert hat und nun endlich mit der Explosivität eines Silvesterkrachers zum Vorschein kommt.* Die Besprechung in *Variety* stellt ebenfalls die nur scheinbar neuen Facetten Marlenes heraus und hält fest, dass ihr neuer Film *mehr fertigbringt, als nur die Dietrich wieder in die obersten Ränge Hollywoods zu katapultieren. Sie erweist sich als eine Schauspielerin mit großem komischen Talent und viel Sinn für Charakterdarstellung. Ihre Leistung als hartgesottene Kneipen-Entertainerin dient dem Film sozusagen als Sprungbrett, von dem er sich weit über den normalen Western erhebt und zu einem erstklassigen Meisterwerk wird.*

Einen großen Teil des Erfolgs macht auch die Tatsache aus, dass Marlene hier zum ersten Mal seit *Desire* wieder in einem Film singt. Ihr alter Bekannter Friedrich Hollaender hat die Lieder zum Film gemeinsam mit dem Texter Frank Loessner geschaffen. Zwei davon werden erst zum Hit und später zum Klassiker, und die Art, wie Marlene im Cowgirl-Outfit *The Boys in the Back Room* zum Besten gibt, von der Bühne ins Publikum geht, alle, sich selbst eingeschlossen, veralbert und schließlich auf dem Tresen weitermacht, hat das Potenzial, in die Kinogeschichte einzugehen. Die *New York Post* titelt dazu: *Wenn Marlene Dietrich in kurzem Rock auf dem Tresen stehend »See What the Boys in the Back Room Will Have« singt, ist sie ein größeres Kunstwerk als die Venus von Milo.*

Nun beginnen die Filmstudios sich wieder für Marlene zu interessieren, *Warner Brothers* und *Columbia Pictures* fragen an. Doch sie hat, was das angeht, schon immer einen Hang zu

Dankbarkeit und Treue – wenn nichts dagegen spricht –, sodass sie bei Joseph Pasternak einen Vertrag über zwei weitere Filme abschließt.

Marlene ist glücklich, dass sie sich nun vorerst keine Sorgen mehr machen muss, wie sie ihre Familie ernähren kann. Auch den Flüchtlingen greift sie nun wieder bereitwillig unter die Arme. Selbst das Finanzamt hat seine Untersuchungen inzwischen endlich ohne negatives Ergebnis abgeschlossen und Marlene nicht nur ihre konfiszierten Juwelen zurückgegeben, sondern ihr auch 23.000 zu viel gezahlte Dollar zurückerstattet.

Geschäftlich läuft also alles bestens, nur privat spielt sich Unschönes ab. Im Dezember hat Remarque nicht nur endlich genug von dem Gefühl, nur noch zum Herzeigen auf öffentlichen Veranstaltungen zu taugen, sondern er zieht auch Konsequenzen. Er zieht aus dem Bungalow des *Beverly Hills Hotels* aus und reist nach New York, um Abstand zu gewinnen. Dabei hat Marlene ihm eines nicht einmal erzählt: Sie ist schwanger.

1940/1941

Wellengang

Marlene hat Nellie geholt, damit sie ihr beisteht in diesen schweren Tagen, und es war die richtige Entscheidung. Sie kann nicht viel mehr tun, als in ihrem abgedunkelten Bungalow auf dem Sofa zu liegen und an das zu denken, was nicht mehr ist. Dabei will sie doch gar kein Baby mehr, nicht mit achtunddreißig und schon gar nicht von einem Mann, mit dem man viel Spaß haben kann, aber nicht mehr.

Nellie kommt mit einem Tablett herein, ein Teller Brühe steht darauf. Niemand außer dieser treuen Seele weiß, was sie gestern tun musste. »Miss Dietrich, das hier hab ich nach Ihrem Rezept gekocht. Es hat so vielen Leuten geholfen, jetzt müssen Sie auch mal etwas davon essen.«

Aber Marlene schüttelt kraftlos den Kopf. Warum fühlt sie sich so schwach? Und dieses Ziehen im Bauch, ist das normal? Sie hat von Frauen gehört, die danach Fieber bekamen und an schlimmen Infektionen starben. Aber die Engelmacherin war nicht irgendjemand, sie ist der Geheimtipp der Stars, stets unter der Hand weitergereicht, aber mit viel Erfahrung.

Nellie reißt sie aus ihren Gedanken. »Kann ich Ihnen dann wenigstens einen Tee machen?«

Wenn ihr nicht so wenig danach zumute wäre, würde Marlene jetzt lachen. »Aber Nellie, das wäre heute ja schon der fünfte! Nein, danke, lassen Sie mich einfach nur noch ein bisschen ruhen.«

Sie geht und Marlene lässt sich noch ein bisschen tiefer in die Kissen sinken. Jimmy Stewart hat sie nichts von der Schwangerschaft erzählt, wozu auch? Die Affäre ist so gut wie vorbei. Würde sie zu Selbstmitleid neigen, könnte sie jetzt darin versinken, denn ist sie nicht ganz allein? Von ihrer Piratin Joe hat sie längst genug, und was mit Remarque wird, steht in den Sternen, obwohl sie sich zuletzt wieder ein bisschen angenähert haben. Er darf von der Sache auf keinen Fall etwas erfahren.

Die Tür geht schon wieder auf, Nellie schaut noch besorgter als vorhin. »Maria hat angerufen, sie möchte vorbeikommen. Ich habe ihr gesagt, dass Sie krank sind, aber sie meint, es wäre wichtig. Was soll ich nun machen?«

»Sagen Sie ihr, sie kann kommen. Soll ich mein Kind etwa abweisen?«

»In Ordnung.« Nellie geht, um Maria die Nachricht zu überbringen.

Nun fühlt Marlene sich plötzlich doch etwas fiebrig. Sie fröstelt. Neben ihr liegt noch der Wollschal, denn Nellie ihr vor Stunden hat umlegen wollen. Da hat sie ihn noch empört abgelehnt, aber jetzt kann sie ihn brauchen. Sie greift danach, doch bevor sie ihn sich umlegen kann, dämmert sie weg.

Es ist das Klicken der sich öffnenden Tür, das sie schon wenig später wieder weckt. Dunkel ist es, denkt sie leicht desorientiert. Was will Maria hier? Ihr Gesicht leuchtet blass wie ein Mond im Abendhimmel. »Mein Liebling«, flüstert sie ihr kraftlos zu.

»Aber Mutti, was ist denn los mit dir? Vorgestern ging es dir doch noch ganz gut?« Erschrocken kniet Maria sich neben das Sofa und schaut sie an.

Marlene legt Maria sacht die Hand auf den Kopf und streichelt ihr seidiges Haar. Wie viel schöner als ihr eigenes es ist!

Nellie schaltet sich ein. »*Deine Mutter braucht jetzt etwas Schlaf, Liebes. Komm morgen wieder, ja? Ich verspreche dir, dass sie dich anrufen wird.*«

Maria protestiert vorsichtig, gibt nach einem strengen Blick Nellies aber gleich nach. »Mach's gut, Mami, und komm schnell wieder auf die Beine.«

Draußen muss sie mit sorgenvollen Augen eine Frage loswerden: »Aber sie wird doch wieder gesund, Nellie, oder nicht?«

»Aber ja doch«, antwortet diese und schiebt sie zur Tür hinaus, ohne zu fragen, was sie eigentlich von ihrer Mutter wollte. Ihre Sorgen wird Maria auch an den folgenden Tagen nicht los, denn ihrer Mutter geht es immer noch schlecht. Erst später, viel später, als erwachsene Frau, wird Maria ihr berichten, was ihr damals auf der Seele lag. Die Frau, die eigentlich dazu eingestellt worden ist, sie zu betreuen und zu beschützen, hat sie missbraucht. Zuerst hat sie ihr geschmeichelt, ihr kleine Geschenke gemacht und sich bei ihrer Mutter für sie eingesetzt. Erst dann hat sie ihr wahres Gesicht gezeigt und sich an Maria vergangen. Es ist nicht bei dem einen Mal geblieben, doch Maria hatte die Zuversicht verloren, sich jemandem anvertrauen zu können. Das, so wirft sie ihrer Mutter vor, sei der Grund gewesen, warum sie damals mit fünfzehn angefangen habe zu trinken und schließlich Alkoholikerin geworden sei.

Marlene versteht nicht, warum das Kind – wie so viele Mütter sieht sie keinen Grund, diese Ansprache zu ändern, auch als Maria längst erwachsen ist – ihr jetzt, Jahre später, mit dieser Geschichte, und mehr noch, sogar mit Vorwürfen kommt. Sie hat doch nichts gewusst, und wie hätte sie es denn ahnen sollen? Den Mund aufmachen muss man schon, oder etwa nicht? Aber Maria meint, es wäre doch kein Geheimnis gewesen, dass diese Frau ebenso wie ihre vormalige Chefin Joe Carstairs lesbisch war. Was das nun aber mit der Vergewaltigung zu tun haben soll, begreift Marlene ebenfalls nicht.

Nach ihren Erfahrungen an der Front hat sie außerdem wenig Verständnis für ein sich lebenslanges Berufen auf Leid aus der Vergangenheit. »Du hat es doch überlebt, darüber solltest du froh sein«, sagt sie verärgert. »Und ansonsten musst du eben versuchen, damit zurechtzukommen.«

Maria ist erschüttert. Diese Reaktion wird sie ihrer Mutter nie verzeihen.

Die Beziehung mit Erich Maria Remarque unterliegt weiterhin zahlreichen Aufs und Abs. Einer Versöhnung im Januar ist schon im Februar die erneute Trennung gefolgt. Während er die räumliche Trennung sucht, intensiviert sich jedoch der Briefkontakt wieder. In einem Schreiben vom fünfzehnten März fasst er Marlenes unzählige Gesichter und seine eigene Zerrissenheit auf ebenso außergewöhnliche wie treffende Weise zusammen: *Ich, Ravic, habe viele Wer-Wölfe gesehen, die sich verwandeln konnten; – aber ich habe nur ein einziges Wer-Puma gesehen! Ein Wunder von einem Wer-Puma! Worin konnte es sich nicht alles verwandeln, wenn das Mondlicht auf den Wäldern schlief! Ich habe es gesehen als fauchende Tigerkatze, und, Freunde, sogar als Xanthippe, dicht vor mir mit ziemlich langen Nägeln, – ich habe es gesehen, wie es eine Flamme war und schöner als alles Schöne der Welt, und tanzen ging, – und ich habe es gesehen, wie es müde war und zerstört und weich und verzweifelt und zerbrochener als Fenster; – ich habe es gesehen, wie es am Boden lag und klagte, eine kleine Menschenfrau, und ich habe es gesehen, wie das Licht wieder zurückkam in seine Augen und die Sprungkraft in seine Gelenke.*

Ich habe es weggehen sehen, Freunde, und ich wollte es verfluchen und ich musste es segnen. Freunde, ich habe es bluten sehen und nie sah ich so viel Mut.

Ich sei zerschrammt, meint ihr, an der Stirn klaffe ein Riss und ein Büschel Haare fehle mir auch? Man lebt nicht umsonst mit Pumas, Freunde. Sie kratzen manchmal, wenn sie streicheln wollen, und selbst im Schlaf kann man eins abkriegen!

Kurz kehrt er nach Beverly Hills zurück, doch schon Ende April zieht er in ein gemietetes Haus in Westwood. Im November schließlich wird das endgültige Ende ihrer Beziehung folgen, doch freundschaftlich werden sie einander verbunden bleiben, bis Remarque am fünfundzwanzigsten September 1970 stirbt. Schon im Dezember 1940 wird er ihr wieder versöhnliche Worte schreiben. Er dankt ihr, *Puma, Jünglingin, Gefährtin, prinzlicher Knabe, Spiegel und reiner Kristall, in dem seine Phantasie brannte und funkelte, für alles, was du ihm gabst, – und den Göttern, dass sie dich der Welt gaben und eine Zeitlang ihm –*

Und wenn im Dezember 1945 endlich *Arc de Triomphe* erscheint, wird es immer noch und für immer ihrer beider Buch sein.

Vorerst jedoch beginnen für Marlene im Juli die Dreharbeiten zu ihrem zweiten Film bei *Universal. Seven Sinners*, später zu Deutsch *Das Haus der Sieben Sünden*, soll ein unterhaltsames Südseeabenteuer werden und an den Erfolg von *Destry Rides Again* anknüpfen. Dessen Zutaten – eine singende Marlene, Hollaender als Komponist und Loessner als Liedtexter, gut verteilte Gags, nicht zu vergessen die Prügeleien – werden also übernommen, lediglich mit ein paar neuen vermischt und das ganze Szenario in die Südsee verlagert.

Unter der Regie von Tay Garnett spielt Marlene die Nachtclubsängerin Bijou Blanche, die von einer Südseeinsel nach der anderen geworfen wird, da sie nicht nur den Marinesoldaten der US-Pazifikflotte so den Kopf verdreht, dass sie untereinander in Streit geraten, sondern überhaupt allen Männern, was regelmäßig zerschlagene Bareinrichtungen zur Folge hat. Nun findet sie eine Anstellung im *Seven Sinners* auf der Insel Boni-Komba und verliebt sich ernsthaft in den Navy-Offizier Leutnant Brent. Dieser möchte sie heiraten und ist bereit, für sie seine Karriere aufzugeben. Doch der Gouverneur der Insel und ein aus der Navy desertierter Freund machen Bijou überzeugend klar, welche Folgen ein derartiges Handeln für Brent hätte, sodass sie beschließt, ihm das nicht antun zu können und ihn zu verlassen.

Marlene dreht hier zum ersten Mal mit dem jungen, aufstrebenden John Wayne, den sie sofort unter ihre Fittiche nimmt. Er bekommt, was schon Sternberg und viele andere genossen haben: täglich frische Kraftbrühe, Geschenke und ihre ungeteilte Aufmerksamkeit. Auf eine Affäre mit ihr lässt er sich – wie eben diese vielen anderen – allerdings nicht ein, was Marlene nicht wenig irritiert.

Am fünfundzwanzigsten Oktober kommt *Seven Sinners* in die Kinos. Das Publikum nimmt den luftig-leichten Film begeistert auf. Der Song *The Man's in the Navy*, den Marlene in passender Uniform singt, wird ein Hit, und auch die Kritiker zeigen sich zufrieden. William Boehnel vom *New York World Telegram* etwa findet den Film *hinreißend und amüsant* und sieht in Marlene *eine wirklich begabte Schauspielerin, die endlich zu sich selbst gefunden zu haben scheint.*

Als begabt stellt sich auch Maria heraus, sie wird nun das, was Marlene selbst auf offiziellem Wege verwehrt blieb: eine Schülerin Max Reinhardts. Reinhardt ist seit 1937 mit seiner Frau in den Vereinigten Staaten, wo er noch im gleichen Jahr eine Theater- und Filmakademie gegründet hat, den *Max Reinhardt Workshop for Stage, Screen and Radio,* der 1938 Quartier am Sunset Boulevard bezog. Marlene ist stolz und hat nichts dagegen, als Maria sich später für ihre ersten Rollen das Pseudonym *Maria Manton* zulegt, um sich nicht dauernd dem zwangsläufigen Vergleich mit ihrer Mutter aussetzen zu müssen.

Überhaupt nicht stolz hingegen ist Marlene auf die Tatsache, wie sehr ihr als neue Heimat gewähltes Amerika nach wie vor zu ignorieren versucht, was im Rest der Welt vor sich geht. Inzwischen hat Deutschland im Zuge des Westfeldzugs die Niederlande, Belgien, Luxemburg und neuerdings auch ihr geliebtes Frankreich besetzt. Nun ist die Luftschlacht um England in vollem Gange, die Großbritannien in die Knie und zur Kapitulation zwingen soll. Jetzt weiter Filme zu drehen, für Ablenkung von den wirklich wichtigen Themen zu sorgen, kommt ihr manchmal falsch vor. Doch was nützt es? Sie braucht das Geld, und wenigstens kann sie damit auch anderen ein wenig helfen, die es ebenfalls brauchen.

Und immerhin gibt ihr neuer Film *The Flame of New Orleans (Die Abenteurerin)* auch einem weiteren Flüchtling, dem großen französischen Regisseur René Clair, eine Arbeit und Aufgabe. Um ihn bei Drehbeginn am sechsten Januar 1941 gebührend willkommen zu heißen, durchforstet sie die Hälfte aller Läden in Los Angeles nach französischem Brot und Kaffee, doch er stellt sich als unfreundlicher und unzugänglicher Zeitgenosse heraus.

Unzufrieden ist sie auch mit dem hölzernen Bruce Cabot, der in der Verwechslungsgeschichte den Kapitän Robert Latour spielen soll. In ihn verliebt sich ihr Charakter Claire Ledoux, obwohl sie sich als falsche Gräfin gerade einen Bankier geangelt hat. Da sie auf dessen Geld aus ist, willigt sie in eine Hochzeit ein und erteilt Robert eine Abfuhr. Als ihre Vergangenheit ans Licht zu kommen droht und der Bankier misstrauisch wird, schiebt Claire alles ihrer Cousine Lili in die Schuhe, einer Sängerin, die in Wahrheit Claire selbst ist. Nun kann die Hochzeit wie geplant stattfinden, doch dort trifft Claire Robert wieder und gesteht sich ihre Gefühle für ihn ein. Gemeinsam fliehen sie auf einem Dampfer. Lili wirft ihr Brautkleid in den Mississippi, wodurch sich am Ende des Films, der eine einzige lange Rückblende darstellt, endlich aufklärt, was es mit dem von zwei Fischern in der Anfangsszene gefundenen Kleid auf sich hat.

Wie Marlene schon erwartet, wird dieser Film zwar kein grandioser Flop, aber auch kein wirklicher Erfolg, weder bei den Kritikern noch beim Publikum. Es kümmert sie nicht, denn auf die Verhandlungen für die nächsten Filme hat es keinen Einfluss.

Außerdem bahnt sich privat eine neue große Aufgabe an. Jean Gabin, begnadeter Schauspieler und führender Charakterdarsteller Frankreichs wurde von *Twentieth Century Fox* unter Vertrag genommen, was ihm die Ausreise aus seiner besetzten Heimat ermöglichte. Er kann kein Wort Englisch und braucht jemanden, der ihn vor den Machenschaften Hollywoods beschützt. Und wer, wenn nicht Marlene, wäre dazu wohl geeignet?

»Ma grande, was zauberst du denn heute?« Gabin kommt in die Küche und umfasst Marlene, die gerade die Einkäufe auspackt, von hinten. Sie dreht sich um und gibt ihm einen Kuss. Er hat nur eine Badehose an, seine Haut ist noch feucht und angenehm kühl vom Schwimmen.

»Heute gibt es Cassoulet, mon amour, ich habe endlich eine originale Cassole gefunden!«

Seit Wochen schon hat sie versucht, solch eine irdene Keramikform zu bekommen, um Gabin, der furchtbares Heimweh hat und sich in Hollywood überhaupt nicht wohlfühlt, ein weiteres Stück Frankreich vorsetzen zu können. Sie selbst liebt dieses Land ja auch und genießt es, in den Stunden ihrer Zweisamkeit mit ihrem Geliebten französisch zu sprechen.

Vor Kurzem haben sie gemeinsam ein Haus in Brentwood gemietet. Gabins Studio stellte ihm zwar nicht nur einen Chauffeur und eine Jacht zur Verfügung, sondern mietete ihn auch in einem Bungalow in Beverly Hills ein – ironischerweise in den, den Remarque zuvor bewohnt hatte –, aber hier sind sie einerseits besser vor den Augen der Öffentlichkeit geschützt und andererseits hat sie hier freie Hand, Klein-Frankreich aus dem Haus zu machen. Zuallererst haben sie zusammen seine größten aus Paris geretteten Herzensschätze aufgehängt: drei Gemälde, einen Vlaminck, einen Sisley und einen Renoir.

»Wunderbar, aber ich habe Appetit auf etwas ganz anderes!« Gabin schüttelt den Kopf und lässt ein Meer aus Tropfen auf Marlenes Dekolleté herabregnen.

Lachend wehrt sie ihn ab. »Aber, mon amour, du musst essen! Und ich muss das jetzt zubereiten.« Sie macht mit dem Auspacken weiter und reiht die Zutaten auf: weiße Bohnen, Speck, gepökeltes Schweinefleisch, Würstchen, Möhren, Sellerie und noch etwas Besonderes. »Schau, ich habe sogar Gänsekeule besorgt.«

»Ma grande, du wirst mich noch so fett füttern, bald kannst du mir Foie gras servieren, und zwar meine eigene! Ich gehe dann lieber noch für eine Runde an die Ringe.«

»Natürlich, mach du nur, das hier dauert sowieso noch eine ganze Weile.«

Gabin verwendet viel Zeit darauf, sich in Form zu halten. Wenn er keine Turnübungen an den Ringen macht, schwimmt er oder fährt mit dem Rennrad. Aber sie muss zugeben, es lohnt sich. Er hat einen makellos braungebrannten Körper und die schönsten Hüften, die sie bei einem Mann je gesehen hat. Auch wenn er etwas Proletarisches an sich hat, liebt sie seine Ungekünsteltheit, bei der er trotzdem immer noch charmant bleibt.

Während das Fleisch und die Bohnen schon bei niedriger Flamme auf dem Herd kochen, schneidet Marlene die Möhren und den Sellerie, um sie dann dazuzugeben. Sie ist froh, dass der Dreh zu ihrem neuesten Film *Manpower*, den sie, um einer alten Verpflichtung nachzukommen, für *Warner Brothers* macht, sie nicht so sehr in Anspruch nimmt. Im Moment möchte sie am liebsten jede freie Minute mit ihrem Geliebten verbringen, ihn *Tag und Nacht bemuttern*. Und wie er aufblüht, wenn sie am Wochenende seinen Freund Julien Duvivier, bei *La belle équipe* Gabins Regisseur, und all die anderen französischen Emigranten zum Essen einladen! Dann ist seine Heimat ihm für einen Moment ganz nah, und die Schuldgefühle, nicht an der Seite seiner Landsmänner zu kämpfen, rücken in den Hintergrund.

Vorsichtig gibt Marlene nun alles in die Cassole, denn im Ofen muss das Gericht jetzt fertig garen. Während sie die Gänsekeule zubereitet, schaut sie immer wieder nach, ob sich schon eine Kruste gebildet hat. Ein perfektes Cassoulet hat sieben untergerührte Krusten – und perfekt soll es für Gabin natürlich werden.

Als sie endlich am Tisch sitzen, ist er wie erhofft voll des Lobes. »Formidabel, besser als ich es je gegessen habe, wie hast du das nur gemacht?«

Gleich tut sie ihm noch ein bisschen mehr auf. »Iss nur. Wie war's im Garten? Hat wieder etwas Göttliches ein Auge auf dich geworfen?«

Gabin lacht und zerreißt ein Stück Weißbrot mit den Fingern in kleine Stücke. »Pünktlich wie immer! Ich frage mich nur, was sie zu sehen erhofft.«

Ohne es zu wissen, haben sie nicht nur ein Haus gemietet, das Greta Garbo gehört, sondern sie auch noch als Nachbarin mit dazu erhalten. Inzwischen hat sie die Angewohnheit entwickelt, *am Ende des Tages auf ihre Mülltonnen zu klettern, um zu beobachten*, was sich bei ihnen abspielt.

»Zu köstlich! Sicher hofft sie, uns in flagranti zu erwischen. Magst du noch etwas?«

Gabin winkt ab. »Erzähl, wie laufen die Dreharbeiten?«

Nun möchte auch Marlene am liebsten abwinken. »Ach, hör auf. Ich hasse diese seichte Dreiecksgeschichte, das Drehbuch ist fürchterlich. Eine Frau, die die Freundschaft zweier ach so loyaler Männer auf eine harte Probe stellt, ich bitte dich!«

Gabin sieht sie forschend an. »Ist doch sicher wie geschaffen für dich, oder nicht? Würde mich nicht wundern, wenn dir das schon ein oder zwei Mal passiert ist.«

»So ein Quatsch.« Marlene steht auf und beginnt abzuräumen. Gabin neigt zur Eifersucht, das wird doch jetzt nicht der Auftakt zu einer Szene sein? Aber sie weiß, wie sie gut von solchen Fragen ablenken kann. »Nach dem Kaffee müssen wir mal wieder ein bisschen Englisch pauken, also halte dich bereit. Heute wird sich nicht wieder gedrückt!«

Als *Manpower* im August in die Kinos kommt und erstaunlicherweise durchaus positive Kritiken erhält, dreht Marlene schon ihren nächsten Film, diesmal bei *Columbia*. In der Screwball-Komödie *The Lady Is Willing* (*Fräulein Mama*) spielt sie den mondänen Broadway-Star Elizabeth, die sich ihren Kinderwunsch erfüllt, indem sie ein von den Eltern zurückgelassenes Baby einfach mitnimmt. Mit dem Kinderarzt geht sie schließlich eine Ehe auf dem Papier ein, um das Baby adoptieren zu können. Über eine Erkrankung des Kindes finden beide am Ende tatsächlich zueinander.

Marlene hat sich auf diesen Film ganz im Vertrauen auf ihren Agenten K. Charlie Feldman eingelassen. Doch das Ergebnis wird letztlich viel von einer Schmierenkomödie haben, und der Filmhistoriker Charles Silver wird sie einmal gar als die *grässlichste Musikkomödie der gesamten Broadway-Geschichte* bezeichnen.

Dennoch schafft Marlene es, schon während des Drehs zu einer Heldin zu werden, die für kurze Zeit sogar die Kriegsschlagzeilen von den Titeln verdrängt. Mit dem Baby auf dem Arm stolpert sie über ein herumliegendes Spielzeug und dreht sich im Fallen rasch noch so, dass dem Kind nichts geschieht. Sie selbst bricht sich allerdings den Knöchel dabei.

Die PR-Abteilung der *Columbia* überlässt dem Magazin *Life* für seinen Artikel den Mitschnitt des Sturzes, und Marlene wird im Krankenbett mit Gips und Baby medienwirksam fotografiert. Vom Drehen allerdings lässt sie sich nicht lange abhalten. Im fertigen Film bemerkt niemand etwas von ihrem neuartigen Gehgips oder der späteren Knöchelstütze, was nicht nur daran liegt, dass alle langen Einstellungen gestrichen werden und man ihr Handicap bei Aufnahmen in der Halbtotalen kaschiert, sondern vor allem an ihrem eisernen Üben. Unermüdlich probt sie, ihre Bewegungen so gut wie möglich zu koordinieren und das nicht völlig vermeidbare Hinken mit kleinen Ablenkungsmanövern zu überdecken.

Als Ende November auch Gabin wieder etwas zu tun bekommt und seinen Debütfilm *Moontide* dreht, wundert Marlene sich, wie schwer es ihr fällt, ihn gehen zu lassen. Am liebsten würde sie mit zum Set kommen. Im Vorfeld hat sie schon alles getan, was ihr möglich war: Sie hat ihre Beziehungen spielen lassen und dafür gesorgt, dass Fritz Lang, wie Gabin es sich wünscht, die Regie übernimmt. Allerdings bleibt er nicht lange und wechselt wegen nicht auszuräumender Unstimmigkeiten schon nach zwei Wochen zu einer anderen Filmproduktion. Die wenigen Tage reichen jedoch aus, um in Gabin eine Unsicherheit darüber entstehen zu lassen, ob Marlene in der Vergangenheit ein Verhältnis mit Lang hatte oder nicht. Sie bestreitet es und wird sich derweil angesichts solcher Szenen immer sicherer, dass seine Eifersucht über kurz oder lang ein wirkliches Problem werden könnte.

Doch gegen das Ereignis, das am siebten Dezember eintritt, sind das alles nicht einmal Peanuts. In den frühen Morgenstunden sterben zweitausendvierhundert Amerikaner bei dem Angriff der Japaner auf den Marinestützpunkt Pearl Harbor auf Hawaii.

Als Marlene davon hört, ist sie wie alle entsetzt, aber fast auch ein wenig erleichtert. »*Jetzt werden sie kämpfen! Jetzt wird alles bald vorbei sein*!«, sagt sie zu Maria, als diese weinend anruft. Zumindest mit Ersterem hat sie recht. Einen Tag später treten die USA in den Zweiten Weltkrieg ein.

Sieben

Im Krieg

1942
Heimatfront

Nachdem nun endlich Amerika die Augen nicht mehr verschließt, weil es unmöglich geworden ist, macht auch Hollywood mobil. Noch im Dezember, am Tag der Kriegserklärung, ist das *Hollywood Victory Committee* gegründet worden. Seit der ersten Versammlung am zweiundzwanzigsten Dezember ist Clark Gable der Vorsitzende der Filmschauspieler-Abteilung. Das Ziel des Komitees ist es, *die Hilfe der Filmindustrie bei der Unterhaltung der Truppen und zur Unterstützung der Kriegsbemühungen zu gewinnen.* Unentgeltlich stellen die Stars ihr Können und ihre Zeit zur Verfügung, um mit Auftritten für die Entspannung der Soldaten vor ihren Einsätzen zu sorgen, die allgemeine Moral zu stärken oder für Kriegsanleihen zu werben.

Marlene, die allen Grund hätte, sich herauszuhalten – sie ist noch nicht lange amerikanische Staatsbürgerin, muss um Mutter und Schwester im Feindesland bangen und hat zwei Cousins, die auf der falschen Seite kämpfen – stürzt sich mit Feuereifer in die Mitarbeit. Als die ersten Verwundeten aus Pearl Harbor eintreffen, ist sie bei den rasch improvisierten Krankenhausvorstellungen dabei und besucht anschließend einzelne Verletzte. Auch ist sie gemeinsam mit Judy Garland eine der ersten, die im Radio Werbung für Kriegsanleihen machen.

Rasch kommt die Idee auf, eine Tournee durchs ganze Land mit diesen Verkaufsaktionen zu machen. Marlene ist sogar bereit, ihre Flugangst dafür zu überwinden. Selbst noch, als am sechzehnten Januar Carole Lombard, einer der größten Stars Hollywoods und Clark Gables Ehefrau, bei einem Flugzeugabsturz ums Leben kommt. Sie war gerade auf dem Rückweg von einer solchen Tournee und hatte zwei Millionen Dollar eingenommen. Das und noch mehr will Marlene auch schaffen.

Bevor es losgehen kann, muss sie jedoch eine neue Westernkomödie mit John Wayne zu Ende drehen, die Dreiecksgeschichte *The Spoilers*, auf Deutsch sehr viel treffender: *Die Freibeuterin*. Alles dreht sich um Cherry Malotte, die zur Zeit des Goldrauschs zwischen zwei Männern steht. Nichts Neues für Marlene, und so dreht sie den Film routiniert ab, ohne wie früher zu versuchen, die Kontrolle über alles zu behalten.

Außerdem muss sie ganz plötzlich und unerwartet mit einem bisher ungekannten Gefühl zurechtkommen: mit der Leere, die sich als dumpfer Schmerz in einem öffnet, wenn ein Mensch, den man sehr liebt, fortgeht, und sei es nur für eine kurze Weile. Als Jean Gabin Hollywood wegen Außenaufnahmen für drei Wochen verlassen muss, kann sie es kaum fassen. Am fünfzehnten Februar notiert sie in ihrem Tagebuch nur diese eine Zeile: *Er ist weg.*

Am nächsten Tag folgt eine an den imaginären Gabin gerichtete Liebeserklärung: *Jean, je t'aime. Du bist mein ganzes Herz, meine ganze Seele. Ich habe nie gewusst, was die Seele ist. Jetzt weiß ich es.*

Weil sie es so liebt, neben ihm aufzuwachen, schläft sie nun auf seiner Seite des Bettes, doch der Schmerz lässt auch in den folgenden Tagen nicht nach. Da ist die Angst, er könnte mit einer anderen Frau etwas anfangen. Sie umschwärmen ihn doch unverhohlen, warum sollte er nicht davon Gebrauch machen, noch dazu, wo Marlene sich kurz vor seiner Abreise noch mit ihm gestritten hat? Plötzlich fühlt sie sich krank, glaubt sogar, sie könne schwanger sein. Zum ersten Mal denkt sie an eine Scheidung von Rudi, wenn Gabin, der ebenfalls noch verheiratet ist, sie will.

Als er am sechsten März wiederkommt, ist alles wieder gut. In *La Quinta*, einer versteckten Siedlung mit luxuriösen Bungalows, können selbst Stars ungestört ein stürmisches Wiedersehen feiern.

Danach macht Marlene sich auf, ihren Beitrag zu leisten. Sie wird auf ihren vier Tourneen von der Ost- bis zur Westküste die erfolgreichste Anleihenverkäuferin Hollywoods und verweist, durchaus stolz darauf, Rosalind Russell und Linda Darnell auf die Plätze. Kein Wunder, denn sie scheut auch vor ungewöhnlichen Methoden nicht zurück, verkauft nicht nur bei offiziellen Großveranstaltungen, sondern auch auf der Straße und in Bars, stets begleitet von einem Finanzbeamten. Den betrunkenen Spendern in den Kneipen setzt sie sich so lange auf den Schoß, bis der Beamte bei dem rund um die Uhr geöffneten Informationsschalter der Banken geklärt hat, ob die soeben ausgestellten Schecks auch wirklich gedeckt sind.

Als Präsident Franklin D. Roosevelt davon erfährt, findet er, das gehe zu weit, und bestellt sie persönlich ins Weiße Haus. Nachdem er ihr zunächst für ihr Engagement gedankt hat, folgt eine kleine Strafpredigt: »*Ich verbiete Ihnen diese Art von Prostitutionstaktik. Von jetzt an werden Sie nicht mehr in Nachtclubs erscheinen. Das ist ein Befehl.*«

Befehle von Präsidenten sollte man befolgen, das ist gewiss. Marlene tut das auch. Jedenfalls eine Zeit lang. Einige Zeit später erhält sie für ihren Einsatz eine Auszeichnung, überreicht durch den kalifornischen Gouverneur Culbert Olsen. Diese nimmt Marlene gern entgegen, stellt aber eine Bedingung: Auch er muss eine Kriegsanleihe kaufen. Und natürlich bekommt sie ihren Willen.

Die Studios in Hollywood bereiten nun nicht nur Propagandafilme vor, auch antinazistische und patriotische Drehbücher erleben Hochkonjunktur. Im August steht Marlene mit John Wayne für eine solche Produktion vor der Kamera. In *Pittsburgh* werden aus zwei besten Freunden Erzfeinde, bis Marlene in ihrer Rolle als Josie »Hunkie« Winters vor allem für Wayne – er spielt den Bösewicht – am Ende ihre patriotische Botschaft formuliert: In Zeiten des Krieges ist das einzig Wichtige *devotion to our country*, die Aufopferung für das Land.

Auch Gabin möchte sich gern aufopfern, natürlich für *sein* Land, und überlegt, sich den Freien Französischen Truppen anzuschließen. Marlene mag sich nicht vorstellen, ihn gehen zu lassen, vor allem, da die Rückkehr ungewiss ist. Sie hat das Gefühl, ihn jetzt noch mehr als zuvor zu lieben, obwohl seine Zuneigung inzwischen Spuren hinterlassen hat. Seine Eifersuchtsanfälle wurden immer schlimmer in der letzten Zeit, und schließlich erzählten seine Fäuste ihr mehr als deutlich von der Angst, er könnte sie verlieren. Vielleicht ist es dumm von ihr, dass er ihr sogar leid tut. Aber anders oder gar ohne ihn kann sie einfach nicht.

1943
Hollywood Canteen und Wonder Show

Marlenes Arme stecken bis über die Ellenbogen im Spülwasser. Seit einer Stunde schrubbt sie Töpfe und Teller, doch der Berg schmutzigen Geschirrs will nicht kleiner werden. Aber es macht ihr nichts aus, diese Arbeit muss schließlich auch getan werden. Vorhin hat sie schon, wie fast jeden Abend in den letzten Monaten, gemeinsam mit Lana Turner und Deanna Durbin an der Tür der *Hollywood Canteen* die hineinströmenden Soldaten begrüßt.

Das Restaurant und Vergnügungsetablissement hat seine Tore am dritten Oktober des letzten Jahres dank der von Bette Davis und John Garfield in ganz Hollywood zusammengetrommelten Spenden geöffnet. Hier sollen die jungen Soldaten, die auf ihren Einsatz in der Fremde warten, noch einmal ein wenig Entspannung und Ablenkung finden. Alle Mitarbeiter, vom Broteschmierer bis zum Unterhalter auf der Bühne, sind ehrenamtlich im Einsatz. Für die GIs sind Speisen und Getränke kostenlos, doch unvergesslich werden die Abende für sie vor allem wegen der zahlreichen Stars, mit denen sie hier auf Tuchfühlung gehen können.

Die Tür zur Küche öffnet sich, Marlene bekommt Gesellschaft. »Du liebe Güte, lass mich dir helfen!« Hedy Lamarr spricht deutsch mit ihr. Die österreichische Schauspielerin ist erst seit einigen Jahren in Hollywood, hat dafür aber bereits eine bemerkenswerte Karriere hingelegt.

»Ach, bist du schon fertig mit den Sandwiches? Na dann, hopp!«, lacht Marlene und wirft ihr ein Trockentuch zu.

Ein paar Minuten lang arbeiten sie schweigend, dann stellt Hedy endlich die Frage, die ihr wohl schon länger auf der Zunge brennt: »Sag mal, wann heiratet deine Tochter denn eigentlich?«

»Ach, hör mir bloß auf!« Marlene könnte gut darauf verzichten, wieder an diese unsägliche Dummheit Marias erinnert zu werden. Kaum ist sie im letzten Dezember achtzehn geworden und als Schauspielerin gut beschäftigt, hat sie ihre Verlobung mit dem britischen Schauspieler Richard Haydn bekanntgegeben. Ein Mann, den sie kaum kennt, der vornehmlich irgendwelche Trottel spielt und noch dazu zwanzig Jahre älter ist als sie! Marlene hat sogar Rudi aus New York kommen lassen, um ihr das auszureden, aber vergeblich. Zum Glück hat sich das alles inzwischen schon wieder zerschlagen. »Die Hochzeit ist auf unbestimmte Zeit verschoben, ganz plötzlich fiel dem Kerl ein, dass er sich in England freiwillig zum Kriegsdienst melden wollte. Was für ein Glück!«

»Arme Maria«, sagt Hedy und legt einen weiteren Teller auf einen Stapel, der sich schon gefährlich zur Seite neigt, »da wird sie doch sicher traurig sein.«

Marlene winkt ab. Spülwasser regnet auf Hedys rotes Kostüm. »Da muss sie jetzt durch. Das romantische Ding wird noch froh sein, dass ihr das alles erspart geblieben ist.«

Plötzlich geht die Tür wieder auf und Bette Davis steht da wie ein General, der soeben seine desertierte Truppe aufgespürt hat. »Wen muss ich anrücken lassen, damit er euch verdammte Krauts aus der Küche holt? Was habt ihr nur immer mit eurem Putzfimmel?« Sie zwinkert beiden zu, damit sie sehen, dass sie das nur zur Hälfte ernst meint. »Der Glamour ist draußen auf der Tanzfläche gefragt, nicht hier drinnen. Na los, raus mit euch!«

Gespielt genervt wischen Marlene und Hedy sich die Hände ab, haken Bette unter und stürzen sich ins Getümmel. Das Orchester spielt, die Tanzfläche ist gut gefüllt. Heute Abend steht Frank Sinatra auf der Bühne, um einige Songs zum Besten zu geben. Hedy wird gleich von einem GI zum Tanz aufgefordert und verschwindet in der Menge. Marlene macht es anders. Sie sucht sich die aus, die etwas verloren herumstehen und sich an die Stars nicht heranwagen. Da ist schon einer, sieht keinen Tag älter aus als sechzehn mit seinem frisch gewaschenen Gesicht. Sie lächelt ihn an, nimmt seine Hand und zieht ihn mit sich. »Komm, wir wagen ein Tänzchen!«

Der Junge errötet, folgt ihr aber. Er muss eine Tanzschule besucht haben, seine Bewegungen sind geschmeidig. Nach ein wenig Small Talk kommen sie auf das zu sprechen, was vor ihm, was vor allen jungen Männern hier liegt: der bittere Ernst des Krieges.

»Weißt du schon, wo's hingehen wird?«, fragt Marlene.

Der Junge schüttelt den Kopf. »Nein, Miss. Das erfahren wir erst an Bord. Wegen der Spione.«

»Ach ja, natürlich.«

Eine Weile tanzen sie schweigend, aber sie sieht, dass der GI etwas sagen will. Schließlich fasst er sich ein Herz. »Meinen Sie, ich werde heil zurückkommen? Ich habe ein bisschen Angst, wissen Sie?«

Was soll sie auf seine erste Frage antworten? Besser geht sie nur auf die zweite ein. »Natürlich haben Sie Angst, das ist doch völlig natürlich. Passen Sie nur immer gut auf.« Sie merkt selbst, dass sich das nicht überzeugend anhört, also hängt sie einen kleinen Scherz hinten an. »Und übrigens darf Ihnen auch gar nichts zustoßen, denn wenn wir beide Glück haben, treffen wir uns an der Front noch einmal zu einem Tänzchen wieder, wenn ich im Einsatz vor Ort bin.«

Noch hat Marlene sich nicht bei der *United Service Organizations* (*USO*), *einer zivilen Organisation, die zur Förderung der Kampfbereitschaft amerikanischer Soldaten Unterhaltungskünstler* in die Kriegsgebiete schickt, gemeldet, weil sie noch Filmverpflichtungen hat, aber das muss der junge Mann ja nicht wissen. Immerhin hat sie es fest vor, und so oder so scheint ihr Aufheiterungsversuch zu funktionieren.

»Oh, das wäre wirklich klasse, Miss.« Das Lied endet, alle applaudieren, und der junge Soldat verabschiedet Marlene mit einer festen Umarmung, die sie wie einen Phantomschmerz noch minutenlang spürt.

»Hoffentlich schaffst du es, Kleiner«, flüstert sie in seine Richtung, als sie ihn später noch einmal in der Menge erblickt.

Die Zuversicht, die Marlene bei den Soldaten auszustrahlen vermag, ist wie weggeblasen, wenn es um ihren Geliebten geht. Er will nur seine Pflicht erfüllen; tun, was ein Mann tun muss, aber sie ist schon jetzt krank vor Sorge.

Der Frühling fängt gerade erst an, sich zur Höchstform aufzuschwingen, da wird Gabin aufgefordert, sich bei den französischen Streitkräften zu melden. Sein Studio legt ihm keine Steine in den Weg, der Produktionschef Darryl F. Zanuck unterstützt ihn sogar dabei, und zwar nicht nur, weil er Gabins Anliegen gut verstehen kann, sondern auch, weil dieser bisher vom amerikanischen Publikum nicht besonders gut angenommen wurde. Und so geht es für beide Seiten in Ordnung, den Vertrag vorzeitig zu beenden.

Für Marlene freilich ist es alles andere als annehmbar, Gabin zu verlieren, aber sie gibt sich tapfer, solange es geht. Dass sie schließlich in Tränen ausbricht, als ihr Geliebter ins Taxi zum Flughafen steigt, scheint ihn fast zu überraschen.

Sie schreibt Rudi davon in einem Brief: Ich habe selbstlos geliebt, *ohne Hintergedanken, und immer versucht, Glück zu geben, auch wenn mir das nicht immer gelungen ist. Ab jetzt werde ich dazu besser imstande sein, und ich will mich nicht an ihm klammern, aber ich möchte endlich einmal eine wirkliche Frau sein und nicht nach Idealen streben, die im Mond stehen und überhaupt nicht glücklich machen, weil man sich nur eine Zeit lang daran halten kann.*

Gewiss ist es kein Klammern, das Marlene dazu bringt, nun wieder in ein Flugzeug zu steigen und dem Geliebten nachzureisen. Nein, es ist nur der Wunsch, die verbliebene Zeit auszukosten, so gut es geht. Wer weiß, wann sie sich wiedersehen. Und ob.

Gabin ist überrascht, aber froh, sie in New York zu sehen, und sie verbringen drei innige Tage, die alle vorangegangenen Streitigkeiten vergessen machen. Eigentlich wollte Marlene von hier aus wieder zurückfliegen, doch sie entscheidet sich, Gabin noch bis Norfolk in Virginia zu begleiten, nein, bis zur Gangway des Tankerbegleitschiffs, mit dem er ins Ungewisse fahren wird. Am Vorabend seiner Abreise gehen sie noch einmal gemeinsam essen und ins Kino. Bezeichnenderweise läuft *Sein oder Nichtsein*, eine Tragikomödie um eine Gruppe Warschauer Schauspieler und Widerständler, die während des Zweiten Weltkrieges ins Visier der Nazis geraten. Sie hecken einen Plan aus, mit dem sie schließlich einen Spion, die Gestapo und Hitler selbst an der Nase herumführen.

Gabin findet den Film köstlich, Marlene findet ihn angesichts der politischen Situation eher geschmacklos. In einem jedoch sind sich beide einig: Carole Lombard in ihrer letzten Rolle agieren zu sehen und dabei daran denken zu müssen, dass sie auf ihrer Tour für die Kriegsanleihen ums Leben gekommen ist, schmerzt.

Am frühen Morgen ist es dann so weit. Marlene und Gabin fahren zu dem versteckten kleinen Hafen in Newport News. Nur im Hemd, die Jacke über seine Tasche gelegt, geht Gabin mit gesenktem Blick auf dem Kai voran. Bedrohlich ragt der Zerstörer, der den Geliebten mitnehmen wird, vor ihnen auf. Jeder Schritt fällt ihr schwer, es ist, als müsste sie durch tiefen Schlamm waten. Wenn es nur nicht sein müsste! Aber es muss. An der Gangway bleibt Gabin stehen und dreht sich zu ihr um.

»Ma grande.«

»Mon amour.«

Schon liegen sie sich in den Armen. Sie schluchzt an seinem Hals, der so wunderbar würzig-herb nach ihm duftet.

»Bitte komm heil wieder zu mir zurück!«

Gabin fasst sie bei den Schultern und versucht ein Lächeln: »Aber ja, das muss ich doch! Mein Akkordeon ist doch noch bei dir, mein Rad, und vor allem meine Bilder. Solange ich weg bin, passen sie auf dich auf.«

Marlene lächelt zurück, damit er sich besser fühlt, aber eine Frage muss sie ihm noch stellen. »Schwörst du mir deine Treue, wie lange es auch dauert?«

Er sieht sie an. »Und du?«

Plötzlich fassen sie sich bei den Händen und schwören sich ewige Treue *wie Schulkinder*. Albern vielleicht, aber es fühlt sich gut an. Dann geht er und sie bleibt allein auf dem Kai zurück.

In den nächsten Monaten hat Marlene kaum Zeit, sich ihrem Kummer wegen Gabins Abwesenheit zu widmen. Bevor sie auf ihre *USO*-Tournee gehen kann, gilt es noch, sich bestehenden alten Verpflichtungen zu widmen. Vor einiger Zeit hat der Komponist Kurt Weill ihr die Idee für ein Broadway-Musical vorgestellt, bei dem Cheryl Crawford die Produzentin sein wird. *One Touch of Venus* soll es heißen. Die Geschichte einer zum Leben erwachenden Venusstatue in einem Warenhaus, die sich in einen Barbier verliebt, beruht auf der viktorianischen Novelle *The Tinted Venus*. Marlene war von der Idee eines Musicals recht angetan, hat sich aber ein Mitspracherecht das Drehbuch und die Kostüme betreffend gesichert.

Nun kommen Weill und die Produzentin nach Hollywood, um ihr die bereits komponierten Stücke vorzustellen. Teils gefallen sie ihr durchaus, sie macht auch den Vorschlag, die singende Säge einzubauen. Insgeheim ist sie aber von der Idee eines Musicals nicht mehr wirklich überzeugt. Ist sie mit vierzig nicht längst zu alt dafür? Vielleicht hat sie deshalb plötzlich Vorbehalte gegen die offenherzige Garderobe, vielleicht sind ihr deshalb die Songs *zu sexy und profan*. Letztlich jedenfalls kommt es zu keiner Einigung, und der Vertrag wird für nichtig erklärt. Am Ende wird die zwölf Jahre jüngere Mary Martin die Rolle der Venus spielen.

Dafür stehen nun bald Dreharbeiten an. Marlene hat von *Universal* zu *MGM* gewechselt und einen Vertrag über zwei Filme abgeschlossen. Pro Film erhält sie immerhin 50.000 Dollar Gage. Eine Vorsorge für die Zeit, in der sie für die Unterhaltung der Soldaten an der Front sorgen und kein Geld verdienen wird. Zur Not wird sie noch Schmuck verkaufen, damit ihre Lieben über die Runden kommen, während sie fort ist.

Marias Auskommen ist halbwegs gesichert, sie unterrichtet an dem inzwischen von einer anderen, mehr an Profit als an Idealismus ausgerichteten Schauspielschule übernommenen *Max Reinhardt Workshop*. Sonst aber ist sie wieder auf Abwegen. Sie hat sich erneut Hals über Kopf verliebt und verlobt, heimlich noch dazu. Diesmal ist Dean Goodman der Auserwählte. Ein junger, noch in Ausbildung befindlicher Schauspieler, der nebenbei als Sekretär für die Leiterin der Schule arbeitet und in einem Herrenbekleidungsgeschäft aushilft. Er wird Maria kaum unterstützen können, und sowieso ist Marlene misstrauisch, ob er das arme Kind nicht nur ausnutzen und schmarotzen will. Man hört seltsame, sich gegenseitig ausschließende Gerüchte. Einmal soll er homosexuell sein, einmal eine Affäre mit Maria Ouspenskaya, seiner Chefin an der Schauspielschule, haben.

Marlene lässt Goodman von ihrem Anwalt auf den Zahn fühlen, doch er beteuert, in Maria verliebt zu sein, sie sei eine *verwandte Seele* für ihn. Als er Marlene, die ihn bisher nicht persönlich getroffen hat, auf Geheiß des Anwalts anruft, lässt sie ihn wissen, dass sie das Paar nicht finanziell unterstützen wird. Doch alles ist umsonst: Am dreiundzwanzigsten August heiraten Maria und Dean in der Congregational Church in Hollywood.

Als Muttertier kann sie dann doch nicht anders, findet eine *billige Mietwohnung in Westwood* für die beiden – schwierig genug während des Kriegs – richtet sie halbwegs ordentlich ein und schrubbt in Abwesenheit des Paars alles auf Hochglanz.

Am Ende wird Marlene es wieder besser gewusst haben. Die Ehe steht vor dem Aus, bevor sie richtig begonnen hat. Noch während Dean auf einer Tournee ist, zieht Maria aus und wieder zu ihrer Mutter in das Haus in Brentwood.

Anfang August beginnen nicht nur die Dreharbeiten zu Marlenes neuem Film *Kismet* (*Der Kalif von Bagdad*), auch ihr Freund Orson Welles ruft sie mit einer großen Bitte an. »Marlene, meine Beste, du weißt ja, dass gerade meine Show angelaufen ist.«

Natürlich weiß sie das. Er hat schließlich monatelange Proben und 40.000 Dollar in *The Mercury Wonder Show for Service Men* gesteckt. Eine Zauber- und Varietéshow, an der zahlreiche Prominente mitwirken und die wie die *Hollywood Canteen* der Unterstützung der Soldaten dienen soll. Sie haben freien Eintritt, die sonstigen Einnahmen werden der Army gespendet. Zauberei ist seit Langem Orsons Hobby, und nicht zuletzt beruhigt er mit der Show sein schlechtes Gewissen, weil er selbst als untauglich für den soldatischen Dienst eingestuft wurde. Marlene ist gespannt, warum er sich jetzt so aufgeregt anhört.

»Mit Rita habe ich doch unter anderem den Entfesselungstrick in der Kiste geübt, eine der Hauptattraktionen«, erzählt Orson. Nicht nur das, denkt Marlene. Seit den Proben sind er und Rita Hayworth ein Liebespaar. »Harry Cohn, ihr Boss bei *Columbia*, hat ihr nach der Premiere weitere Auftritte verboten. Ich werde dir auf ewig dankbar sein, wenn du einspringst!«

Marlene lacht. »Komm und bring mir alle nötigen Tricks bei, dann mache ich es!«

Erleichtertes Aufatmen am anderen Ende der Leitung. »Tausend Dank, ich wusste, auf dich ist Verlass. Aber du musst schon herkommen, wir brauchen die Requisiten!«

Von nun an probt sie in ihrer drehfreien Zeit, lernt so schnell wie möglich nicht nur das Entfesseln, sondern auch das Gedankenlesen, denn auch das ist eine der wichtigen und erheiternden – »Na, so wie Sie mich ansehen, muss ich keine Gedanken lesen können, um zu wissen, woran Sie denken« – Nummern. Bald schon steht sie auf der Bühne des riesigen Zelts am Cahuenga Boulevard in Hollywood, zusammen mit der menschlichen Nähmaschine, der von den Toten auferstandenen ägyptischen Königin, dem Mädchen mit dem Röntgenblick und weiteren Attraktionen. Gut eintausend Gäste begrüßt Orson »The Magnificent« jeden Abend. Die auf fünf Wochen angesetzte Show ist ein Publikumsmagnet und wird sogar in eine Filmhandlung mit eingebaut. *Follow the Boys* soll der Moralisierung und Unterhaltung der amerikanischen Truppen dienen und handelt von dem Varietékünstler Tony, der nach dem Angriff auf Pearl Harbor der Armee beitreten will, jedoch untauglich ist. Nach der ersten Enttäuschung beginnt er, Shows zu organisieren, um die Soldaten auf diese Weise zu unterstützen.

Im Rahmen einer solchen Show haben Marlene und Orson ihren gemeinsamen Auftritt. Er mimt natürlich den Zauberer und will sie mit einer riesigen Säge in zwei Stücke zerteilen, mitten durch den nackten Bauch, den das Haremskostüm freilässt. Gespielt naiv willigt sie ein und steigt in den Kasten, der für die Nummer natürlich vonnöten ist. Doch kaum liegt sie darin und sieht die Säge bedrohlich wie ein Damoklesschwert über sich schweben, stoppt sie ihn und will wissen: »*Aber Orson, funktioniert dieser Trick denn wirklich?*«

Er gibt trocken zur Antwort: »*Wart's nur ab, Marlene. Der ist todsicher.*« Dann ruft er einige GIs zu Hilfe und mit vereinten Kräften wird sie zersägt.

Der Clou sind Marlenes Beine, die daraufhin schnurstracks von der Bühne spazieren, während ihr Oberkörper hilflos dort verweilen muss und aus Rache den Zauberer hypnotisiert. Orson fällt wie ein Stein um, die Nummer ist aus. Applaus.

Haremshosen benötigt Marlene auch für *Kismet*, dessen Dreh noch bis Anfang 1944 andauern wird. In dem Streifen spielt sie Jamilla – keine besonders tragende Rolle –, die Königin unter allen Tänzerinnen Bagdads und Teil des Harems des Großwesirs. Diesen will der Bettler Hafiz als Prinz verkleidet dazu bringen, seine Tochter zu ehelichen. Dabei lernt er Jamilla kennen und die beiden verlieben sich. Obwohl sie später erfährt, dass Hafiz ein Betrüger ist und auch einen Mord begehen würde, um sein Ziel zu erreichen, hält sie zu ihm. Am Ende begreift er die Falschheit seines Handelns, stirbt aber bei dem Versuch, seine Tochter und Jamilla aus dem Palast des Großwesirs zu befreien.

Marlenes Hauptaufgabe in dem Film besteht in dem Singen einiger Lieder und dem Herzeigen ihrer Beine, ganz besonders in einer minutenlangen Tanzsequenz, in der sie sich lasziv vor dem Wesir und seinen Gästen räkeln muss. Dafür hat sie extra Stunden genommen, und ihre Kostümbildnerin Irene hat derweil *Pluderhosen mit winzigen Goldkettchen, gefasst wie viktorianische Vorhänge, entworfen*, die im Stehen einzeln befestigt werden müssen. Zusammen wiegen sie gute zehn Kilo, und nach der Prozedur, die sie auch in der Maske schon hinter sich hat, fühlt sie sich nun wie ein uraltes Wrack.

Seit *Destry Rides Again* hat Marlene die Zeichen des Alters erkannt und begonnen, sie bei ihren Drehs zu verschleiern. Auch jetzt ist ihr Haar mit Haarnadeln so straff nach hinten gespannt, dass es einem Facelift nahekommt und sie kaum noch die Augen schließen kann. Außerdem arbeitet sie seit Jahren mit Irene an einem unsichtbaren Mieder aus dicker Seide, das sie unter jedem Kostüm tragen kann, ohne dass es auffällt. Es ist noch nicht perfekt, aber jeder neue Entwurf ist besser als der vorige. Nur das Hineinkommen ist eine Qual, und das Atmen danach selbstredend auch. Damit der Reißverschluss nicht platzt, muss jede

Bewegung wohlüberlegt sein, was besonders bei dieser Szene schwierig werden wird. Das Oberteil besteht zudem aus unzähligen zu Ornamenten verschlungenen goldfarbenen Drähten, die ihr in die Brüste stechen. Aber wie immer ist es Marlenes eiserne Disziplin, die sie die Schmerzen aushalten lässt.

Am Set aber gibt es plötzlich ein ganz anderes Problem: Die Kamera läuft, Marlene schlängelt sich hinter einer Wand hervor und dann die Treppe hinunter, als sich der Mann vom Ton einschaltet: »Sorry Leute, aber die Ketten klimpern so laut, dass nichts anderes mehr zu hören ist.« Einiges Herumprobieren später zeigt sich, sie springen noch dazu bei stärkeren Bewegungen reihenweise ab. Es steht fest: Die Ketten müssen weg.

Zurück in der Garderobe öffnet Marlene eine Flasche Champagner und lacht erleichtert. »Die beste Entscheidung des Tages! Aber was machen wir nun? Wir brauchen etwas Spektakuläres!« Den anderen fällt nichts ein, also bestellt Marlene nach einem Geistesblitz Pinsel und flüssige Goldbronze im Art Department. »Wir bemalen meine Beine! Das wird ein Knüller!«

Und tatsächlich wirken die Beine auf den Aufnahmen sensationell. Weniger gut kommt das Zähneklappern rüber, das Marlene nach einer Stunde überkommt. »Was ist denn los mit Ihnen?«, fragt der Regisseur William Dieterle.

»Ich habe keine Ahnung«, bibbert Marlene mühsam hervor. Der Studioarzt wird gerufen.

Es stellt sich heraus, dass die Farbe ihre Poren verstopft hat. Das darin enthaltene Blei wird sein Übriges zu ihrem Unwohlsein beigetragen haben. Mit Unmengen von Alkohol wird die Farbe nun von mehreren Helfern wieder abgetragen.

»Miss Dietrich«, sagt der Arzt, »ich rate Ihnen davon ab, diese Farbe noch einmal aufzutragen. Außerdem muss ich Ihnen mitteilen, dass für einen Fall wie diesen keine Klausel in ihrem Vertrag vorliegt, sodass Sie über das Studio nicht versichert sind, sollten Sie dadurch einen gesundheitlichen Schaden erleiden.«

Marlene schaut ihre jetzt grünen Beine an und zuckt die Achseln. »Ach was, ein Drehtag liegt doch schon hinter uns, da werde ich den Rest dieser Szene auch noch schaffen. Die Idee ist zu gut, um darauf zu verzichten.«

Natürlich setzt sie ihren Willen durch.

Indes rückt ihr Einsatz für die *USO* endlich näher. Während der Dreharbeiten fordert das FBI vom Studio eine Unbedenklichkeitserklärung bezüglich ihrer amerikanischen Gesinnung. *MGM* stellt sie aus, und schließlich bekommt Marlene die gute Nachricht: Sobald der aktuelle Film abgedreht ist, soll sie mit einer Begleittruppe nach Übersee aufbrechen. Sie ist überglücklich, denn schon längst hat sie das Gefühl, hier nichts Großes mehr unternehmen zu können.

Die Geheimorganisation des *Hollywood Victory Committee*, deren Kontaktmänner in der Schweiz regelmäßig Geld von ihr und anderen Stars erhalten und in der Anfangszeit Gefangene aus Konzentrationslagern befreit und nach Amerika gebracht haben, ist schon längst machtlos. Inzwischen hört man von Massakern im Warschauer Ghetto, die Alliierten sind auf Sizilien gelandet und die Bombenangriffe auf Deutschland werden intensiviert. Marlene darf gar nicht an ihre Mutter denken, sonst wird sie verrückt.

Sofort lässt Marlene sich alle vorgeschriebenen Impfungen geben und plant die Unterbringung eines kleinen und die Versteigerung eines großen Teils ihres Hab und Guts.

Am letzten Tag von 1943 kommen Kleider, Möbel, Schmuck, Silber und *150 Porzellanstücke aus Europa* unter den Hammer. Für ausreichend Geld ist nun gesorgt.

Marlene ist bereit.

Acht

Bei den Jungs

1944
An der Front

So schnell, wie Marlene es sich erhofft hat, geht es dann doch nicht los. Im Januar findet noch ein Nachdreh für *Kismet* statt, danach verabschiedet sie sich schweren Herzens von ihrer Tochter, getröstet nur von dem Scheck, den sie in deren Handtasche weiß, und bricht zunächst nach New York City auf. Dort verbringt sie Tage und Wochen im Warteraum der *William Morris Agency* in der Park Avenue Nummer eins, wo Abe Lastfogel die Entertainer-Gruppen für die *USO*-Auftritte im In- und Ausland zusammenstellt. Jeder der über siebentausend Unterhaltungskünstler wird gemustert und überprüft. *Nummern werden aufgerufen, wie bei einer Lotterie. Männer stehen auf, gehen fort, kleben ihre Kaugummis an die Schwingtüren.*

Marlene hat viel Zeit zum Nachdenken in diesen Tagen, während sie eine Zigarette nach der anderen raucht und Kaffee aus Pappbechern aus dem Automaten in der Halle trinkt. So absurd es sich in den Ohren anderer anhören würde, aber sie freut sich auf das harte, einfache Leben, das sie erwartet. Kaum jemand hätte ihr zugetraut, was sie jetzt tut, aber wer in Hollywood weiß schon etwas von der unter all dem Glamour versteckten preußischen Soldatentochter, die nur darauf wartet, sich die falschen Wimpern abzureißen und statt einer Bühne wieder ehrlichen Boden zu betreten? Außerdem ist da auch noch die liebende Frau in ihr, die den Geliebten wiedersehen möchte. Marlene hat läuten hören, dass Gabin in Algier stationiert ist und ihre Beziehungen spielen lassen. Eigentlich hat keiner der Stars Einfluss auf den Ort seines Einsatzes, doch sie hat sicherstellen können, nach Nordafrika zu kommen. Genaueres weiß sie aber nicht, ebenso wenig hat sie eine Ahnung, welche Künstler sie begleiten werden.

Eine Zeit lang scheint es, als würde sie es nie erfahren, denn Tag für Tag hört sie, wenn es draußen dunkelt: »Schluss für heute. Kommen Sie morgen wieder.«

Marlene wird langsam wütend, doch dann ist es endlich so weit. Man teilt ihr mit, wer als Mitglied ihrer Truppe mit ihr reisen wird: die texanische Imitatorin Lynn Mayberry, ein Schnulzensänger und Schauspieler aus Oklahoma namens Milton Frome, der Musiker Jack Snyder, der Akkordeon oder, wenn vorhanden, Klavier spielen soll, und Danny Thomas, ein aufstrebender Comedian aus Chicago.

Bevor sie an ihren Einsatzort fliegen können, müssen sie jedoch zuerst ihre Show zusammenstellen. Im Probenraum über *Lindy's* Restaurant in der Nähe des Broadway studiert die zusammengewürfelte Gruppe ihre Nummern ein und testet sie Ende Februar auf Verkaufsveranstaltungen für Kriegsanleihen. Beim Publikum kommt die Show gut an, doch die wahre Generalprobe findet am zwanzigsten März im Theater Nummer vier des *Broadways des Kriegsministeriums* statt, denn dort, in Fort Meade, Maryland, muss zu guter Letzt noch die Militärzensur überzeugt werden.

Marlene trägt das Kleid, das sie noch zusammen mit ihrer Kostümbildnerin Irene entworfen hat, einen Traum aus hautfarbenem Netzstoff, der da, wo die aberhundert aufgenähten Goldpailletten Lücken lassen, Nacktheit vortäuscht, aber nicht wirklich zur Schau stellt. Die Telepathienummer, die Marlene aus der *Wonder Show* übernommen hat, hinterlässt Staunen, aber als sie *Pagan Love Song* auf ihrer singenden Säge spielt – jede Menge Bein zeigend –, sind die zwölfhundert GIs kaum noch zu halten. Und die Zensur zeigt sich willig, den Jungs all dies zu gönnen.

Am vierten April wird es ernst. Marlene muss sich offiziell zum Dienst in Übersee melden. Ein altes Militär-Transportflugzeug startet mit ihrer Truppe an Bord mitten in einem Hagelsturm von New York aus nach Casablanca. Zwei Zwischenstopps zum Auftanken sind in Grönland und auf den Azoren vonnöten, bis sie endlich ankommen, doch auch dann ist die Reise noch nicht vorbei. Mit einer anderen Maschine geht es weiter nach Oran in Algier.

Hier verläuft keine Frontlinie, Nordafrika ist vielmehr *eine Zwischenstation, ein Absprunghafen für die Invasion in Italien*. Bei der ersten Vorstellung, die Marlene und ihre Kollegen am elften April im Opernhaus der Stadt geben, zeigen sich die zweitausend Soldaten im Publikum nicht so dankbar wie es später diejenigen tun werden, die sich schon mitten im Kampfgeschehen befinden. Vielmehr löst sich die Anspannung des Wartens auf den Einsatz in zahlreichen wütenden Zwischenrufen.

»Warum trägst du keine Waffe?«

»Was machst du hier, warum kämpfst du nicht?«

»Solltest besser Dienst am Vaterland leisten, aber keine blöden Späße machen!«

Die Sätze prasseln auf Danny Thomas ein wie Schläge, aber er duckt sich nicht. Er weiß, wie er reagieren muss. »*Wisst ihr Leute denn nicht, dass da draußen Krieg ist? Da könnte man ja verletzt werden!*«

Nach einem Moment der Stille fangen die ersten an zu klatschen. Zwei Gags später hat er sie alle. Marlene atmet auf. Sie ist froh, dass sie noch Zeit bis zu ihrem Auftritt hat und das Geschehen hinter dem Vorhang verborgen beobachten kann. Danny hat das Timing im Blut. Ein Publikum zu führen, Lacher punktgenau hervorzurufen und wieder zu stoppen, das liegt ihm. Schon bei den Probeauftritten hat Marlene das bemerkt und sich viel von ihm erklären lassen. Aber alles braucht Übung, und die fehlt ihr noch.

Als Danny all seine Gags versprüht hat, ist Lynn Mayberry an der Reihe. Sie parodiert bekannte Schauspielerinnen und kommt recht gut an. Milton Frome, begleitet von Jack Snyder am Klavier, hat es danach weniger leicht. Seine Schnulzen geben Anlass für spöttische Kommentare; er hat ihnen nichts entgegenzusetzen. Wieder rettet Danny die Situation und beginnt dann, zu Marlenes Auftritt – dem Höhepunkt der Show – überzuleiten. Sie muss sich auf den Weg machen.

»*Freunde, ich habe schlechte Nachrichten*«, sagt Danny zu Tode betrübt. »*Wir warten auf Marlene Dietrich, aber sie ist mit einem General essen gegangen und noch nicht zurück …*«

Wie erwartet bricht Protest los. Sie soll ihn ruhig einen Moment anschwellen lassen. In Gedanken zählt Marlene langsam bis fünf, dann taucht sie in Uniform und mit einem kleinen Koffer in der Hand im hinteren Teil des Zuschauerraums auf. »Nein, aber nein, ich bin doch hier!«

Alle Köpfe drehen sich zu ihr um, während sie durch den Mittelgang winkend nach vorn läuft. Auf den letzten Metern beginnt sie ihre Krawatte zu lösen. Als sie das Mikrofon erreicht, öffnet sie das Köfferchen und nimmt zuerst Pantoletten und dann den Hauch von paillettenbesetztem Nichts heraus. Wie in Gedanken knöpft sie langsam ihr Armeehemd auf. »So ein Quatsch, ich bin doch bei keinem General, ich bin doch hier! *Ich muss mich nur schnell umziehen …*«

Inzwischen johlen und applaudieren die Jungs. Der Zeitpunkt ist gekommen, den »Fauxpas« zu bemerken. »Herrjeh, das Publikum ist ja schon da, ich bin ja gar nicht allein!« Erschrocken hält sie ihr Hemd zu und flüchtet hinter eine spanische Wand.

»Bestimmt wollen Sie sich erst noch etwas erholen, Miss Dietrich«, ruft Danny ihr hinterher. »Heben wir uns ihren Auftritt für den Schluss auf. Die Jungs hier haben sicher nichts dagegen.«

Die GIs protestieren, trampeln und pfeifen, dass der Saal bebt. Danny ist wirklich ein Genie, denkt Marlene, während sie in ihr Kleid schlüpft. Sekunden später tritt sie hinter der Wand hervor und Snyder spielt die ersten Takte von *The Boys in the Back Room*. Der Jubel ist ohrenbetäubend. Den Höhepunkt des Abends bildet in jeglicher Hinsicht wieder einmal Marlenes singende Säge. Das Adrenalin tropft von den Wänden, die amerikanischen Truppen sind im Sturm erobert worden.

Den späten Abend nach der Vorstellung verbringt Marlene beschwingt vom Erfolg in der Suite von Lord Beaverbrook. Sie hat den Pressezar während ihrer Zeit in England kennengelernt. Inzwischen ist er nicht mehr nur Verleger, sondern auch Minister, zunächst für Flugzeugproduktion, dann für Nachschub.

Plötzlich steht ein Panzerkommandant der Freien Französischen Truppen vor ihr: Jean Gabin. Marlene kann es kaum glauben, dass ihr Wunsch so schnell erfüllt wurde, und tatsächlich ist es einem bloßen Zufall zu verdanken. Der Offizier John Lodge, der in *Die scharlachrote Kaiserin* den Grafen mimte, wartet ebenfalls in Oran auf seinen Einsatz und hat Gabin von Marlenes Ankunft berichtet. Gemeinsam haben sie die Überraschung arrangiert, und so kann das Paar nun noch einen gemeinsamen Abend miteinander verbringen, bevor sich ihre Wege wieder trennen. Spät am Abend blicken sie – zusammen mit vielen anderen – auf das Mittelmeer und ein fernes *Feuerwerk über Gibraltar*, das romantisch sein könnte, würde es sich nicht in Wahrheit um Bomben handeln. Sie fallen beim letzten Versuch von deutscher Seite, die im September folgende Invasion in Italien abzuwenden.

Marlene fühlt sich bei den Truppen von Anfang an wohl. Das Leben ist schlicht. Sie alle werden zurückgeworfen auf ihre Grundbedürfnisse. *Drei Dinge zählen: Essen, schlafen, in Deckung gehen.* Sie hat kein Problem mit den kargen Mahlzeiten oder damit, sich mit kaltem Wasser aus ihrem umgedrehten Helm zu waschen. Es ist hart und wundervoll zugleich. Die Bewunderung der Jungs, die oft versuchen, es ihr möglichst angenehm zu machen und ihr Leckereien besorgen oder ihr Zelt schmücken, gibt ihr mehr Energie als Nahrung es je könnte. Umgekehrt hat auch sie für die Jungs nach den Shows immer Zeit. Brauchen sie ein offenes Ohr oder wollen sich ausweinen, ist sie Mutterersatz. Gleichzeitig reanimiert sie aber auch ihre Rolle als Femme fatale, wenn es ihr nötig erscheint. Schließlich kann auch Intimität gebrochenen Mut wieder heil werden lassen. Eigentlich aber fühlt sie sich wie einer von ihnen. Schon bald entledigt sie sich daher der *USO*-Uniform und ersetzt sie durch die echte.

Ihr Bühnenrepertoire erweitert Marlene nach einiger Zeit um die englische Version des Liedes, das in Deutschland bereits große Erfolge gefeiert hat, inzwischen aber von Joseph Goebbels verboten wurde: *Lili Marleen.* Ein wunderschönes Liebeslied, das ohne Zweifel dazu taugt, jede erdenkliche Front zu erobern.

Als Marlene bei einer Live-Radioübertragung für den Militärsender dieses Lied singt, muss sie an Deutschland denken. Ihr kommt eine verrückte Idee, und fast kann sie sich nicht mehr auf die letzte Strophe konzentrieren:

When we are marching in the mud and cold
And when my pack seems more than I can hold
My love for you renews my might
I'm warm again, my pack is light
It's you, Lili Marleen
It's you, Lili Marleen

Wenn dies auch eine Sendung für die amerikanischen Truppen ist, so hört man sie doch gewiss auch in so manchem Haushalt in Deutschland. Als der letzte Ton verklungen ist, platzt es aus ihr heraus: »*Jungs! Opfert euch nicht! Der Krieg ist doch Scheiße, Hitler ist ein Idiot!*« Die Schockstarre, in die der Armeesprecher einen Moment lang verfällt, nutzt sie, um die deutsche Version des Liedes anzustimmen. Sie schafft eine Strophe, bevor ihr empört das Mikrofon aus der Hand gerissen wird. Aber immerhin. Vielleicht hat jemand es gehört.

Nach der Sendung besucht Marlene wieder ein Lazarett. Diese Besuche fallen ihr schwer, weil sie sicher ist, den Verwundeten gegenüber nicht die Zuversicht ausstrahlen zu können, die der Sinn dieser Besuche ist. Sie ist viel zu sehr damit beschäftigt, die Tränen zurückzuhalten, die ihr beim Anblick all dieser verschwendeten Leben kommen wollen.

Auch heute drückt die Atmosphäre des in Dämmerlicht getauchten Krankenzelts ihr sofort aufs Gemüt. Es ist so still, als lägen hier schon Tote aufgebahrt. Nichts bewegt sich, nicht einmal die Krankenschwester. Wie eine Statue sitzt sie auf ihrem Stuhl, starrt auf die Bettenreihen und wartet darauf, dass sie gebraucht wird, vielleicht, um einen neuen Behälter mit Blut an eines der neben jedem Bett befindlichen Gestänge zu hängen. *Die einzige Bewegung im ganzen Zelt … das einzige Geräusch im ganzen Zelt ist das Blut, das blubbert … die einzige Farbe im ganzen Zelt ist die Farbe des Bluts.*

Marlene wird ein wenig übel. Wie sinnlos es doch alles ist. All die Engelsgesichter, in die sie schon geblickt hat. Und die Menschlichkeit, die abseits des Schlachtfelds wieder zurückkehrt. »Da drüben liegen einige schwer verwundete Nazis«, hat ein selbst schlimm verletzter junger Mann ihr vor Kurzem zugeflüstert. »*Bitte, gehen Sie zu ihnen rüber und sprechen Sie mit ihnen. Sie können doch deutsch.*«

Als sie das Zelt schon wieder verlassen will, öffnet einer der Verwundeten die Augen. »Sind Sie Marlene Dietrich?«

Vorsichtig setzt sie sich zu ihm. »Ja, das bin ich.«

Da lächelt er. »Frenchy! Wenn Frenchy hier ist, kann es ja nicht so schlimm sein, oder?«

Marlene muss schlucken. Er hat den Nagel auf den Kopf getroffen. Genau darum geht es beim Einsatz der Stars in den Kriegsgebieten. Wenn jemand wie die Dietrich vor Ort ist, kann die Lage nicht aussichtslos sein, denn dann, so einfach ist das, wäre sie doch nicht hier.

»Ich bin doch nicht schwer verletzt, oder?«, fragt der Mann

jetzt. Auf seiner Stirn haben sich Schweißperlen gebildet. Er muss starke Schmerzen haben.

Sie will den Soldaten nichts vorlügen, ihnen keine Märchen erzählen. Die Wahrheit verdienen sie, so denkt Marlene eigentlich. Aber heute will sie einfach nur ein bisschen Hoffnung schenken. Sie drückt dem Mann die Hand, fährt ihm sanft über die Stirn. »Sie werden wieder, alles sieht prima aus. Machen Sie sich keine Sorgen.«

»Danke«, sagt er und schließt die Augen.

Marlene bleibt an seiner Seite, bis er schläft und das Blubbern des Blutes wieder das einzige Geräusch ist, das das Zelt erfüllt.

In der zweiten Maihälfte startet für Marlenes Ensemble ein Flieger nach Neapel. Die Truppen der Alliierten sind weiter nach Italien vorgedrungen, und so unterhalten sie nun zweimal am Tag die zwölfte und fünfzehnte Air Force und rücken immer näher an das Kampfgeschehen heran. Vor ihren Auftritten verliest Marlene eine Botschaft, die Durchhalten signalisiert: »*Hallo Jungs, ich möchte euch sagen, es bedeutet mir mehr, diesen Unterhaltungsabend mit euch zu verbringen, als für die Unterhaltung zu sorgen. Ich habe mir kaum vorstellen können, dass eine solch niveauvolle Unterhaltung hier im Feld möglich sein würde. Wenn alles so gut läuft, wie ich es bisher bei meinem Besuch in Italien gesehen habe, dann sehen wir einem schnellen Sieg entgegen.*« Dann wünscht sie den Soldaten Glück und Gottes Segen und lässt die Show beginnen.

Täglich fliegen die Künstler zu einem anderen Stützpunkt, bis sie nach Sardinien, Korsika und schließlich Anzio beordert werden. Sie sind die ersten Entertainer, die hier, wo vier Monate lang um den von deutschen Truppen abgeriegelten Brückenkopf gekämpft wurde, auftreten. Italien ist einer der verlustreichsten Kriegsschauplätze in Westeuropa. Insgesamt lassen hier 320.000

Alliierte und noch zehntausend Deutsche mehr ihr Leben. Doch inzwischen ist der Durchbruch gelungen: Am vierten Juni singt Marlene ihre Songs an einem von Granaten übersäten Strand, um dann den Truppen in einem Jeep zu folgen und die Befreiung der Ewigen Stadt mitzuerleben. Der Einzug in Rom hat etwas von einer Osterparade. Die Jungs werfen *mit Zigaretten und Schokolade um sich.*

Zwei Tage später landen 150.000 alliierte Soldaten an den Stränden der Normandie, die Entscheidungsschlacht an Hitlers Westfront beginnt. Marlenes tritt gerade vor viertausend GIs auf, als ihr der Zettel mit der Nachricht überreicht wird. Ihre Stimme zittert, als sie sie verliest. Die Veranstaltung versinkt in einem Meer von Tränen. Es sind Tränen der Hoffnung, aber auch der Angst. Jedem ist klar, dass die Operation noch einmal zahlreiche Opfer fordern wird.

Die Tournee durch Italien wird um zwei Wochen verlängert, doch Marlene leidet plötzlich an hohem Fieber. Zuletzt hat sie trotz Halsschmerzen bis zu vier Vorstellungen am Tag gegeben und den immer stärker werdenden Husten nicht ernstgenommen. Im Krankenhaus der Hafenstadt Bari wird eine bakterielle Lungenentzündung diagnostiziert. Es geht ihr sehr schlecht, doch dann erhält sie eine Sonderzuweisung eines kürzlich erst entwickelten Medikaments. Es nennt sich Penicillin und vollbringt wahre Wunder, wenn es Marlene nicht sogar das Leben rettet. Zum Dank sorgt sie dafür, dass die mageren Kriegsrationen Sir Alexander Flemings regelmäßig mit Eiern und Konserven aufgebessert werden. Er wiederum schenkt ihr später eine Probe seiner ursprünglichen Pilzkultur, die sie rahmen und in ihrer Wohnung aufhängen wird.

Damit Marlene sich völlig auskurieren kann, beordert man sie nach New York zurück. Hier soll sie auf den weiteren Marschbefehl warten. Vor Ort kommt der Geheimdienst *Office of Strategic Services* (*OSS*) – der spätere CIA – auf sie zu. Der Leiter, Wild Bill Donovan, will die feindlichen Fronten nachts mit depressiv stimmenden Liedern beschallen, deren Originaltexte zum Teil verändert wurden, um die Soldaten zu demoralisieren. Er hofft Marlene dafür gewinnen zu können. Natürlich willigt sie ein und nimmt einige Lieder auf. So singt sie etwa: »*Nun kommt die Erntezeit, nun blüht der Mohn so rot, und dort am Waldesrand, da wartet der Tod. Er schaut mich an und ich habe Angst um dich…*«

Deutschland allerdings macht ebenfalls auf diese Weise mobil und dichtet amerikanische Popsongs um. Aus Cole Porters Songzeilen *You're the top! You're the Coliseum. You're the top! You're the Louvre Museum* wird beispielsweise *You're the top! You're a German flyer. You're the top! You're machine gun fire.*

Die aufgenommenen Lieder sind für Marlene nur ein Gefallen, wichtiger ist ihr das fünfzehnstündige Interview, das sie der *Vogue* gibt. Sie versucht damit gegen die Gleichgültigkeit der amerikanischen Bevölkerung, für die der Krieg immer fern geblieben ist, anzureden und bemüht sich, das Leiden und die Leistung der Soldaten verständlich zu machen.

Im September reist Marlene mit einem neu zusammengestellten Ensemble nach Frankreich. Nur Lynn Mayberry ist von ihrer alten Truppe noch dabei, die anderen wollten sich nicht weiter verpflichten. Solange die Proben noch andauern, wohnen die Frauen gemeinsam in Chatou, einem Vorort von Paris. Als Marlene erfährt, dass ihr Freund Ernest Hemingway, den sie seit ihrem ersten Zusammentreffen auf dem Schiff nur einmal persönlich in New York wiedersah, sich im *Ritz* an der Place Vendôme einquartiert hat, hält sie nichts mehr. Die Zeit, in der sie einander per Brief das Herz ausschüttete, soll nun für eine Weile vorbei sein. Unangekündigt macht Marlene sich mit dem Jeep auf, ihn zu überraschen.

Zackig klopft sie an seine Zimmertür. Sie scheint sich in der

Nummer geirrt zu haben, denn es öffnet Santa Claus. »Papa, wie siehst du denn aus?«

Die Überraschung ist eindeutig gelungen. Hemingway fährt sich mit einer Hand durch den grau melierten Rauschebart und macht große Augen. »*The Kraut*, ich glaub's ja nicht!« Lachend fällt Marlene in seine Arme und er wirbelt sie im Kreis herum. »Komm herein!«

Drinnen wundert sich Marlene über das Doppelbett. Nach dem, was sie zuletzt von ihm gehört hat, ist es um seine dritte Ehe mit Martha Gellhorn alles andere als gut bestellt. »Oh, ist Martha hier?«

Hemingway winkt ab. »Das erzähle ich dir alles später. Du siehst aus, als könntest du ein Bad vertragen. Ich lass dir Wasser ein und danach kannst du *zum Rapport antreten*.«

Marlene stemmt die Hände in die Hüften. »Wie wäre es, wenn du mitkommst und dir diesen fürchterlichen Bart abnimmst, während ich plansche? Dann kannst du es mir gleich erzählen. Und ich berichte danach. Versprochen.«

So machen sie es. Marlene ist seit jeher unbekümmert, was Nacktheit angeht, und ihre geschwisterliche Ungezwungenheit im Umgang miteinander ist etwas, das sie besonders schätzt.

»Weißt du, ich habe eine wunderschöne *Taschenvenus* kennengelernt. Ich bin verrückt nach ihr. Sie ist klein und zierlich wie ein Vogel, aber dennoch unglaublich gut proportioniert.« Während Hemingway erzählt, lässt die Schicht aus Rasierschaum seinen Bart noch einmal auf die doppelte Größe anschwellen, bevor er gleich verschwinden wird. »Mary Welsh heißt sie. Ist Kriegsberichterstatterin beim *Daily Express* und dem *Life Magazin*.«

Er hat sie bei seiner eigenen Tätigkeit als Kriegsberichterstatter für *Collier's* in London kennengelernt. Ironischerweise hat er diesen Job seiner Frau Martha zu verdanken, die sein Lotterleben auf Kuba nicht mehr länger mitansehen wollte. Sie bat damals den befreundeten Roald Dahl, seit 1942 stellvertretender

Luftwaffenattaché an der britischen Botschaft in Washington und aufstrebender Schriftsteller, um Hilfe. Dieser unterbreitete Ernest, die Zeitungen in Amerika würden sich sehr glücklich schätzen, einen Schriftsteller seines Formats als Journalist für kriegswichtige Angelegenheiten zu gewinnen. Er sagte zu und war seit März 1944 in England im Einsatz, pendelte seit der Invasion der Alliierten in der Normandie zwischen England und Frankreich hin und her. Gerade erst musste er eine *Befragung durch eine Kommission der U.S. Army in Nancy* hinter sich bringen. Ihm wurde vorgeworfen, seinen Status häufiger verletzt, seine Kompetenzen überschritten und mehr als einmal das Kommando über militärische Operationen übernommen zu haben. Um die Eröffnung eines Verfahrens vor dem Kriegsgericht ist er aber glücklicherweise herumgekommen, weil die Beweise fehlten.

Marlene lehnt sich seufzend in der Badewanne zurück und lässt noch einmal heißes Wasser nachlaufen. Herrlich. Hemingway ist immer noch am Waschbecken beschäftigt, sieht aber schon fast wieder wie der Alte aus, was bedeutet, nur der Schnauzbart bleibt stehen. »Aber warum ist sie denn jetzt nicht hier, deine Mary?«

»Tja, das ist der zweite Teil der Geschichte.« Mit einem Handtuch wischt er sich die letzten Reste Schaum aus dem Gesicht und setzt sich, plötzlich zerknirscht wie ein kleiner Junge, der etwas angestellt hat, zu ihr auf den Wannenrand. »Ich hab besoffen mal wieder eine Dummheit gemacht. Ich hatte gerade zwei Freunde zu Besuch, die mir eine Maschinenpistole samt Munition geschenkt haben. Irgendwie kam ich im Laufe des Abends auf die Idee, damit auf ein Bild von Marys Ehemann zu schießen. Sie ist nämlich auch noch verheiratet.«

»Du bist ja verrückt!«

»Ich war betrunken, das ist etwas anderes. Meine Kumpels wollten mich abhalten, da bin ich mit dem Bild aufs Klo, hab's auf die Schüssel gestellt und abgefeuert. Gab eine schöne Überschwemmung und eine Mary, die aus unserem gemeinsamen Zimmer ausgezogen ist. Sie wohnt jetzt am anderen Ende des Flurs. Ich muss mich unbedingt wieder mit ihr versöhnen.«

Als Marlene Mary bald darauf kennenlernt, versteht sie nicht, warum Hemingway so verrückt nach ihr ist. Sie findet sie *steif und wenig begehrenswert.* Aber so ist die Liebe, überfällt einen und vernebelt die Sinne. Ein explosives Paar sind die beiden in jedem Fall, sie streiten sich ebenso leidenschaftlich, wie sie sich versöhnen.

Eines Abends geht Hemingway wieder einmal zu weit. Er hat ein paar befreundete Offiziere zu Besuch, und als sich alle schon ziemlich alkoholisiert im Speisesaal des *Ritz* einfinden, pöbelt einer der Freunde eine Dame wegen einer Bemerkung über das Militär an. Mary erkennt in ihr entsetzt Clare Boothe Luce, die Frau ihres Arbeitgebers. Sie hat Angst um ihren Job und weist den Mann zurecht, als seine Grobheiten kein Ende finden wollen. Später auf dem Zimmer stürmt Hemingway herein, erbost darüber, dass sie einen seiner Kumpel beleidigt hat. Der Streit schaukelt sich hoch und gipfelt in einer schallenden Ohrfeige. Nun herrscht wieder eisige Stille zwischen ihnen.

»Marlene, du musst mir helfen. Leg noch einmal ein gutes Wort für mich ein, bitte.«

Sie sitzen an der Bar. Hemingway trinkt tatsächlich Wasser, für Marlene Beweis genug für seine Reue. Aber sie ist sich nicht sicher, ob sie etwas dazu beitragen möchte, die Beziehung wieder zu kitten. Sie ist nach wie vor nicht davon überzeugt, dass die beiden gut zusammenpassen – und die Ohrfeige hat rein gar nichts damit zu tun.

»Was soll ich denn genau tun, Papa?«, fragt sie dennoch nach.

»Sag ihr, ich bin nicht so. Oder vielleicht doch, aber nur, weil ich sie liebe. Sag, dass ich ihr einen Heiratsantrag machen werde!«

Ihm scheint bei dieser Frau wirklich nicht mehr zu helfen zu sein, also willigt sie wider ihre Überzeugung in den Freundschaftsdienst ein und trifft Mary Welsh zum Mittagessen.

»Ich will ihn nicht mehr!« Das ist die erste Reaktion und auch die zweite und dritte, als Marlene nach und nach Hemingways Botschaft wiedergibt.

Erst beim entscheidenden Satz wird sie langsam weich. »Er hat versprochen, sich scheiden zu lassen und Sie zu heiraten.«

Mary will es sich überlegen, und als sie sich alle am Abend beim Dinner treffen und Hemingway ihr den Antrag macht, haucht sie mit geröteten Wangen ein glückliches Ja.

»Kraut, das werde ich dir nie vergessen! Zum Dank gebe ich dir Boxunterricht, wie wär's?«

Marlene muss leider ablehnen. Für sie geht es zurück in den Krieg, an verschiedene Fronten – nach Nancy, Belgien und nach Holland.

In ihrem Einsatz bei General Pattons dritter US-Armee, die Mitte September Nancy befreien wird, kommt Marlene der Front zum ersten Mal so nah, dass sie tatsächlich Angst hat. Patton lässt sie in sein Zelt bringen und fragt, ob sie wirklich den Mut aufbringen könne und wolle, sich derart in Gefahr zu begeben. »Ich habe *nur ein bisschen Angst davor, den Nazis in die Hände zu fallen*. Sie hassen mich doch so. Wahrscheinlich würde sie mich nicht töten, aber sie würden mich demütigen oder zu Propagandazwecken missbrauchen. Davor habe ich Angst. Alles andere ist mir gleich.«

Patton nickt und gibt ihr einen Revolver. »Erschießen Sie, so viele Sie können, bevor Sie sich ergeben. Oder aber, wenn das nicht geht …«

Marlene versteht, was er meint. Dankbar steckt sie den Revolver ein.

In den kommenden Monaten folgt eine große Schlacht der nächsten, Marlenes Truppe wechselt so häufig den Standort, dass sie manchmal gar nicht mehr weiß, wo sie ist. Neben Nancy wird im September Belgien befreit, und auch die erste große Schlacht auf deutschen Boden beginnt im Oktober im Hürtgenwald; dort trifft Marlene zufällig noch einmal Hemingway und ebenso J. D. Salinger. Aachen wird am dreizehnten Oktober von der Army eingenommen.

Es ist eine kalte und dunkle Zeit. In Theatern oder Opernhäusern finden die Auftritte ihres Ensembles schon lange nicht mehr statt, aber jetzt sind es immer öfter auch nicht mal mehr zusammengezimmerte Bühnen oder Ladeflächen, sondern klamme Schuppen, in denen nur Taschenlampen für Beleuchtung sorgen, während Marlene zähneklappernd in ihr dünnes Kleid steigt und gegen die bedrückende Atmosphäre ansingt. Ihre Hände werden *groß wie Bälle* vor lauter Frostbeulen, die Darmgrippe grassiert und der in Strömen fließende Calvados wärmt irgendwann nicht mehr, sondern reizt nur noch den Magen. Manchmal schläft sie auf dem blanken Boden in irgendwelchen Ruinen und die Ratten krabbeln ihr im Dunkeln über das Gesicht, *die Füße kalt wie der Tod.* Das Ungeziefer lässt sie *nicht in Frieden, genausowenig wie die V1 und V2s, deren ohrenbetäubendes Donnern* den leichten Schlaf immer wieder unterbrechen.

Aber sie hat es so gewollt und zuvor ihre ganze Überzeugungskraft eingesetzt, um dabei sein zu können, als die US-Truppen nach Stolberg und Aachen vordrangen. General Bradley hat es zunächst nicht zulassen wollen, schließlich aber nachgegeben. Zum ersten Mal seit langen Jahren hat Marlene wieder deutschen Boden betreten und erlebt jetzt einige Überraschungen: Die Deutschen sind ihr offenbar nicht so feindlich gesonnen, wie sie angenommen hat. Im von Artillerie zerschossenen und zerbombten Stolberg erkennt eine Frau sie und begrüßt sie mit den Worten »*Dass Sie hier sind, Frau Dietrich!*«, nur um gleich darauf von Haus zu Haus zu laufen und die Zutaten für einen Kuchen zusammenzukratzen, den sie ihr schließlich feierlich überreicht. Manch ein Juwel hat Marlene nicht so viel bedeutet wie dieses Geschenk, das sie mit den Frauen Stolbergs teilt.

In Aachen macht sie sich als Dolmetscherin nützlich, verteilt Krapfen in Lazaretten und tritt in einem zerbombten Lichtspielhaus auf. Als der Hausmeister dort ihr einen Kaffee anbietet, hat sie den ersten Schluck schon getrunken, bevor ihre Begleiter sie warnen können. Das Getränk könne vergiftet sein. Doch nichts geschieht. Marlene fragt den Hausmeister: »*Warum haben Sie mir diesen Kaffee angeboten? Sie wissen doch, dass ich auf der anderen Seite stehe.*« Seine Antwort ist simpel. »*Aber Sie sind auch der blaue Engel.*«

Es macht ganz den Anschein, als könnten auch die Deutschen das Kriegsende kaum erwarten.

Doch der Führer macht noch einmal mobil. Am sechzehnten Dezember beginnt die deutsche Ardennenoffensive, Hitlers Truppen zeigen überraschend noch einmal Stärke und schlagen die Amerikaner kurzzeitig ein gutes Stück zurück. Die Soldaten wundern sich darüber, dass Marlene noch da ist, dass sie sich wirklich in Gefahr begibt. So weit wie sie geht kein anderer Star. Einmal entgeht sie nur knapp der gefürchteten Gefangennahme. Die Zeit rund um ihren dreiundvierzigsten Geburtstag verbringt Marlene im Zentrum der Offensive in der Nähe des eingekesselten Bastogne damit, die neunundneunzigste Infanteriedivision von ihren Verlusten abzulenken, so gut es geht.

1945
Alles auf Anfang

Im späten Winter wird Marlene wieder nach Paris zurückgeschickt. Sie soll dort nicht nur ihre Frostbeulen behandeln lassen, sondern auch die hartnäckige Grippe, die einfach nicht ausheilen will. Als Anfang März der *American Theatre Wing* die *Stage Door Canteen* für die alliierten Soldaten auf der Champs-Élysées eröffnet, tritt Marlene bei allen drei Gala-Abenden auf, gemeinsam mit ihren alten Freunden Maurice Chevalier und Noël Coward sowie der Sopranistin Grace Moore. Auf der Bühne singt sie die bewährten Lieder, aber wie immer ist es *Boys in the Back Room*, das die Stimmung auf den Höhepunkt treibt. Nach dem Auftritt will Marlene noch mit einigen Soldaten tanzen, doch sie wird von allen Seiten so umringt, in die Luft gehoben und geküsst, dass sie kaum noch atmen kann.

Ihre Kontakte zu den Offizieren nutzt sie aus, um herauszubekommen, wo Jean Gabin stationiert ist. Er ist irgendwo in Bayern, und so bittet Marlene darum, die amerikanischen Besatzungstruppen Anfang Mai bei der Säuberung von Deutschlands Süden unterstützen zu dürfen. Als sie nach Bayern fährt und *um Erlaubnis bittet, mit den französischen Soldaten fraternisieren zu dürfen*, ist Deutschland bereits geschlagen. Die letzten Einheiten in Berlin ergeben sich am zweiten Mai, Hitler hat sich schon am dreißigsten April das Leben genommen. Am siebten Mai wird die bedingungslose Kapitulation aller deutschen Truppen von Generaloberst Alfred Jodl in Reims unterzeichnet, am achten Mai tritt sie in Kraft. Der Krieg in Europa ist aus.

Die Alliierten halten allerorten Siegesparaden ab – auch in Landsberg am Lech bei der Zweiten Französischen Panzerdivision von Jean Gabin. Dessen Führungsoffizier ist über Marlenes Anwesenheit informiert und erteilt ihr die Erlaubnis, Gabin zu überraschen. Während der Panzerschau auf dem Flugplatz läuft sie los, kann plötzlich nicht mehr an sich halten und ruft immer wieder: »Jean, Jean!« Als Panzerkommandant befindet er sich in der ersten Reihe, und Marlenes Lauf wird begleitet von anfeuernden Rufen der anwesenden Soldaten. »Weiter, weiter, da vorn!«

Endlich erreicht sie ihn, und er blickt vom Panzer herunter, als könnte er seinen Augen nicht trauen. »Merde! Was machst du denn hier?«

Sie lacht und wirft ihm einen Blick wie früher zu. »*Ich will dich küssen*!«

Zahlreiche Hände recken sich ihr entgegen und helfen ihr auf den Panzer, während Gabin immer noch wie erstarrt steht. Erst als ihre Lippen die seinen berühren, zieht er sie fest an sich. Applaus brandet auf, doch Marlene hört ihn nicht. Sie hört nur, was Gabin ihr ins Ohr flüstert: »Bald fangen wir noch einmal ganz neu an.«

Nach ihrem kurzen Treffen mit Gabin täte Marlene nichts lieber, als gleich nach Berlin zu fahren, um ihre Mutter aufzuspüren, doch ihre militärischen Verpflichtungen in Bayern werden das vorerst nicht erlauben. Also bittet sie jeden einzelnen der ihr bekannten Generäle und Offiziere, die dort hinfahren, nach ihrer Mutter, nach einer gewissen Josefine von Losch, zu suchen.

Als im Münchner Hauptquartier einen Tag nach Kriegsende jedoch die beunruhigende Nachricht aus dem KZ Bergen-Belsen eintrifft, Marlenes Schwester Elisabeth sei dort aufgefunden worden, wird sie umgehend freigestellt und mit einem Militärflugzeug zum Fliegerhorst Faßberg gebracht. Von dort aus fährt sie ein Jeep ins frühere Wehrmachthauptquartier in Belsen. Dort hat jetzt Captain Arnold Horwell von der britischen Armee sein Büro, ursprünglich ein Berliner Jude. Er hat das stellvertretende Kommando über das Mitte April befreite Vernichtungslager inne, das die Nazis irgendwann einfach verlassen und die Insassen ohne Nahrung und Wasser sich selbst überlassen haben. Achtundzwanzigtausend Menschen werden noch nach der Befreiung an Entkräftung sterben. Schon jetzt wissen sie nicht, wohin mit dem Leichen. Süßlicher Verwesungsgeruch liegt nicht nur in der Luft, er setzt sich auch in den Kleidern fest. Horwell weiß kaum, was schlimmer ist. Die Berge von fast zu Skeletten abgemagerten toten Körpern, die mit Bulldozern zusammengeschoben werden, oder der zerstörte Blick aus den Augen der ebenso abgemagerten Lebenden.

Als Horwell die Ankunft eines amerikanischen Offiziers gemeldet wird, der ihn sprechen müsse, denkt er automatisch an einen Mann. »Na, schicken Sie ihn rein.«

»Aber nein, es ist kein Mann!«

Horwell erkennt das Gesicht unter dem Stahlhelm sofort, als Marlene hereinkommt und sich knapp mit »Captain Dietrich« vorstellt. »Setzen Sie sich doch. Was kann ich für Sie tun, Frau Dietrich?«

Marlene nimmt Platz. »Mir wurde Meldung gemacht, meine Schwester Liesel Will und mein Schwager seien in Bergen-Belsen entdeckt worden. Nun bin ich in großer Sorge, möchte sie natürlich sehen und schauen, was ich für sie tun kann.«

Mit der Antwort, die nun kommt, hätte sie niemals gerechnet. »Nun, Frau Dietrich. Elisabeth und Georg Will sowie ihr Sohn sind hier keine Insassen gewesen, insofern geht es ihnen gut. Ihr Schwager war Truppenbetreuungsoffizier der Wehrmacht, seine Familie hat ein Kino und eine Kantine in der Nähe des Lagers betrieben, die vornehmlich zur Unterhaltung und Versorgung der Lagerleitung dienten. Ihr Schicksal liegt jetzt in den Händen der Militärregierung.«

Marlene wird schlecht. Sie kann nicht glauben, was sie da hört. Ihre Schwester auf der Seite der Nazis! Mitgelaufen mit ihrem Ehemann wie ein dummes Schaf.

Horwell hat Mitleid mit ihr. Er lässt die Wills in sein Büro bringen. Für Georg hat Marlene nur einen eisigen Blick übrig, aber als sie das Häufchen Elend sieht, das ihre Schwester ist, wird sie weich, ringt die bösen Worte nieder und umarmt die weinende Liesel fest. Es geht ihr nicht gut, seit zwei Monaten leidet sie an einer Brustfellentzündung.

»Ich werde mich für sie verbürgen«, sagt Marlene schließlich zu Horwell. »Ich weiß, es hört sich vermessen an, aber bitte tun Sie, was in Ihrer Macht steht, damit ihnen nichts geschieht.«

Horwell überlegt. Er ist von ihr beeindruckt, und die Wills haben sich nicht an Gräueltaten beteiligt, sondern sich wie die meisten anderen auch verhalten: Sie waren feige genug, um Mitläufer zu sein, und egoistisch genug, die Rettung ihrer eigenen Haut über alles andere zu stellen. »Ich werde sehen, was ich tun kann, Frau Dietrich.«

Marlene springt auf, schüttelt ihm die Hand. »Ich danke Ihnen vielmals, ich wünschte, ich könnte mich irgendwie erkenntlich zeigen, aber ich habe nichts!«

Horwell lächelt. Er holt eine Zigarette aus seiner Schachtel. »Wissen Sie was? Hinterlassen Sie mir hierauf einen Abdruck Ihrer geschminkten Lippen. Das schenke ich dann meiner Frau. Sie stammt auch aus Berlin und ist ein großer Fan von Ihnen, schon immer. Sie wird sich sehr freuen.«

»Aber gern!«

Später besteht Marlene darauf, sich das Lager anzusehen. Horwell überlegt kurz, ob er ihr das zumuten kann. Dann tut er es, aber nicht ohne sie vorher so gut darauf vorzubereiten, wie es mit bloßen Worten möglich ist, was in diesem Fall ganz zwangsläufig keine besonders gute Vorbereitung bedeutet. Mit jedem ersten Schritt wird Marlene bleicher, mit jedem zweiten fassungsloser, muss gegen den Würgereiz ankämpfen, als sie vor den Massengräbern und den aufgetürmten Leichen stehen. Sie sagt kein Wort während dieser grausamen Führung. Auch die Tränen schluckt sie hinunter. Was hat sie denn für ein Recht, zu weinen!

In der Zukunft wird Marlene ihre Schwester weiter unterstützen, weil sie zur Familie gehört, aber verzeihen kann sie ihr nie. Sie hält die Geschichte aus der Presse heraus und spricht niemals wieder in der Öffentlichkeit über Liesel. Später wird sie sogar leugnen, jemals eine Schwester gehabt zu haben.

Wenigstens eine gute Nachricht folgt in den nächsten Wochen: General James Gavin hat ihre Mutter ausfindig gemacht. In einem Telegramm schreibt er: *Hatte eine sehr nette Unterhaltung mit Ihrer Mutter. Sie ist wohlauf. Sie freut sich, Sie bald zu sehen.*

Marlene kann zwar immer noch nicht nach Berlin, aber Gavins erster Assistent wird geschickt, nach ihrer Mutter zu sehen, und sie trägt ihm allerlei Dinge auf, die er ihr bringen soll. Josefine von Loschs Wohnung ist den Bomben zum Opfer gefallen, sie wohnt jetzt in einem kleinen, bescheidenen Zimmer, wo sie Gavins Abgesandten empfängt und einen Sack voll Armee-Rationen entgegennimmt.

Über eine militärische Radiofrequenz darf Marlene dann wenigstens einmal kurz mit ihrer Mutter sprechen, jedoch nicht auf Deutsch. Sie ist wie in Trance, während das Gespräch wie im Flug an ihr vorüberzieht.

»Lena!«

»Mami!«

»Lena!«

»Mami, my sweet, we have to talk in English!«

»Ja. My lovely Lena, I'm so glad to hear your voice!«

»Mama, Liesel is all right.«

»Wo ist Liesel?«

»Yes, and the child too, and her son is alright!«

»Have you seen her?«

»Yes, I have seen her. And I'm coming as soon as I can!«

»Ah ja. And I'm so glad and so thankful for all what you have done.«

»Mami, you've suffered for my sake, forgive me!«
»Yes, my girl!«
»Mami, take care of yourself!«
»Yes. Goodbye.«
»Goodbye, Mami!«
»Goodbye, my heart.«
»Goodbye!«
»Goodbye.«

Viel zu schnell ist das Gespräch vorbei. Marlene hat so lange, so aufgeregt darauf gewartet. Hoffentlich hat die Mutter, die nicht besonders gut Englisch spricht, alles verstanden. Aber bald schon werden sie alles persönlich besprechen können.

Doch noch bevor es zu einem echten Wiedersehen kommt, wird Marlene wegen einer Kieferentzündung auf Fronturlaub nach New York geschickt, um sich dort einer Behandlung zu unterziehen. Wahrscheinlich wird sie in Zukunft keine Einsätze mehr haben und nur noch für einen Besuch bei ihrer Mutter zurückkehren. In der Militärtransportmaschine, die sie zum *LaGuardia* Flughafen bringt, trifft sie Lynn Mayberry wieder, die anderen Passagiere sind heimkehrende GIs. Und sie selbst ist im Grunde ja auch einer.

Es regnet, als sie in Uniform und Armeestiefeln aus der Maschine steigt. Das Empfangskomitee wird allein aus Rudi gebildet – der ewigen Konstante in ihrem Leben. Einige der Soldaten werden von niemandem empfangen. Nachdem Marlene den Zoll hinter sich hat, der prompt die Pistole konfisziert, die General Patton ihr gegeben hat, lädt sie alle ein, mit ihr zu kommen. Keiner von ihnen hat auch nur einen Cent in der Tasche, im Krieg wird mit einer anderen Währung bezahlt. Rudi übernimmt das Taxi, und im *St. Regis* Hotel unterschreibt sie einen Blankoscheck für alle Kosten und einen für Bargeld, das man ihr später aufs Zimmer bringen soll. Marlene bestellt Essen und Getränke für alle und schickt die Soldaten in der Suite nacheinander zum Baden. Die Stimmung ist ausgelassen, bis das Telefon klingelt.

»Hallo?«

»Hallo Marlene.« Es ist Charlie Feldman, ihr Agent.

»Wie schön, woher wissen Sie, dass ich hier bin?«

Obwohl er nicht direkt auf ihre Frage antwortet, sagen seine Worte alles. »*Bitte stellen Sie keine Schecks aus. Sie sind alle ungedeckt.*«

An diese Möglichkeit hat sie überhaupt nicht gedacht. »Es tut mir leid, *das wusste ich nicht*. Sieht so aus, als müsste ich schnell wieder einen Film drehen, was?«

Am anderen Ende schnaubt Feldman in die Leitung. »Stellen Sie sich das lieber nicht zu einfach vor. Sie waren lange weg. Das wird schwierig.«

Marlene legt auf und schaut nachdenklich auf ihre Kameraden. Das blüht euch auch, denkt sie. Von jetzt an heißt es: Alles auf Anfang.

Neun

Epilog

Das Jahr der Wiedereingliederung in Amerika wird kein leichtes für Marlene. Das Land, das den Krieg nicht am eigenen Leib zu spüren bekommen hat, heißt seine Soldaten nicht gerade mit offenen Armen willkommen.

Nicht nur der Krieg, noch anderes endet. Ihre Beziehung mit Jean Gabin. Trotz aller Hoffnungen und einer geplanten Hochzeit. Während des Krieges habe beide sich verändert, doch ganz offenbar in unterschiedliche Richtungen. Marlenes Mutter stirbt an einem Herzschlag, zwei Monate, nachdem sie sich endlich doch noch wiedersehen konnten.

Auch Hollywood hat sich verändert, neue, jüngere Schauspielerinnen haben Marlenes Platz eingenommen, während sie noch versucht, sich wieder an Nylonstrümpfe, Kleider und Hüte zu gewöhnen.

Dennoch stellt sie bald fest, dass sie nicht ganz auf den Anfang zurückgeworfen ist, und ihr Durchsetzungswille ist ungebrochen. Die zweite Hälfte ihrer Karriere liegt noch vor ihr, sie wird noch viele Filme drehen und schließlich als Sängerin Tourneen durch die ganze Welt machen, bevor Marlene beschließt, sich für die letzten Jahre ihres Lebens nach Paris und vollkommen aus der Öffentlichkeit zurückzuziehen. Sie wird Großmutter werden und noch viele Männer lieben.

Aber stets wird sie mit Wehmut auf die prägende Zeit unter den Soldaten zurückblicken, die für sie immer das Wichtigste und Beste bleibt, was sie je getan hat, symbolisiert von der *Medal of Freedom*, der höchsten zivilen Auszeichnung der USA, und zahlreichen anderen Orden, die sie erhält. Das bedingungslose Vertrauen und den blinden Verlass aufeinander wird sie in der Welt des schönen Scheins bis zu ihrem Tod vermissen.

Als Marlene am sechsundzwanzigsten Mai 1992 stirbt, ist das Wichtigste in ihrem Leben schon so lange vorbei, das manches in der Erinnerung verblasst und von der Einsamkeit der späten Jahre zugedeckt worden ist. Doch von Bedeutung ist nur eines: Sie hat es getan.

Dank

Ich danke dem Verlag Herder für das in mich gesetzte Vertrauen und meiner Lektorin Ariane Hug für die gute Zusammenarbeit und alle aus dem Weg geräumten Hindernisse.

Marcel Otten und Sabrina Kulin danke ich für ihre Unterstützung, die ein Wesentliches dazu beigetragen hat, dass dieses Buch geschrieben werden konnte.

Quellenangaben

LITERATUR (alphabetisch):

Bach, Steven: Marlene Dietrich. Die Wahrheit über mich gehört mir. List, München 2000.

Bosquet, Alain: Marlene Dietrich. Eine Liebe am Telefon. H. Bäßler, Berlin 2007.

Dietrich, Marlene: Ich bin, Gott sei Dank, Berlinerin. Ullstein, Frankfurt M. /Berlin 1987.

Dietrich, Marlene: Nachtgedanken. C. Bertelsmann, München 2005.

Fischer-Defoy, Christine (Hrsg.): Marlene Dietrich. Adressbuch. Transit, Berlin 2006.

Mann, Heinrich: Professor Unrat oder Das Ende eines Tyrannen. rororo, Berlin 1951.

Polgar, Alfred: Marlene. Bild einer berühmten Zeitgenossin. Zsolnay, Wien 2015.

Riva, Maria: Meine Mutter Marlene. C. Bertelsmann, München 1992.

Rodenberg, Hans-Peter: Marlene & Ernest. Eine Romanze. Insel, Berlin 2012.

Salber, Linde: Marlene Dietrich. Rowohlt, Berlin 2001.

Schneider, Thomas F. und Fuld, Werner (Hrsg.): Sag mir, daß du mich liebst. Erich Maria Remarque – Marlene Dietrich. Zeugnisse einer Leidenschaft. KiWi, Köln 2003.

Spoto, Donald: Marlene Dietrich. Biographie. Heyne, München 1992.

Weth, Georg A.: Marlene Dietrich. Ick will wat Feinet. Das etwas andere Kochbuch. Ruetten & Löning, Berlin 2011.

FILME (chronologisch):

Der blaue Engel (The Blue Angel), 1930
Morocco (Marokko), 1930
Dishonored (Entehrt), 1931
Shanghai Express (Shanghai Express), 1932
Blonde Venus (Blonde Venus), 1932
The Song of Songs (Das Hohe Lied), 1933
The Scarlett Empress (Die scharlachrote Kaiserin), 1934
The Devil is a Woman (Der Teufel ist eine Frau), 1935
Desire (Perlen zum Glück), 1936
The Garden of Allah (Der Garten Allahs), 1936
Knight Without Armour (Tatjana), 1937
Angel (Engel), 1937
Destry Rides Again (Der große Bluff), 1939
Seven Sinners (Das Haus der sieben Sünden), 1940
The Flame of New Orleans (Die Abenteurerin), 1941
Manpower (Herzen in Flammen), 1941
The Lady Is Willing (Fräulein Mama), 1942
The Spoilers (Die Freibeuterin), 1942
Pittsburgh, 1942
Kismet,(Kismet) 1944
Follow the Boys, 1944

LIEDER UND GEDICHTE (chronologisch):

O lieb, solang du lieben kannst! (Ferdinand Freiligrath, 1849)
Das war in Schöneberg (Walter Kollo, Rudolf Bernauer, Rudolph Schanzer, 1913)
Wenn die beste Freundin (Mischa Spoliansky, Marcellus Schiffer, 1928)
You're the Cream in My Coffee (Buddy G. DeSylva and Lew Brown, 1928)

Ich bin die fesche Lola (Friedrich Hollaender, Robert Liebmann, 1930)
Frag nicht, warum ich gehe (Robert Stolz, Walter Reisch, 1930)
Wenn ich mir was wünschen dürfte (Friedrich Hollaender, 1930)
Allein in einer großen Stadt (Franz Wachsmann, Max Colpet, 1932)
Mein blondes Baby. (Peter Kreuder, Fritz Rotter, 1932)
The Boys in the Back Room (Friedrich Hollaender, Frank Loesser, 1939)
Lili Marleen (Norbert Schultze, Hans Leip, 1939)
Sag mir, wo die Blumen sind (Pete Seeger, Max Colpet, 1962)
Bitte geh nicht fort (Jacques Brel, Max Colpet, 1963)

DOKUMENTATIONEN (chronologisch):

Marlene. Ein Film von Maximilian Schell (Maximilian Schell), 1983.
Hitlers Frauen. Marlene Dietrich – Die Gegnerin (ZDF Chronik, Prof. Dr. Guido Knopp), 2001.
Marlene Dietrich. Her Own Song (J. David Riva), 2003.
Marlene – Ein Engel in der Dämmerung (Dominique Leeb), 2012.
Duelle – Marlene Dietrich gegen Zarah Leander (Michael Wech), 2013.

THEATERSTÜCKE:

Von Hofmannsthal, Hugo: Der Tor und der Tod, 1894 (www.gutenberg.spiegel.de)
Von Goethe, Johann Wolfgang: Faust I, 1808 (www.gutenberg.spiegel.de)

REVUEN:

Es liegt in der Luft, (Mischa Spoliansky, Marcellus Schiffer, 1928)
Zwei Krawatten (Mischa Spoliansky, Georg Kaiser, 1929)

SONSTIGES:

Aufzeichnung der Probeaufnahmen zu Der blaue Engel von 1929
Aufzeichnung des Gesprächs mit Josefine von Losch 1945
Marlene (Spielfilmbiographie von Joseph Vilsmaier), 2000
Marlene Dietrich Collection Berlin, Ständige Ausstellung in der Deutschen Kinemathek
Kahane, Arthur: Der schauspielerische Nachwuchs. In: Theater, Berlin 1930

Quellennachweise

Seite 198: »Sag mir, daß du mich liebst…«
Erich Maria Remarque – Marlene Dietrich. Zeugnisse einer Leidenschaft. Herausgegeben von Werner Fuld und Thomas F. Schneider
© 2001 by the Estate of the late Paulette Remarque
© 2001 by Maria Riva
© 2001, Verlag Kiepenheuer & Witsch GmbH & Co. KG., Köln/Germany

»Eine von uns«

Katja Kulin
Irmgard Keun
Nach Mitternacht ein Leben
256 Seiten | Taschenbuch
ISBN 978-3-451-06756-3

Auf den folgenden Seiten finden Sie Ihre
exklusive Leseprobe »Irmgard Keun«

Blick zurück nach vorn

Zwei Schlaglichter

1912

»Mit dem Zeppelin bin ich geflogen, ganz allein!« Sechsunddreißig Münder bilden erstaunte Os und spornen an zu mehr. »Die Mannschaft konnt' ich wegschicken, ich wollt' ja selber steuern. Ganz schön schwer war das, weil so viel Wind war und der Zeppelin so groß. Immer weiter nach oben bin ich gestiegen, die Leute sahen aus wie Raupen von da!«

Die Blicke aus sechsunddreißig Augenpaaren folgen den ausholenden Bewegungen ihrer Arme, die jetzt zuerst die Maße des Zeppelins andeuten, mit dem Irmgard über die Welt gefahren ist, und dann die Höhe, in der sie schwebte.

»Ich bin aber leider immer an die Riesenhälse von Giraffen gestoßen, drum bin ich bald umgekehrt«, beendet sie schließlich bescheiden den Bericht von ihrem schönsten Erlebnis und blickt die Lehrerin erwartungsvoll an. Deren Mund bildet kein O, er ist ein schmaler Strich.

Die Mutter wird in die Cecilienschule bestellt. Während Irmgard an ihrem Pult warten muss und die Beine baumeln lässt, sitzt die Mama vorn bei der Lehrerin, die nichts Gutes zu berichten weiß. Das Kind habe eine rasche Auffassungsgabe, unbestritten, aber keine Disziplin, es träume immerzu. Dem müsse man einen Riegel vorschieben, denn mit dem Kopf in den Wolken werde man nichts. Schon jetzt versteige es sich so sehr in seine Fantasien, dass es Lügengeschichten erzähle und sie steif und fest für bare Münze verkaufen wolle.

Die Mutter nickt dazu, sie hört dergleichen nicht zum ersten Mal. Irmgard aber kratzt, während sie so tut, als höre sie nicht zu, mit den Fingernägeln über ihr Pult und weiß es besser; sie weiß genau: Die Lehrerin hat unrecht. Denn was man glaubt, gibt es.

1979

Jeder Platz im Hörsaal ist besetzt, auch auf den Treppenstufen sitzen die Mainzer Studenten, drängeln sich selbst noch auf dem Flur. Irmgard Keun ringt nach Atem, als sie den Saal, durch den jetzt ein Raunen geht, betritt; neben sich auf der einen Seite den Professor, der sie geladen hat, und auf der anderen ihren Lektor Klaus Antes.

Einführende Worte werden gesprochen, die Schlagworte *Neue Sachlichkeit, Bücherverbrennung, Exilforschung und Feministische Literaturwissenschaft* rauschen an ihr vorbei. Sie muss sich sammeln. Erwartungsvolles Schweigen tritt ein und dann tut sie, was sie am besten und noch immer kann: erzählen. Denn so klingt es, wenn sie liest. Wie eine Geschichte, die ihr nur für die Anwesenden über die Lippen kommt, ganz privat und exklusiv. Sie hat ihr *Kind aller Länder* mitgebracht, und die Gesichter der Studenten machen, dass sie länger liest als geplant. Frenetischer Applaus brandet auf, als sie schließlich endet. Sie ist *kurz vor dem Kollaps*, legt aber dennoch *einige Passagen nach*.

Während der Professor wieder übernimmt, denkt sie, dass es schon seltsam ist, das alles. Jetzt plötzlich wird sie wieder *verlegt, gelesen, gefeiert*. Nach all den gestohlenen Jahren. Seltsamerweise bedeutet es ihr inzwischen fast nichts mehr, *ein Glanz* zu sein. Meist – Abende wie heute ausgeschlossen – beobachtet sie eher amüsiert das allgemeine Treiben um ihre Person; die Bemühungen der Journalisten und Literaturwissenschaftler, Interviewtermine zu vereinbaren. Das Lohnende daran ist jetzt vor allem das Geld, das es bringt. Sie gibt viel davon für Schmuck und Pelze aus. Umgehen können mit Geld hat sie ja noch nie. Aber das fällt weniger auf, wenn welches da ist.

Damit es der Presse und auch ihr selbst nicht langweilig wird beim Immergleichen, variiert sie, was sie den Journalisten erzählt, aus reinem *Spaß am Fabulieren* und je nach Anlass, Gegenüber und Tagesform. Ihre Gesprächspartner glauben ihr gern, sind sie doch meist nicht gut genug informiert, um zu zweifeln. Das ist in Ordnung so, ärgerlich nur, dass ausgerechnet da, wo es nicht sein soll, in ihren Romanen nämlich, immer wieder mit hochgereckter Nase Autobiografisches gewittert wird.

Auch heute, natürlich. Eine Studentin fragt, ob *Kind aller Länder* nicht in Wahrheit ihre eigenen Emigrationserfahrungen, gefiltert durch die Kognition der vorpubertären Kully, wiedergebe; deutliche Ähnlichkeiten seien ja in jedem Fall vorhanden.

Sie könnte nun wiederholen, was sie schon einmal gesagt hat, mag es auch auf ein anderes Buch bezogen gewesen sein: »*Kaum. Wenig. Mehr Beobachtung an anderen. Da hab' ich viel zu viel Hemmungen, um meine eigenen Erlebnisse preiszugeben.*« Ob das so stimmt, muss niemand wissen, doch sowieso bleibt ihre Antwort heute ganz unverbindlich. »Ach, wissen Sie, die meisten Emigranten haben doch, irgendwie, sehr ähnliche Erfahrungen gemacht, vor, während, und zur Schande auch nach der Emigration, jeder Einzelne könnte da wohl Gleiches bei sich entdecken«, sagt sie nur und die Studentin nickt und setzt sich wieder.

Standing Ovations am Ende der Veranstaltung. Auf leicht wackligen Beinen geht sie nun am Arm des Professors dem entspannteren Teil des Abends entgegen – sie werden noch ein Gläschen trinken. Klaus Antes raunt sie zu: *»Mein Gott, ich bin doch nicht die Knef.*«

Aber innerlich, da sagt sie sich, dass nicht nur wichtig ist, was ist und was nicht, sondern auch, was hätte sein können.

Eins

Irgendwo muss man doch einmal hingehören

Im Schreiben zu Hause

1929

Kaum etwas los ist in dem Café, in dem Irmgard auf die bestellte Freundin warten will. Die Bedienung erzählt *auf den kleinsten Antipp hin von schlechtem Geschäftsgang*: »Die Leute han ja nischts mehr, keine Arbeit, kein Jeld, et is zum Heulen.« Die hoffnungsfrohe Zeit der Konjunktur ist schon wieder vorbei, die Zahl der Arbeitslosen schwankt, dass man seekrank davon werden könnte, und im Moment scheint sie sich auf hohem Niveau einzupendeln.

»Ein bisschen gut gehen lassen muss man es sich trotzdem, und gerade dann«, gibt Irmgard zurück und bestellt sich nicht nur ein Kännchen Kaffee und die Zeitung an den Tisch, sondern auch ein Stück Käsekuchen. Es ärgert sie aber ein wenig, dass sie sich Letzteres der Figur wegen nicht verkneifen kann; die Kellnerin freut es.

Nach dem Lesen der Zeitung löst Irmgard wie immer das Kreuzworträtsel, doch wollen ihr heute die rechten Wörter nicht einfallen. Ob das ein schlechtes Omen für den Entschluss ist, der wie ein unermüdlicher Trommler seit Tagen in ihrer Brust sitzt und ihr Herz beständig schneller schlagen lässt?

Nachdenklich faltet sie die Seiten wieder zusammen. Aber sie will jetzt schreiben, richtig schreiben, und den leicht bitteren Geschmack ihrer Rückkehr nach Köln vertreiben damit. Bloß nicht zu viele Gedanken darum machen. Versagt hat sie ja nicht, nicht wirklich. Die Schauspielerei ist bloß nichts für sie.

Etwas blass: Irmgard Keun – schiebt sich jetzt dennoch eine Kritik aus ihrer Hamburger Zeit auf die Titelseite der vor ihr liegenden Zeitung. *Der Künstlerin fehlten bisher ein wenig die Möglichkeiten zu reichen Nuancierungen.* Nun gut, sie muss es wohl, obgleich es ihr schwerfällt, sogar vor sich selbst, zugeben: Geschmerzt hat das alles schon ein wenig. Sie hatte sich ganz anderes erhofft, auch wenn sie recht früh spürte, dass ihr die rechte Leidenschaft für diesen Beruf fehlte; die Fähigkeit, die eigene Person zugunsten einer Rolle hintanzustellen. Ihrem Vater hätte sie aber gern bewiesen, dass die Erlaubnis, die er ihr nach langen Diskussionen für die Schauspielschule gab, die richtige war. Schließlich hat er auch die vierhundert Mark Schulgeld pro Jahr bezahlt, obwohl es um seine Firma, die *Cölner Benzin-Raffinerie GmbH*, eine ganze Weile alles andere als rosig stand.

Mit der Kladde, die sie jetzt aus ihrer Tasche holt, wischt sie die imaginären Zeilen und die Gedanken an den Vater energisch vom Tisch. Vorbei. Zeit für einen neuen Weg. Den richtigen diesmal, denn genau genommen hat sie an der Gabelung schon zweimal den falschen gewählt. Wobei, die Entscheidung für die *Berlitz-School* und den Stenografie- und Schreibmaschinenunterricht ist nicht einmal die ihre, sondern natürlich der Wunsch des Vaters gewesen. Freude hat ihr die Büroarbeit nie bereitet, und auch jetzt, da sie wieder aushilfsweise in der Firma ihres Vaters arbeitet, weiß sie: Für immer darf das nicht sein. Darum nun ein erster Test. Wo Gabi nur bleibt?

Zweifel, genährt von der Wartezeit, wagen sich aus den Ecken des Cafés bis an den Tisch heran und kriechen ihr langsam die Beine hinauf. Ist wirklich vorzeigbar, was sie geschrieben hat? Schon seit Längerem hält sie kleine Beobachtungen und Ideen fest, hat auf Drängen ihrer Schauspielfreundin Ria Hans damit angefangen. Aber dies ist etwas anderes.

Ein feuchter Finger blättert suchend in der Kladde. Da ist sie, ihre erste Geschichte: Eine Frau sitzt mit einem Mann, der mehr ein Auge auf sie geworfen hat denn umgekehrt, in einem Café. Plötzlich sieht sie unter dem Tisch etwas funkeln, erkennt es nicht genau, eine wertvolle Brosche vielleicht, silbern und mit echten Steinen. Ein Schmuck, der sich gut versetzen ließe; die aktuellste Mode würde sie sich davon kaufen können. Also muss die Frau einen Weg finden, unauffällig an die Brosche zu gelangen. Sie lässt versehentlich ihre Serviette darauf fallen und kann froh sein, dass ihr Gegenüber alles andere als ein perfekter Gentleman ist. Nun liegt das Kleinod im Papiertuch, das Papiertuch in ihrer Hand und die Hand unter dem Tisch auf dem Schoß.

Den Mann muss sie noch loswerden, damit sie endlich nachsehen kann. *Zuerst wird sie einsilbig, dann schroff. Der Mann geht.*

Nun also. Mit klopfendem Herzen öffnet sie die Faust, und wie eine Blüte öffnet sich die Serviette langsam und gibt den Blick auf ihren Inhalt frei. Es ist die eigene Talmibrosche, die ihr unbemerkt vom Revers gefallen ist.

Etwas Großes ist das sicher nicht, denkt Irmgard, aber auch nichts Kleines. Das hat sie im Gefühl. Gabi, so komm doch!

Als hätte sie's gehört, betritt die Freundin jetzt das Café. Herrje, wie fadenscheinig ihr leichter Mantel ist, wie oft gestopft der Rock. Gut aber, dass das Blitzen in Gabis Augen noch ganz das alte ist, ebenso wie die Energie, mit der sie jetzt zu ihr an den Tisch tritt und sie kräftig umarmt. »Irmchen, du lieber Himmel, was gibt's denn so Dringendes, dass du mich direkt nach der Arbeit herbestellt hast?«

Gabi hat mit ihr die Schauspielausbildung gemacht, aber vorzeitig abgebrochen. Jetzt arbeitet sie als Stenotypistin. Schwupps, ist der Mantel abgestreift und über die Stuhllehne geworfen. »Viel Zeit hab' ich auch nicht, ich tipp' doch jetzt abends noch Memoiren für'n Professor. Ich sag' dir, ich brech' gleich zusammen, so abgehetzt hab' ich mich für dich!«

Das Lachen, mit dem Gabi sich setzt, straft ihre vorwurfsvollen Worte Lügen. Ein erwartungsvoll in beide Hände gestützter Kopf heißt die Freundin anfangen.

Irmgard atmet durch und nimmt das Büchlein wieder zur Hand, streicht mit den Fingern über den Deckel. »Ich hätt' gern, dass du dir einmal etwas anschaust. Und du mit deiner so schön großen Klappe, ich besteh' drauf, dass du mir ganz ehrlich sagst, was du davon hältst.«

Gabi schnaubt und strafft sich. »Nu' bin ich aber neugierig, lass sehen!«

Aber Irmgard ist noch nicht bereit, die Kladde weiterzugeben, umständlich sucht sie die richtige Seite. Wie ein schüchternes kleines Mädchen bei ihrem ersten Liebhaber kommt sie sich vor. Sie kennt sich so nicht. »Geschrieben hab' ich was, ist nur eine kleine Geschichte, aber ...«

»Jetzt gib schon her!« Gabi hat über den Tisch gelangt und beginnt bereits zu lesen. Protestieren ist zwecklos.

Irmgard liest der Freundin jede Regung vom Körper ab. Wiedererkennendes Nicken zu Beginn der Geschichte, die Zeichnung der Umgebung ist ihr wohl gelungen. Wissendes Kichern, das muss die Stelle sein, an der sie den Kerl mit seinem Gehabe beschrieben hat. Ein unbewusstes Langen an die eigene Brosche, als der Schmuck erwähnt wird, und, am besten, das Schnappen nach Luft bei der Auflösung.

Nein, noch besser sind die glänzenden Augen, als Gabi wieder aufschaut und nach ihrer Hand fasst. »Irmchen, das ist gut, die Pointe, ich werd' nicht mehr! Und wie du das beschreibst, so lebensecht!« Kurz hält sie inne. »Jetzt versteh' ich! Unser Irmchen wird Schriftstellerin!«

Irmgard versucht, ganz nüchtern zu bleiben angesichts dieser Reaktion, obwohl der Trommler in ihrer Brust an Tempo zugelegt hat. »Ja, das hab' ich vor und meine auch, es passt. Niemand, nach dem ich mich richten muss, niemand, der mir sagt, wie ich's machen soll. So konnt' ich doch schon immer am besten.«

»Und wie du kannst!« Gabi schlägt mit der Faust auf den Tisch, steht schon wieder auf und streift schwungvoll den Mantel über. Dann fasst sie Irmgard so theatralisch, dass es nicht gespielt sein kann, bei den Schultern. »Unbedingt weitermachen musst du, am besten gar nichts anderes mehr tun, hörst du?«

Irmgard hört und befolgt den Rat auch gleich, nachdem die Freundin das Café verlassen hat. Ein gerade eingetretenes Pärchen diskutiert mit der Bedienung. Kaffee wollen sie, nur eine Tasse; serviert werden aber bloß Kännchen. Die beiden schauen sich an, der Blick der Frau geht verlegen zur Seite, dann stehen sie wieder auf.

»Kein Wunder, dass Ihnen die Kundschaft wegbleibt«, spuckt der Mann noch zum Bedientresen; halb geht es im Bimmeln der Türglocke unter, so heftig reißt er die Tür auf.

Das muss sie aufschreiben. Sie nimmt den Bleistift und weiß, hinter der Empörung versteckt sich Scham. Auch das muss festgehalten werden. Ja, es sind schon Zeiten. Not und Krise überall. Dass es bald besser wird, glaubt sie nicht. *Traurige Stadt. Trauriges Land.* Gut nur, wenn man über all das wenigstens schreiben kann.

Für ein paar Minuten vergisst sie die Welt, dann verrät ihr ein Blick auf die Uhr, dass sie nach Haus muss. Sie hat den Eltern versprochen, mit ihnen zu essen. Eine gern eingegangene Pflicht. Freuen kann sie sich auf den Abend. Dann wird sie wieder im *Treppchen* sitzen, bei Freunden und einem Glas Wein oder zwei. Das Beste: Es wird gemunkelt, Johannes Tralow würde heute erscheinen. Nicht jedes Wiedersehen mit ihm hat ihr bisher Freude gemacht, aber klug ist sie ganz offensichtlich nicht daraus geworden, verstehe es, wer will.

So erwartungsfroh ist sie, dass sie dem Servierfräulein, das daraufhin doch tatsächlich einen halben Knicks macht, ganze vierzig Pfennig Trinkgeld gibt. Dann noch von einem Versehen zu sprechen, ist natürlich unmöglich.

Rauchgeschwängerte Luft schlägt ihr entgegen, als sie am Abend endlich das *Treppchen* betritt. Aus Erfahrung weiß sie, dass ihre Augen später, wenn sie im Bett liegt, brennen und tränen werden. Aber irgendwie mag sie das.

Die besten Plätze an der Theke sind besetzt, auch sonst ist das Lokal gut besucht. Gestikulierende Männer, lächelnd nickende Frauen. Irmgard lässt den Blick von Tisch zu Tisch schweifen, grüßt ein paar Freunde, geht aber nicht zu ihnen, denn jetzt hat sie ihn entdeckt. Johannes Tralow. Wie hat sie zu ihm aufgeblickt, damals, sie die kleine Schauspielschülerin und er der große Regisseur und Dramatiker. Dreiundzwanzig Jahre älter als sie, vollschlank, mit Brille und längst zurückgewichenem Haaransatz ist er schon da kein Douglas Fairbanks gewesen, doch seine Ausstrahlung hat etwas so Fesselndes gehabt. Die Tatsache, dass er ihr nicht so viel Beachtung geschenkt hat wie manch anderer, mag dabei auch von Bedeutung gewesen sein. Für eine sechsmonatige Affäre hat es vor drei Jahren immerhin gereicht. Dann ist er ohne Bedauern nach Kassel gegangen, und beim nächsten Wiedersehen – überraschen wollte sie ihn mit ihrem Besuch, doch überrascht wurde nur sie – hatte er schon eine andere.

Jetzt sitzt er mit Kollegen und Bewunderern an einem der großen Tische, ein paar junge Frauen stehen darum herum und vervollständigen das Bild.

Ach, er liest aus seinem neuen Roman, seinem zweiten. Noch lieber als ein großer Regisseur wäre Tralow ein noch größerer Schriftsteller. Er hat Irmgard nie nach ihrer Meinung gefragt, der Blick jedoch, den sie in seinen ersten Roman *Kain – der Heiland* geworfen hat – kein Blick, der sich durch ihre Schwärmerei vernebeln ließ –, hat ihre Vermutung bestätigt, dass es nicht zu den leichtesten Aufgaben eines Menschen gehört, sich einzugestehen, was er am besten kann und was er lieber bleiben lässt.

Nun also gibt es *König Neuhoff* aus Tralows Feder, einen historischen Roman über den ersten frei gewählten König von Korsika, Theodor Stephan von Neuhoff. Irmgard ordert ein Glas Wein und begibt sich zu Tralows Tisch, um zuzuhören. Über sein Buch gebeugt, liest er: *»Das Weltzentrum Paris ist seiner natürlichen Aufgabe zurückgegeben, und immer noch gibt es Leute, die sich nicht zum Rhythmus ihrer Gegenwart entschließen können, die aus verliebten Gewohnheiten von Venedig sprechen, das in sanft geschwungenen Gondeln schöne Frauen durch oft recht anrüchige Kanäle plätschern lässt. Andere, die sich …«*

Der Kellner bringt ihren Wein. Keinen Moment zu früh, denkt sie und nimmt einen Schluck. Gut. Vielleicht urteilt sie zu schnell, aber sein Stil ist eindeutig der ihre nicht; zu blumig, zu verschnörkelt, zu pathetisch. *Recht anrüchig?*

Die Gesichter der übrigen Zuhörer sprechen jedoch einhellig eine andere Sprache. Eine Blondine in einem altmodischen grünen Humpelrock saugt mit großen Augen und geschürzten Lippen jedes von Tralows Worten in sich auf. Vielleicht ist sie es ja, die irrt.

»Kein Halbdunkel – Klarheit! Keine Vergangenheit – unsere Gegenwart und Zukunft! Licht und leichte Beschwingung einer alles beherrschenden Geistigkeit! Leben!«

Beim letzten Wort schaut er so theatralisch auf, wie er es keiner seiner Schauspielerinnen hätte durchgehen lassen, und erblickt Irmgard. Seine Brauen zucken nach oben, kurz hebt er die Hand zum Gruß, den sie kaum merklich erwidert.

Sie hört seinem Vortrag zu, bis er endet, doch noch während applaudiert wird, macht sie sich davon, setzt sich zu ihren Freunden. Sie wird nicht demütig dastehen und warten, bis die Reihe an ihr ist und er mit ihr spricht. Nein. Er soll zu ihr kommen.

Ein Weilchen später, sie ist längst Mittelpunkt und unterhält die Freunde mit Anekdoten aus ihrer Schauspielzeit, kommt er tatsächlich. Sie hat es längst bemerkt und beendet rasch ihre Erzählung: »Gekeilt haben sie sich in der Garderobe, wie die Furien. Ein Büschel Haare weniger für die eine, weil sie auf der Bühne zwei Sätze mehr gekriegt hat. Zwei!«

Die Leute lachen, sie angelt umständlich nach der nächsten Zigarette. Der Plan geht auf; noch bevor der Glimmstängel ihre Lippen erreicht, gibt Tralow ihr schon Feuer.

»Meine liebe Irmel, wie schön, dich wiederzusehen. Gut siehst du aus!«

Es ist ihm nicht entgangen, dass sie sich zurechtgemacht hat. Der nachtblaue Rock ist elegant, die ultramarine Bluse ist ihr wie aus den Augen geschneidert. Irmgard inhaliert und stößt den Rauch lachend aus. »Alter Schmeichler, hör mir auf, ich hab' doch gesehen, wie schwer du dich von drüben losreißen konntest.«

Das ist ihm Stichwort genug. »Du hast doch zugehört, Irmel, wie fandest du's? Hast du das Buch vielleicht schon gelesen? Vor wenigen Wochen ist es erst erschienen, aber ich bekomme *bereits jetzt täglich Leserbriefe.*«

Es gibt Momente, in denen ist es keinesfalls angebracht, die Wahrheit zu sagen. *Unterhaltungen mit einem Schriftsteller* gehören selbstverständlich dazu. »Mein Lieber, es ist ganz wundervoll. *Mit keinem heutigen Werk zu vergleichen. In hundert Jahren wird man seinen Wert erst richtig erfassen.*«

Sie ist in Sorge, es zu weit getrieben zu haben, aber er ist geschmeichelt und nimmt sie beim Arm. »Komm, lass uns allein reden.«

An einem Tisch für zwei erklärt er ihr dann genauer – *so begierig darauf wie jeder Schreibende* –, was sein literarisches Schaffen zu etwas Besonderem macht. »Ich will das Tor zu bislang unbekannten geschichtlichen Welten öffnen, ich bringe dem Leser die Sittengeschichte ganzer Völker nahe, und es fällt mir gar nicht schwer, *es ist mir eben gegeben*. Irmgard, verstehst du das?«

Sie nickt, aber Historisches interessiert sie zumindest für ihr eigenes Schreiben nicht. Was soll sie mit dem Damals, wenn das Jetzt doch so viel spannender ist?

Tralow erzählt weiter, erzählt ihr scheinbar alles, was es zu diesem Buch zu sagen gibt, nur einen Satz, den sagt er nicht. Wahrscheinlich hat er ihn bis jetzt nicht einmal gedacht, aber vier Jahre später wird er ihn aufschreiben, in einem Brief an den Präsidenten der Preußischen Theater-Kommission, Hans Hinkel, den Verantwortlichen für die Entjudung des kulturellen Lebens in Preußen: *König Neuhoff* sei ein Roman, in dem er sich *ganz entschieden von einer nivellierenden Demokratie lossage und die Wichtigkeit der Rasse betone.*

Würde Irmgard das jetzt hören, würde sie ihn auslachen, so

aber bleibt, was er erzählt, harmlos genug, dass sie nur an den richtigen Stellen Ja und Nein, Aha und Oho sagt, während ihre Gedanken langsam fortschweben zu einer Figur, die ganz aus diesem Jetzt kommt und die vielleicht, vielleicht einen ganzen Roman tragen könnte.

Die kurze Wiederbegegnung mit Tralow hat zu keiner Auffrischung der Affäre geführt, er ist bald darauf wieder aus ihrem Leben und sie selbst ein paar Wochen später gemeinsam mit den Eltern an den Tegernsee gefahren.

Das Wetter ist gut, das Baden im See herrlich, aber nach wenigen Tagen hat Irmgard genug von der Idylle, ihr steht der Sinn nach Großstadt. Also eist sie sich los, fährt nach München, mietet ein kleines Zimmer und geht gleich ein bisschen bummeln.

Das *Wiener Café Stefanie* an der Amalienstraße ist inzwischen längst kein *Café Größenwahn* mehr, wie es der Volksmund bis zum Ausbruch des Ersten Weltkriegs noch genannt hat. Seine Hochzeit als Treffpunkt für politisch engagierte Literaten wie Erich Mühsam, Leonhard Frank, Ernst Toller und Frank Wedekind, für endlose Diskussionen, neue Welt- und Gesellschaftsentwürfe ist vorbei, aber es wird doch gewiss noch etwas von der Atmosphäre der damaligen Zeit atmen. Fast ehrfürchtig tritt sie also ein, sehr voll ist es nicht, und besieht in Ruhe die hohen Decken, die schweren Kronleuchter daran und die imposanten dunkelroten Samtvorhänge, die jeden Durchgang bekränzen, als wäre unsagbar Kostbares dahinter verborgen.

Was es auch sein mag, die ersehnte Atmosphäre ist es jedenfalls nicht. Schließlich setzt Irmgard sich an einen der runden Zweiertische. Etwas trinken kann sie auch ohne den Abglanz vergangener Tage.

»Wos derf's denn sa, schöne Frau?«, fragt der Kellner in

unverborgenem Dialekt. Den Charme des Bajuwarischen muss sie wohl weiter vergeblich suchen, breit und platt und zäh wie Brei kommt ihr jedes Wort vor, das den Münchner Mund verlässt. Rasch bestellt sie einen Kaffee.

Der Kellner hat ihn noch nicht gebracht, da spricht sie ein Herr vom Nebentisch an. »Verehrte Dame, gerade eben habe ich die Zeitung ausgelesen, wenn Sie Interesse daran haben, würde ich sie Ihnen liebend gern übereignen.«

Keine Spur Dialekt, er spricht das reinste Hochdeutsch, das Irmgard je gehört hat, wenn auch etwas hochgestochen. »Nett von Ihnen, vielen Dank.«

Mit ihrem Interesse an der Zeitung hat sie offenbar auch gleich welches an dem Mann bekundet, denn nun lässt er nicht mehr von ihr ab und will wissen, was sie hierherführt. Natürlich wird das Überlassen des Druckwerks von vornherein das Mittel zum Zweck gewesen sein. Aber gut, der Mann hat Charme und sieht außerdem recht ansprechend aus. *Taflig* gekleidet, volles, zur Seite gescheiteltes dunkles Haar, mit gepflegtem, kurz gehaltenem Vollbart, intelligente Augen. Älter, so wie sie es durchaus schätzt. Warum also nicht, denkt Irmgard und stürzt sich kopfüber ins Gespräch. Irgendwie kommt er ihr bekannt vor, doch als sie sich einander vorstellen, sagt ihr sein Name nichts.

Der Kaffee wird gebracht, die Zeitung bleibt unbeachtet liegen und die Unterhaltung mäandert vom Grund ihres Hierseins zur Schönheit des Starnberger Sees, zur gegenseitigen Vorstellung, zur Geschichte des *Café Stefanie,* zum *Kabarettlokal Simpl.* Dort will ihr Gegenüber 1914 die Diseuse Marietta di Monaco bei der Rezitation eines Gedichts von Klabund und Hugo Ball zum ersten Mal das Wort *Dada* aussprechen gehört haben; eine Weltpremiere, die sich erst zwei Jahre später zu einer künstlerischen und literarischen Revolte ausgewachsen haben sollte.

Damit hat er ihr die Vorlage für eine naheliegende Frage geliefert. »Und Sie, sind Sie denn auch Künstler?«

Bedauernd hebt er die Hände. »Aber nein, Irmgard, darf ich

Irmgard sagen, dazu fehlt mir unglücklicherweise jede Gabe, ich konsumiere nur. Nein, ich bin Psychoanalytiker und praktiziere in einer eigenen Praxis, gar nicht weit von hier.«

Damit sind sie also beim Du angelangt, und nun weiß sie auch, an wen er sie erinnert. Sigmund Freud scheint für Gideon auch in äußerlichen Dingen nachahmenswert zu sein. »Ach, das ist ja ungeheuer interessant. In *Die Traumdeutung* hab' ich mal hineingeschaut, sonst bin ich noch gar nicht in direkten Kontakt mit Freuds Werk gekommen, aber was man so in Artikeln liest, ist wirklich aufregend. Ich fürchte nur, ich würde kein Wort verstehen, wenn ich mich da mehr vertiefen würde.«

Ja, das packt ihn wie zu erwarten, es bindet Gideon fest an sie in dem Ehrgeiz, sie nicht wieder alleinzulassen, solange sie noch eine Unwissende ist, und ihr die unbekannte Welt der Psychoanalyse bis ins Detail zu erklären. Wein wird bestellt, Zigaretten werden angezündet, mehr Wein, mehr Zigaretten folgen, und irgendwann kommt er zu einem ganz logischen Schluss.

»Irmgard, ich kann ja noch so viel erzählen, ganz werden dir die Augen erst geöffnet werden, wenn du Freuds Bücher selbst nicht nur gelesen, sondern auch verinnerlicht hast.« Er macht eine kleine Pause und räuspert sich. Als er weiterspricht, ist er kein Psychoanalytiker mehr, sondern nur noch ein Mann, der eine Frau unbedingt haben will. »Sie stehen alle in meiner Bibliothek, in meiner Praxis. Wir könnten hingehen, du könntest ein wenig schmökern und dir ausleihen, was du genauer studieren willst.«

Sie bläst ihm den Rauch ins Gesicht, lacht und drückt die Zigarette aus. »Na, dann zahl und lass uns gehen.«

Die Praxis ist Bestandteil von Gideons Wohnung, und als sie sie betreten, um nach den Büchern zu sehen, wird ihr klar, dass seine Bewunderung für Freud auch bei der Einrichtung des Behandlungszimmers nicht aufgehört hat. Sie hat Fotos gesehen, und dies hier mag zwar keine exakte Kopie sein, könnte aber gewiss als eines dieser Suchbilder taugen: Finde zwölf

Dinge, die anders sind als im Original.

Vorerst kann sie sich nicht darauf konzentrieren, sie zu suchen, denn von dem unter einem Perserteppich versteckten Diwan hüpft ein Chow-Chow, springt erst sein Herrchen an und dann immer wieder an ihr hoch.

Vergeblich versucht Gideon, das Tier zu bändigen. »Oh, bitte entschuldige, Irmgard, Lun Yug ist noch ein wenig unerzogen, ich habe sie noch nicht lange.«

»Ein wenig, ja, das kann man wohl sagen«, lacht Irmgard. »Lun Yug, was für ein ungewöhnlicher Name. Wo hast du denn den her?«

»Ach, ich habe sie nach Freuds Chow-Chow benannt, das ist doch irgendwie amüsant, nicht wahr?«

Freuds Hund – sie hätte selbst darauf kommen müssen. Auf seine Frage sollte sie lieber nicht antworten. »Hast du bei Freud selbst gelernt?«

Gideons Augen verlieren an Glanz. Betrübt kniet er sich hin und streichelt den Hund. Von dessen blauer Zunge tropft es nass auf die Dielen. »Nein, leider nicht. Aber ich war der Schüler eines Schülers von Freud. Wusstest du, dass er seine Lun Yug schon wieder verloren hat? Ein schrecklicher Unfall.«

»Ach herrje.« Sie tritt von einem Bein aufs andere und fragt sich, ob es wirklich Sinn hat, sich mit jemandem einzulassen, der nicht er selbst sein will. Aber er hat so etwas Rührendes, scheint Streicheleinheiten wesentlich mehr als der Hund zu benötigen. Und etwas Anleitung. »Sag, Gideon, magst du nicht ein guter Gastgeber sein und mir einen Platz anbieten?«

»Oh, bitte verzeih!« Gideon springt auf, nimmt sie bei der Hand und führt sie zum Diwan. »Mach es dir nur bequem, ich suche derweil einige Bücher heraus.«

Während er zu dem kleinen Schrank mit Freuds Schriften geht – die eigentliche Bibliothek befindet sich in seinen Wohnräumen –, schaut sie sich ein wenig genauer im Behandlungszimmer um.

Am Kopfende des Diwans steht ein grüner Sessel. Sie versucht sich Gideon darin vorzustellen, aber es will nicht gelingen. Lun Yug springt hinein und verfällt augenblicklich in Tiefschlaf.

In mehreren Vitrinen und auf kleinen Tischchen steht ein buntes Allerlei: hölzerne ägyptische Figuren, steinerne griechische Büsten, porzellanene Buddhas und silberne jüdische Becher. An den Wänden Fotos und gerahmte Zeichnungen, die Signatur des Künstlers kann sie nicht entziffern, und noch mehr Teppiche. So aus dem Gedächtnis bekommt sie die zwölf Fehler nicht zusammen.

Gideon kommt wieder, in den Händen *Zur Psychopathologie des Alltagslebens, Drei Abhandlungen zur Sexualtheorie, Jenseits des Lustprinzips* und *Das Ich und das Es*. »Schau nur in Ruhe durch«, sagt er und setzt sich neben sie. »Dir wird so manches Auge geöffnet werden, wenn du das liest. Gern leihe ich dir die Bücher auch aus.«

Irmgard beginnt zu blättern. »Soso, ausleihen willst du mir deine Kleinodien, bist du dir da denn auch ganz sicher?«

Unmerklich rückt Gideon ein wenig näher. »Aber natürlich. Schon weil es bedeutete, dass wir uns wiedersähen.«

»Ich verstehe.« Sie lacht und tut so, als würde sie sich wieder in die Bücher vertiefen. Stille tritt ein – wenn sie von dem leisen Schnarchen des Hundes an ihrer einen Seite und dem näher rückenden und immer heftiger gehenden Atem an ihrer anderen Seite einmal absieht.

Als sie endlich seine Lippen an ihrem Hals spürt, dreht sie den Kopf und flüstert ihm zu: »Freuds Schriften anstelle einer Briefmarkensammlung, kann man da eigentlich schon von Sublimierung sprechen? Was wohl dein Lehrmeister dazu sagen würde?«

Gideon ist jedoch bereits ganz in den Fängen seines Es und antwortet nur Unverständliches. Irmgards Über-Ich besteht allerdings darauf, dass er wenigstens noch den Hund herausschickt, bevor sie beide auf dem Diwan niedersinken.

Die Kaffeetafel ist reich gedeckt, einige Birnen sind der Einweckmanie der Mutter entkommen und haben den Weg auf eine Torte gefunden, die, gebettet auf eine *Tischdecke mit Spachtelstickerei und Kreuzstichblümchen*, mittig auf dem Esstisch thront. Rundherum sind saftige Heidelbeerküchlein platziert, die aussehen, als könnten sie es kaum erwarten, in irgendjemandes Mund zu landen.

Der Vater, Stieglitz, wie sie ihren Bruder Gerd seit seinem dritten Lebensjahr nennt, und Irmgard sitzen bereits, während die Mutter noch Sahne aufschlägt. »So, jetzt können wir es uns aber schmecken lassen«, sagt sie und kommt mit der Schüssel herbei – wie immer offenbar wunschlos glücklich, solange die Familie nur vereint am Tisch sitzt. Irmgard nimmt den Kaffeewärmer von der Kanne, ein scheußliches, gelb und rot gemustertes Ding, das sie als Kind in der Schule hat häkeln müssen. Die Mutter besteht auf seiner Verwendung.

Die beiden Männer unterbrechen ihr Gespräch nicht, als Irmgard einschenkt, lassen nur nebenbei einen Dank fallen und greifen beiläufig zu Kuchen und Sahne. Aber Irmgard will die Aufmerksamkeit des Vaters. Also rasch hinter sich aufs Büfett gegriffen, wo noch die Zeitung vom Morgen liegt, und warten, bis der volle Mund die beiden zu einer Redepause zwingt.

»Pap, hast du das hier eigentlich schon gelesen?« Es ist nur ein kleiner Bericht in der Rubrik *Volkswirtschaft – Handel – Börse*, aber sie hat das sichere Gefühl, diese Sache wird sich zu etwas Großem entwickeln. Sie liest vor: *»Neue Kursstürze an der Newyorker Fondsbörse. Newport, 28.10. Sehr schnell ist an der Effektenbörse auf den schwarzen Donnerstag ein schwarzer Montag gefolgt, dessen Ursachen zum Teil in den Auswirkungen des letzten Kurseinbruches zu suchen sind. Bei wiederum sehr großem Geschäft gaben die Kurse um bis zu fünfundvierzig Dollar nach. Im Verlauf der Börse einsetzende Stützungsversuche der Banken erwiesen sich als erfolglos.«*

Eduard Keun lässt die Kuchengabel sinken und nimmt einen Schluck Kaffee, bevor er antwortet. »Die goldenen Zeiten sind längst vorbei, mein Kind, und nun ist das endlich auch bei den Anlegern angekommen. Diese Panik jetzt wird natürlich alles nur noch verschlimmern. Und das wird sich auch auf uns hier auswirken.« Sein Blick hat sich verdüstert. »Du hast Glück, dass wir so privilegiert leben, du weißt ja gar nicht, wie viele Menschen bereits jetzt schon wieder Not in Deutschland leiden.«

Eine weißglühende Nadel sticht in Irmgards Magen. Immer unterschätzt er sie. Natürlich weiß sie um das Ende der Wirtschaftskonjunktur und um die mehr als zwei Millionen Arbeitslosen.

»Das weiß ich doch, ich bin ja nicht blind. Ich lese Zeitung und lebe auch sonst in keiner Seifenblase, ich habe Freunde überall! Auch in deiner Firma, ich kenne da noch viele Stenotypistinnen von früher. Was meinst du, was die mir für Geschichten erzählen?«

Der Vater zuckt nur mit den Schultern, die Mutter ist bereits um die Stimmung besorgt. »Eduard, nimm doch noch ein Stück Kuchen, es ist genug da.«

Dieser Aufforderung folgt er, und bis auch die Sahne auf dem Teller gelandet ist, ist das begonnene Gespräch mit der Tochter vergessen und das mit Stieglitz wieder aufgenommen. Geschäftliches.